U0902508

中国西部的乡土司法

陈卯轩　管艳萍◎著

上海人民出版社

目 录

绪 论

当代中国法治主义叙事中，基层司法得到了学术界一定关注并取得了一些重要成果，如丁卫《秦窑法庭》、苏力《送法下乡》、喻中《乡土中国的司法图景》、靳学军《基层法院司法理念的多维构建》、左卫民等《中基层法院法官任用机制研究》、吴斌主编《基层司法论丛》等。相对而言，中国西部尤其西部民族地区基层司法问题尚未得到足够的理论关注，是一明显学术洼地。

国内法学界近年来对民族法制问题研究，大体有三个知识进路。一是民族法学进路，如吴宗金《民族法制的理论与实践》、王允武《中国自治制度研究》，将民族地区法制在国家法框架内，对具有一定特殊性的法制实践予以解释，其内容主要是国家法制体系中涉及民族治理问题的内在原理制度规范梳理，也对民族地区的法制实践中的特殊性问题作了一定阐释。二是法社会学进路，如俞荣根《羌族习惯法》、吕志祥《藏族习惯法及其转型研究》、陈金全、巴且旦伙主编《凉山彝族习惯法田野调查报告》等，这部分研究是当代中国法学界民间法研究的重点内容之一，其研究对象主要是民族习惯法，对民族地区法律生活中有现实规范功能的习俗、情理规范等内容加以整理呈现。三是法史学进路，如徐晓光《藏族法制史》、李鸣《羌族法制的历程》等，其研究对象主要是中国历代边疆治理的理念与政策、法律规范等，也对民族法制史作文献处理与功能评析。国外学术界对少数民族地区治理与民族法制论域话题，在现代性范式内一般通过社会自治、少数人权利保障理论框架解释。随后现代思潮的兴起，边缘世界的主体性、地方性知识等知识范式打开了此论域的学术空间。国内民族地区治理研究借用了国外相关理论，包括后现代思想方法，如苏力"本土资源"理论明显有吉尔兹"地方性知识"范式的色彩。这些研究建立起强大的民族法制问题论述，有力推进了民族地区的社会治理理论建设和制度发展。

现有研究对民族地区司法问题均有所涉及，如陈蒙《我国民族地区能动司法的路径选择》、欧舸《西部少数民族法区司法诉讼机制结构及效能研究》、阿布都艾尼米吉提《少数民族地区司法救助若干问题探讨》等，对民族地区习惯法适用机制、民族地区司法活动的地域文化特色、司法公信力、能动司法、恢复性司法理论、司法活动机制与技艺更新、境外少数人权利保障司法政策等问题作了探讨，取得了一些成果。但总体看，民族地区司法的现有研究，与这一领域法治建设紧迫的理论、制度、技术供应需要及问题本身的重要性尚不相称，需梳理这种法治实践的内在逻辑与原理，以建立起相应的解释、指导和评价的论述体系，拓展这种法治实践的理论空间。

在新时代中国特色社会主义法治国家建设的伟大事业中，民族地区司法绝不可缺席。民族地区的司法工作，不仅关系到民族地区法制现代化，也是国家治理体系和治理能力现代化工程的重要组成部分。本书聚焦当代中国西部地区基层司法工作，贴近考察近年来这些地区基层乡土社会法治建设实践，整体展现包括司法的社会文化和政治环境、司法权定位与司法机关职能、司法作业的理念与制度、乡土法律人的角色与奉献等主要元素在内的西部民族地区乡土社会法律生活面貌，从而在法律生活的广阔视域中放大和升级民族地区基层乡土司法的功能和意义论述。

本书的研究内容和材料均源于对中国西部尤其西部民族地区基层法律生活实践的贴近考察和全面广泛调研。本书中的不少论述，依据或直接引用了一些基层党政机关和司法部门工作的原始文件和资料，力图忠实纪录和原生态地呈现当代中国西部青海、甘肃、内蒙、四川、云南、贵州等中国西部基层民族地区基层乡土社会的司法、法治建设和整体的法律生活。

本书的论述逻辑是：现代司法的质量与法治建设水平正相关，而司法及法治建设的发展既是社会法律生活的重要内容，又必然反映并受制于特定社会的法律生活整体的内在品质与发展状态。西部民族地区基层法治建设为当地司法工作提供了积极的政治与社会环境，而西部民族地区乡土社会法律生活整体的发展，又为司法工作与法治建设准备了社会前提，规定并塑造着这一地区法治发展进程与司法作业的质量，呈现出中国西部基层司法生态面貌。

基于这一论述逻辑，本书的叙事是将当代中国西部民族地区基层司法工作的研究，置于基层法治建设实践背景及乡土社会法律生活理论范畴视域中，观察、梳理与解读民族地区乡土司法的政治定位、价值诉求、制度逻辑、运行机理、工作方式与社会实效等，围绕司法环境、司法机关、司法作业、乡土法律人等法律生活四大主要元素搭建叙述体系和内容。本书结构上，第一章“乡土社会的法治示范工程建设”，介绍当代中国西部民族地区基层司法环境；第二章“西部地区基层司法机关的工作职能”、第三章“西部地区的基层司法能力建设”，梳理分析西部地区基层司法机关的一般职能与机关建设；第四章“西部地区的乡土巡回司法”、第五章“事实真相与司法权威”、第六章“法律规则与司法裁判”、第七章“政务型司法”，具体讨论西部地区基层乡土司法作业的理念、制度与操作；第八章“乡土中国的法律人”，分析西部尤其民族地区基层乡土法律人的社会角色与价值追求、工作方式及贡献。

中国社会主义法治建设，是包括少数民族在内的所有中华儿女共同的伟大事业，是中华民族共同的中国梦。党的十八届四中全会作出的全面建设社会主义法治国家的决定，正是习近平总书记的法治理论的伟大成果之一。西部民族地区乡土司法的运行和品质很大程度上与该地区基层社会法治发展水平正相关。在新的时代实现对乡土中国的有效治理，必须协调好国家权力与民间秩序、现代价值与传统生活、外部推动与文化自觉的关系，实现国家权力与社会、现代性文化与东方治理文明以及传统生活与现实环境、专业管理与民间自治的平衡。西部民族地区乡土社会的治理也因此必须通过乡土社会治理法治化转型，推动民族地区社会全面发展，这是民族区域社会治理转型的新常态。已经开启的基层社会治理法治化转型将极大推动西部民族地区基层社会法治发展，而优良的法治环境将有利于西部民族地区乡土司法机关职能的实现。本书第一章“乡土社会的法治示范工程建设”以D县古寺镇“法治示范镇”实践典型为基础，梳理西部民族地区社会治理法治化转型的理论原理、主要制度及具体措施，呈现国家权力影响力末端国家政权对基层乡土社会的控制和支配方式，展示公权力对乡土社会民众日常生活介入与塑造的能力及实际影响，还原西部民族地区乡土司法的法治环境。通过对古寺镇“法治示范镇”实践典型的考察，获得了中国西部民族地区乡土社会法治建设的生动样本。古寺镇党委政府将“法治示范镇”创建工作作为“一把手工程”纳入重要议事日程，健全法治建设组织体系建设、推进以会前学法和法制宣传为中心的法治思想建设、完善“权力清单”和依法行政的法治政府制度建设、推动以平安社区和“三调联动”为基础的和谐社会制度建设，为西部民族地区社会治理升级转型作出了示范。这一示范是西部民族地区乡土社会法律生活品质和法制环境的尺度，是解读民族地区乡土司法的基础。

西部民族地区幅员辽阔、民族众多，经济社会发展正处于快速发展中。民族地区的司法机关和其他政权组织一样，是中国共产党领导的执政机构的重要部分，民族地区的司法工作要为贯彻党的民族政策推动民族地区有效治理和社会发展服务。在当下中国学术语境中，司法机关包括审判机关和法律监督机关，即法院系统和检察院系统。本书第二章“西部地区基层司法机关的工作职能”，以西部民族地区 H 县与 B 县人民法院审判工作、D 县古寺法庭的日常事务以及 L 州检察机关检察工作为例，呈现西部民族地区乡土法律生活中审判机关、检察机关的职能定位、日常事务与一般工作面貌。本章对基层司法机关工作职能的研究以个例展示分析为基础，其状态描述、逻辑原理、功能展示和价值分析是普遍的，也即是特定地区某一基层司法机关的工作可以全方位呈现西部民族地区司法机关的运行状态及品质，至少可以成为了解其基本面貌与内在逻辑的基础。中国司法从性质来看是党的事业，人民司法工作以维护党和人民根本利益为出发点和目的。人民法院的基本职能是根据法律规定行使国家审判权，对人民代表大会负责接受人大监督并自觉接受人民群众的监督。西部民族地区基层人民法院的司法作业，主要是刑事、民事、行政等案件审判工作和案件执行工作。通常情况下，西部民族地区基层人民法院案件受理数量仍明显低于同期全国法院案件受理平均数。从各类案件情况看，受理的刑事案件大多是普通的暴力类、涉财类案件，这一类案件事实认定法律适用争议不大，但仍然对法院的工作品质有严格要求。从受理的民商事案件来看，一般标的不大，大多是权属、侵权、婚姻家庭纠纷，但其与民众切身利益相关，有的矛盾尖锐，处理难度不小，尤其是在西部民族地区乡土民事司法中特别强调调撤率这一项重要工作评价维度，追求案结事了，这加大了基层司法作业的压力。西部民族地区某些法院受理行政案件相对较少，这一方面是群众不了解或缺乏通过诉讼与政府机关解决争议的意愿，另一方面基层行政机关也不愿经常卷入诉讼，加之乡土熟人社会，一般认为打官司伤和气，尤其政府机关和老百姓对簿公堂不仅可能遭受信誉损失，一旦败诉会丧失威信，所以宁愿相互通过诉讼外的方式博弈。在西部民族地区基层人民法院履行审判职能作业中，难度最大的是执行，这是对司法干警素质的持续考验，稍有不慎，就可能使案件变成执法事故。法庭是西部民族地区乡土司法的重要组成部分，不仅承担着基层司法重要的司法职能，而且也是展示人民司法党的事业特性的制度平台。法庭是法院的派出机构，它的设置、人事、业务、财务等方面受法院管理，如同法院的一个部门，但与法院内部机构不同，在职能定位方面又像一个微缩的法院，具有立案、送达、审理、执行等众多职责，西部民族地区的法庭建设无论是硬件设施还是干警工作状态都好于通常预期。检察机关在西部民族地区的社会治理和法治事业中，承担十分重要的职责，其主要职能有侦察监督、公诉、控告申诉及反贪等。由于社会环境的影响以及法律规则的不完善等，基层检察机关工作推进面临不少困难和压力。西部民族地区基层司法机关还有一些司法作业外的延伸职能，其中最重要的是参与地方党委和政府主持的社会治安综合治理活动，许多基层人民法院还积极开展反分裂维稳工作。通常司法机关也愿意积极参与这些活动，这不仅是政治上党的领导原则的必然要求，也是司法机关展示自身功能优势的机会，能充分发挥司法机关对保障社会和谐稳定的职能作用。在西部民族地区，基层司法机关还会参与一些与司法工作相对关联度较低的经济建设和社会建设工作，扶贫、创建卫生城镇建设等。此外，司法救助是民族地区基层乡土司法的又一项延伸工作，在地方党委政府的支持下，这一工作力度正在加大，预期可取得更好的社会效果。

司法机关的司法能力建设主要包括组织人事、政治思想、工作制度和物质技术支撑等方面。本书第三章“西部地区的基层司法能力建设”，以西部民族地区H县人民法院、D县古寺法庭以及L州检察机关为例，呈现出西部民族地区基层司法机关司法能力建设状态。通过贴近观察和深入分析，发现西部民族地区基层司法机关司法能力建设方面，目标明确，措施可行，也有一些成效，但的确困难不少，任重道远。在组织人事建设方面，西部民族地区基层司法机关司法队伍的正规化、专业化和职业化建设任重道远。与人民群众不断增长的诉讼服务需求和受理案件数量相比，司法机关尤其是基层法院的人员配备明显不太相称。法官队伍不仅总体年龄老化，且知识更新意愿和能力偏弱，又由于人员补助标准不高，待遇对优质人才不具吸引力，司法人力资源配备不足，审判人力资源和案件增加矛盾明显。现有法官选用机制、待遇和绩效考评体系并不支持当下基层司法机关案多人少局面的迅速改善。积极的现象是，面对此局面，基层司法机关选择了追随不断升级的要求，强化现有队伍人员的政治素质和业务能力，充分开发既有司法干警的司法能力，以将中国基层司法品质维持在一个较高的水平上。西部民族地区基层司法机关始终将司法队伍的政治建设置于司法工作的核心，始终坚持党对司法工作的领导，坚决贯彻执行党的路线方针政策，主动向党委汇报司法机关工作情况。为努力建设一支让党放心、让人民满意的过硬队伍，西部民族地区基层司法机关还重视加强党风廉政建设。把从严教育、从严管理、从严监督贯穿队伍建设始终，推进司法机关惩治和预防腐败体系建设，完善廉政风险防控机制，保持对司法腐败的“零容忍”，确保司法清正、清廉、清明。在工作制度建设方面，西部民族地区基层司法机关依据自身使命、禀赋条件，在诉讼管理、方便人民群众诉讼、涉诉信访、健全多元化纠纷解决机制、扩大司法民主、完善监督机制、机关文化等方面作了持续努力和优化。民族地区基层司法能力建设离不开物质技术支撑。从西部民族地区司法机关现状看，司法机关在编人员经费及办公、业务经费等获得了财政拨款予以保障。这些经费保障了基层司法机关基础设施建设和物质装备建设、日常活动的正常运行、职能活动的开展、司法为民举措的落实、便民设施的完善等。

近几年来，在“能动司法”旗号下，中国基层司法机关以服务乡土社会为目标的大规模乡土巡回司法活动再度兴起，西部民族地区乡土司法机关非常重视这一极具人民司法特色的制度建设和实践。本书第四章“西部地区的乡土巡回司法”，以C县巡回司法“便民司法经验”实践活动为分析样本，澄清乡土巡回司法的制度定位及设计原理，梳理这一制度的基本功能，为乡土巡回司法活动的合法性建立一个解释框架，以方便对这一制度运行尤其是在西部民族地区乡土巡回司法活动实践现状的了解。西部民族地区基层乡土司法实践中，巡回司法开展相当普遍，每一县级人民法院都配备了巡回司法车辆和相关装备，有的有较稳定的巡回司法团队，还有的人民法院设立了如旅游法庭等专门巡回法庭进行巡回司法工作。从黄土高原的村庄到哀牢山寨子，从大凉山崎岖的山路到青藏牧区辽阔的草原，都可能看到印有人民法院标识的巡回司法车辆行驶在巡回司法的路上；在中国西部民族地区乡村的坝子上，在刚收割了庄稼的田间地头，在乡村学校的操场上，在村民的窑洞里，都可能看到巡回司法开庭。C县人民法院设立了专门巡回审判法庭以稳定的巡回司法团队常年进行巡回司法活动，形成了颇具特色的C县巡回司法“便民司法经验”，代表着西部民族地区巡回司法实践的新高度。西部民族地区的乡土巡回司法活动，因司法机关主动承担当事人部分诉讼成本的转移，坚守质朴本色的人民司法群众路线工作理念和方式，还有大量维稳权力资源和社会资源的投入而区别于普通庭审。这一制度的兴起和发展，对接中国法治国家建设战略需要，承继红色司法内在精神，适应乡土社会法律生活职权主义审判模式偏好，展示中国当代司法制度既有政治优势，助力乡土社会权力体系重建，从而可不断改进司法质量，体现出中国式能动司法中所体现的党的事业至上、人民利益至上、宪法法律至上的核心价值，深入群众、依靠群众、服务群众的人民司法群众路线工作理念，法律效果、政治效果与社会效果的统一的制度目标，产生巩固政治权力的溢出效应，更有效地服务政治、服务社会，提升司法公信力和人民群众对司法的满意度，是中国式能动司法的关键拼图。C 县“便民司法经验”代表的乡土巡回司法活动，实践中还有很多实际问题需要应对，西部民族地区大多数基层法院并不具备 C 县人民法院所拥有的司法资源，来支撑巡回法庭以这样方式常年运行。巡回法庭干警工作强度超出想象，动员足够干警从事这一工作难度会越来越大。在未来一段时间，乡土巡回司法会以适当方式和规模被延续，西部民族地区大多数基层人民法院巡回司法的实践会处于稳定状态。作为国家权力在自身权力边缘地带重建影响的努力，乡民的国家想象及对政治共同体认同的政治溢出效应，尤其是在乡土法庭布置空白地区，巡回司法是国家司法权重要的载体和象征，这些均清楚地提示，乡土巡回司法服务乡土中国社会，不仅值得坚守，并且无可替代，尽管它必然会有一定的代价。

尊重案件客观事实或案件真相是正义司法的基础和底线，法律正义总是与案件真相联系在一起。案件事实真相是公正司法的基础，查明真相是司法活动的重要内容和基本环节，真相追逐也一直是高品质司法的永恒信仰。现实的法律生活中，这一原则面对的挑战和压力往往并不是案件事实被忽略或扭曲，而是由于客观原因或案件当事人主观原因，证据呈现无法还原和难以重建案件真相，法院又必须及时作出尽可能公正合理可行的裁判。本书第五章“事实真相与司法权威”，通过西部民族地区法律生活实际司法活动中的真实具体案例，观察和展示西部民族地区基层司法中，当法官们面对这种压力和接受这种考验时，在案件真相或许不太清晰情况下，判断案件基本事实、控制审判过程和作出相对合理裁判的司法作业。司法实践中，存在着我们或许不愿正视的一种现实，即司法可能是在没有真相的情况下寻求法律正义，司法裁决可能不是在正确和错误之间选择“正确”，而可能是在错误与错误之间作“正确选择”，“宁可错放不可错判”司法理念就是对此最有勇气的诠释。本章的案例，有的因客观原因导致真相沉没，需通过确认法律事实代替真相探究，寻找裁判合法性根据；有的真相难以获得证据支持，需寻求法条依据降低真相争执的意义，为案件处理打开空间；有的由于当事人隐瞒真相，又无法回避事实争议，法官只能将真相客观问题置换成法律推理的主观问题，通过自由心证建构案件真相，确立裁判基础。法官们综合判断了全案事实与证据，准确把握了案件焦点，设计了合理审判策略，作出了尽可能公正的裁决，总体上遵循了“以事实为根据，以法律为准绳”的司法原则。他们在这种考验中的表现会传递出素养、能力与智慧的某种品质位阶，在广泛意义上影响着公众对中国司法尤其是基层乡土司法的信任和信心，标志着当代中国司法、法治的权威与质量的基层水准。为法官公正裁判建立可实践基础是法治国家工程的重要部分，过度的客观真相追逐仍会困扰司法。西部民族地区乡土法官们在客观真相、法律事实与事理人情、社会环境之间平衡的努力，对司法品质的影响应当是正面的值得肯定，也需要支持。

当代司法裁判正当性评判基本尺度是与法律规则的一致性，即司法须以法律为准绳。实践中对此问题造成困扰的可能不是裁判者有意挑战法律规则权威，而是法律规则自身的供应问题。当个案裁判所需依据的法律规则出现空位、容易忽略混淆或者只是赋予了裁量空间时，裁判就不再是一件简单的工作。法律规范的完善是动态的，裁判依据的法律永远处于不确定中，锁定、澄清与释明裁判所依据的法律规范，就是日常司法的常态。本书第六章“法律规则与司法裁判”，以西部民族地区乡土司法实践为依据，考察基层法官们在相对困难情况下适用法律规则处理实际案件的司法技巧与能力。高质量的司法，要求法官熟悉规则及其原理，能综合案件的各方面要素，为每一个案件裁判确定适当的法律依据。司法实践中，有几类情形可以检验法官的法律规则理解和应用能力。一种是可适用当下案件的明确无争议法条空位，裁判需为案件裁判选择适当规范为当下案件建立法律依据。另一种情形下，可能适用于当下的法律规则容易忽略或混淆，法官需要谨慎识别和选择。还有更普遍的情形是法律赋予了裁判空间，但须由法官在个案中具体适用，法官得负责任地运用自由裁量权，使案件裁判的结果既能体现法律的公平正义，又能最大程度回应各方当事人的利益关切，降低诉讼的消极影响。在具体案件中运用自由裁量权是法官不能回避的义务。国家立法无法覆盖所有争议，但司法必须为每一个案件建立答案，这是法律人必然经常面对的事实。实行立案登记制后，基层司法机关尤其是西部民族地区乡土司法机关在这方面承受着空前压力。问题的出路是一方面需增加规则供应，赋予以习惯法为主体的“活法”与国家制定法同等的法的主体地位，扩张司法之“法”版图；另一方面是通过自由裁量权框架和路径，提升优化法官司法能力，回应社会对法律正义的需要。西部民族地区乡土法官们，一直在这方面努力，但这显然不是一个可以轻易实现的“小目标”。

政务型司法是中国传统法律文化的重要特性，其标志性制度风格是以政治视角确定司法管辖及处理争议。一方面扩大司法权管辖范围，又尽力防止争执发展成诉讼；另一方面在案件裁决时避免过度强调法律，又在法律决定之外追踪案件的实质解决。政务型司法文化传统对当代中国乡土司法的影响是明显的。本书第七章“政务型司法”，对西部民族地区乡土司法的政务型司法特性作了实证考察。乡土司法实践中，常常以政治思维确定司法管辖，法官下乡排查摸底潜在纠纷、预约立案收案，以现代性文化司法标准看，都是扩张司法管辖的行为。乡土司法实践中，又尽力防止争执发展成诉讼。由于受到无讼文化的影响，中国传统司法非常重视对纠纷的调解，以尽量减少诉讼。西部民族地区乡土司法以调解为主要工作方式，正是当下中国乡土社会无讼文化的反映。乡土司法还以政治思维来处理争议，一般都强调情理在塑造司法决定中的作用，希望当事人意识到承担司法后果不仅是因为违法了，主要是因为情理过错。在西部民族地区乡土司法实践中，法官在庭前、庭审过程和庭审后，都会向当事人辨法析理，既传播法律知识和法治理念，又在维护道德伦理，在司法定分止争外，推动社会精神文明进步。乡土司法还以政治效果评价司法，在分清是非、公正司法外，还要案结事了，追求法律效果、政治效果与社会效果的统一。中国乡土司法整体上强烈的政务性色彩这一特性不仅突破了僵死的既有法治理论，而且一定程度上区别于通常的当代司法形象。在实践层面，中国乡土社会的政务型司法表现可通过四个层面观察：一是在司法权与别的国家权力关系上，司法活动并不局限在司法领域；二是在司法目标设定方面，在法律规范和法律秩序之间，追求法律尊严与法律效果的统一；三是在司法工作的形式层面，被动、消极、中立的庄严司法与田间地头的讲理析法并存；四是在司法效率方面，乡土法官对案件受理、判决、执行一直负责制往往比相应分工的制度安排更普遍也更有效率。现代司法将法官设定为消极中立的裁判者，法官只需服从于案件事实和法律。但社会实践远比理论逻辑丰富多彩。在中国当代法律生活中，有许多领域的政务型司法仍有空间，如涉及家庭、邻里纠纷案件，裁判者的工作内容不是查明事实或法律适用，而是进入当事人的情绪和立场中，为当事人提供陪伴和同情，这与其说是司法活动，毋宁说是民政事务。这种情形在西部民族地区乡土司法中时有所见。这类案件司法自身无法单独处理，需要借助司法之外的社会资源优化裁判及裁判实现。政务型司法在中国有久远的传统、深厚的社会根基，这是中国司法的特色，也是中国司法的制度优势。政务型司法意味着政治格局、政治活动、政治思维或立法权行政权等对司法权运行和司法活动的全面影响。从人类政治文明历史实践来看，司法活动从来都有明显政治性，其差异只是司法受政治影响的程度。但这种局面若任其泛滥，司法沦为各政治势力政治竞争的工具，既无助于政治竞争的文明化，又会败坏司法的声誉。为此，现代社会设立权力分立防火墙，避免立法行政等政治活动对司法的过分干预。然而，这不会切断司法与其他政治活动的联系，实际司法活动是在特定政治情境中运行的，无法完全脱离总体政治环境的影响。而且，决定特定社会司法品质位阶的，主要不是司法的政治性，而是司法所服务的法制的价值系统类型。当代中国的人民司法活动，是中国共产党领导人民建设法治国家伟大事业的一部分，具有显然的政治性。实践中，人民司法一直追求法律效果、政治效果和社会效果的统一，体现了对法治核心价值的坚守。政务型司法实践是中国社会主义法治为人类法治发展贡献的中国方案和中国智慧。司法是特殊的政治，它体现了政治整体品质与色彩，服务政治是司法的基本职能。中国当代司法的现代化改造不应只聚焦在形式层面上司法与其他政治活动的区隔与防范，而应坚守法治价值系统，以人民根本利益这一政治标准统率司法工作。西部民族地区乡土司法活动中，乡土法律人通过个案的处理，体现了以公民权利的分配、保持、救济为核心的法治核心价值，保护了群众利益，维护了党和政府形象，向社会展现了当代中国政治和中国司法的气派与精彩。

中国社会的现代化是一项长期持续的伟大工程，空间上是由沿海到内地，从都市到乡村梯度推进的，形成了现代化中国与乡土社会中国并存的独特画面。在很长时期内，乡土社会在西部民族地区的经济上和政治上都是坚硬的存在。乡土中国法律生活为乡土法律人提供了展示才能的舞台，塑造了他们在乡土法律生活和社会治理中的角色，成就了他们的奉献与功绩，也规定了西部民族地区基层乡土法律人的素质要件及培养理念。本书第八章“乡土中国的法律人”，分析了乡土中国法律生活法律规范的习俗性、法律权威人格化和司法政务性特性对乡土法律人的角色塑造；以“全国优秀法官”龙进品和C县巡回法庭法官们司法故事以及西部民族地区乡土法律人的司法实践为例证，展示他们在这一事业中的担当与贡献；同时，以C县巡回法庭“双语”审判实践及西部藏区S县人民法院“关于藏汉双语审判工作的调研报告”为据，对乡土法官的知识构成、个人品格与专业技艺予以解析，丰富对龙进品们素质要件的认识；在此基础上，通过西部某民族院校近年来法科人才培养实践，梳理西部民族地区乡土社会“下得去、用得上、留得住”法律人才培养思路，以为制度性复制服务乡土法律生活的龙进品提供启迪。乡土中国的法律生活法律规范的习俗性、法律权威人格化和司法政务性的明显特性，塑造了乡土法律人在乡土法律生活中的法律规则解释者、人格化法律权威、法律秩序守护人这三种角色。在乡土中国的治理转型背景中，优秀的乡土法律人是实现乡土社会有效治理的重要力量。作为国家的司法工作者与乡土社会的法律人，他们代表国家权力、现代性文明、拥有专业技能，可以他们的专业工作有效地联接国家与社会、传统与现代、专业与民间，在国家对乡土中国的治理中承担重要的职责，作出了不可替代的贡献。乡土中国的法律生活特性决定了乡土法律人除了必备的政治和专业素质外，还因乡土中国尤其是西部民族地区法律生活的特殊性，特别强调乡土法律人的草根情怀品质以及少数民族语言工作技能，才能胜任职责，以有效主导和服务乡土社会的法律生活。乡土社会法律人道德品格的公共性，要求法学教育一开始就要将学生品格塑造放在重要位置，并重视学生实践能力培养。乡土司法中，司法权的范围，规范的阐释，选择与适用，案件审理方式，裁决的形成与执行，都与一般的司法活动有所区别，这就要求合格的乡土法律人头脑清晰、处置适当，能将理论、规范与社会环境和治理目标协调平衡，保障乡土司法的质量。

除了问题意识、论述逻辑、叙事体系和内容外，相对于此论域的已有研究，本书有几个特点：一是论域选择，以西部地区乡土司法为中心，对中国西部基层司法实践予以呈现与解读。二是价值预设，认为民族地区乡土司法创新，是具有不可轻易代替的独特风格的法治实践，与西方现代性法治有同样的现代身份。三是理论视角，从红色司法传统解读民族地区乡土司法实践及基层优秀法律人的贡献。四是意义建构，将民族地区基层法律人的工作业绩与民族地区法治现代性升级相联接。五是学术情怀，本书关注乡土社会、红色司法、熟人社会情理、乡土法律人等朴素话题，为其提供理论支持并予以歌颂。六是知识进路与研究方法，本书研究从民族法学、法社会学甚至法史学进路，综合运用文献论证、理论分析、基层调研、田野调查、问卷等方法，在西部民族地区法律生活宏大视野中，实现对民族地区乡土司法的深度解读。

本书的研究，积累和固定了当代中国西部民族地区基层司法工作一些生动的原生态景象，推动了民族地区乡土社会基层乡土司法受到应有的学术关注，或有助于认识解读当代中国西部民族地区基层司法、乡土社会法治建设及法律生活，完善相关制度设计，为相关政策调适提供参考，改进西部民族地区基层司法和法治建设实践，推进西部民族地区乡土社会法律生活全面进入中国特色社会主义新时代。

第一章　乡土社会的法治示范工程建设

西部民族地区乡土司法的运行和品质很大程度上与该地区基层社会法治发展水平正相关。已经开启的基层社会治理法治化转型将极大推动西部民族地区基层社会法治发展，而优良的法治环境将有利于西部民族地区乡土司法机关职能的实现。本章以D县古寺镇“法治示范镇”实践典型为基础，梳理西部民族地区社会治理法治化转型的理论原理、主要制度及具体措施，呈现国家权力影响力末端国家政权对基层乡土社会的控制和支配方式，展示公权力对乡土社会民众日常生活介入与塑造的能力及实际影响，还原西部民族地区乡土司法的法治环境。

一、中国法治国家战略与乡土社会治理

党的十八届四中全会提出，全面推进依法治国，建设社会主义法治国家。这一伟大战略决策，不仅是中国政治风格发展史的转折点，意味着中国共产党带领人民进行建设的治国理念和领导方式的重大转变，而且也使源于现代性文化的法治主义版图因社会主义法治建设而迅速扩张，它将深刻影响和塑造中国乃至世界的当代和未来政治文明。

法治国家战略选择是中国共产党人在带领中国人民进行社会主义革命和建设的过程中，不断积累和改进治国理政能力和方法，深思熟虑后作出的战略决定。

改革开放以后，在邓小平同志领导下，深刻吸取了“文化大革命”的教训，借鉴世界社会主义国家的建设经验，适应改革开放和社会主义建设的新要求，提出要发扬社会主义民主，加强社会主义法制，使社会主义民主制度化法律化。在此基础上，中国共产党确立了建设社会主义法治国家方略，并将党必须在宪法和法律范围内活动写入了《中国共产党章程》，开启了社会主义法治国家建设的历史。

习近平总书记对新的历史时期中国社会主义法治国家建设作出了新的部署，深刻阐述了中国社会主义法治建设的性质及推进战略。习近平总书记指出，依法治国是党领导人民治理国家的基本方略，法治是治国理政的基本方式，要更加注重发挥法治在国家治理和社会管理中的重要作用，全面推进依法治国，加快建设社会主义法治国家。

习近平总书记提出社会主义法治国家建设的根本宗旨，要坚持人民主体地位，保证公民在法律面前一律平等，尊重和保障公民人身权、财产权等各项权利不受侵犯，维护最广大人民的根本利益。对中国社会主义法治国家建设的总体布局，习近平总书记明确提出坚持依法治国、依法执政、依法行政共同推进，坚持法治国家、法治政府、法治社会一体建设。习近平总书记要求各级领导机关和领导干部要提高运用法律和法治方式执政的能力，各级领导干部要提高运用法治思维和法治方式深化改革、推进发展、化解矛盾、维护稳定的能力，努力推动形成办事依法、遇事找法、解决问题用法、化解矛盾靠法的良好的法治环境，在法治轨道上推动各项工作。努力以法治凝聚改革共识、规范发展行为，促进矛盾化解，保障社会和谐。

习近平总书记强调要加强宪法和法律实施，维护社会主义法制的统一、尊严、权威，形成人们不愿违法、不能违法、不敢违法的法治环境，做到有法必依、执法必严、违法必究。习近平总书记提出，依法治国首先是依宪治国，依法执政关键是依宪执政。习近平总书记提出，我国宪法以国家根本法的形式，确立了中国特色社会主义道路、中国特色社会主义理论体系、中国特色社会主义制度的发展成果，反映了我国各族人民的共同意志和根本利益，成为历史新时期党和国家的中心工作、基本原则、重大方针、重要政策在国家法制上的最高体现。习近平总书记强调：我们要通过不懈努力，在全社会牢固树立宪法和法律的权威，让广大人民群众充分相信法律、自觉运用法律……习近平总书记提出，宪法的根基在于人民发自内心的拥护，宪法的伟力在于人民出自真诚的信仰。习近平总书记还深刻阐述道，法律是成文的道德，道德是内心的法律，我们要坚持把依法治国和以德治国结合起来，高度重视道德对公民行为的规范作用，引导公民既依法维护合法权益，又自觉履行法定义务，做到享有权利和履行义务相一致。习近平总书记还明确指示，我们着力营造良好法治环境，以法治力量助推中国梦的实现。

法治是现代性文化的重要成果，社会主义法治的基本理念是依法治国、执法为民、公平正义、服务大局、党的领导，这是法治发展的高级形态。中国社会主义法治建设，是包括少数民族在内的所有中华儿女共同的伟大事业，是中华民族共同的中国梦。党的十八届四中全会作出的全面建设社会主义法治国家的决定，正是习近平总书记的法治理论的伟大成果。

法治国家战略决定了乡土社会治理的转型。乡土中国一直伴随着中国的现代化进程，尤其是西部民族地区，这种状态会长期存在下去，这也是现代性文化在中国发展壮大面临的挑战之一。现代性是一个用来描述西方社会自启蒙以来以理性、科学、民主、法治、自由等为符号的近代人类进步运动的术语，其基本目标是人类的自由和解放。马克思主义是现代性文化最具真理性的解释体系和最具影响的推动者。① 现代性文化以科学为号召，推动了人类社会的工业化和城市化快速发展，古老的文明纷纷被卷入这一潮流而实现现代性转型。中国社会的现代性转型经历了巨大的阵痛，才最终在近几十年改革开放的成功中确定下来。邓小平确定的改革开放一百年不动摇的决心，表达了中国在现代性潮流中的主动地位，中国将在现代性文化框架内实现"自立于世界民族之林"的理想。不过，中国的现代性文化建设有其独特的背景和路线，不会也不可能复制西方的现代化之路。这是现代性文化本身的局限性和中国国情决定的。

一方面，现代性文化将理性看成"人类精神的唯一支柱"②，坚信对象世界的客观性、人类认知的真理性、社会制度的正义性以及人类历史的连续性以及世界的整体性，这是工业文化奇迹的真正基础。但沉溺于这种对统一、整体的迷信，对客观、真理、正义的追求并不足以帮助人类在一个充满偶然的复杂世界里创造丰富的生活。现代性文化在人类制度文明领域确定起民主法治的合法性和正当性，使人类社会的制度文明和社会治理质量达到了空前的高度。但这种成就背后，是对文明和人类生活的差异性和多样化的轻蔑与忽视，尽管这些差异在现代性框架内本来完全可能是正资产。正是看到现代性文化对多样性实践的扼杀危机，有学者因此号召中国"第二次思想解放"，③ 从对西方的迷信中解放出来。

---

① 衣俊卿：《现代性的维度及当代命运》，《中国社会科学》2004 年第 4 期。

② ［美］博登海默：《法理学：法律哲学与法律方法》，邓正来译，中国政法大学出版社 2004 年版，第 176 页。

③ 甘阳：《通三统》，生活 · 读书 · 新知三联书店 2007 年版，第 8 页。

另一方面，中国社会数千年历史积累出的巨大惯性，使现代性文化在中国的扩展遭遇更多的挑战，经历更复杂的过程。其中，中国社会城乡分立的现实就是无法绕过去的硬性存在。乡土中国首先是一个地理的经济的概念。从地理上看，乡土中国指的是大都市和都市化之外的广大的农村地区，特别是中国内陆广大的农村地区和西部民族地区。经济上，这些地区与沿海和都市差距明显。① 地理上的偏远和经济上的欠发达，制约着现代性文化进入的方式、限度与进程，也为传统社会的价值观念、生活方式、权力体系、关系模式的存在和维持存留了社会前提和空间。

马克思主义学说有一个著名原理：存在决定意识，经济基础决定上层建筑。乡土中国的存在，意味着中国社会的现代化进程在时间和空间上必然是梯次推进，现代化的中国和乡土中国的并存将是长期的。这决定了在制度文明领域，对乡土中国的治理要有适应其发展水平的思路、措施与具体方法，以保证国家对乡土中国治理的控制以及治理的质量。

在中国传统社会中，国家权力一般不是从管理层面直接延伸到乡土社会的生活，而大多只下沉到县一层次，县以下基层社会的权力真空是由传统和习惯性权力填充的，乡土社会的秩序维持更多的是依赖习俗和道义而非国家权力的控制支配。中国革命结束了这种状态，在现代性文化的影响下，国家权力直接向基层社会延伸，每个人都直接成为国家所管理的资源，乡土社会的治理进入科层管理的现代社会，这保证了国家对社会的控制和动员效率。有人认为这是中国“前三十年”重要的政治

---

① 2011 年中国城镇人均可支配收入上海为 36230 元人民币，甘肃为 14989 元人民币，而全国农村地区人均收入仅为 6977 元人民币。见中国新闻网，2012 年 7 月 31 日。

资产，是“后三十年”中国改革成功的正资产。[①] 的确，现代性的社会动员方式使亿万人的生活纳入到一个统一国家现代化事业的轨道上。国家主人的自豪感、集体主义的归宿动力吸引了亿万农民为社会主义事业作出很大牺牲，这是现代性乡土社会治理维系的基础。革命取代了传统社会建立在地方习惯法和道义权威之上的治理模式，而现代性的科层化管理方式对集体经济和公有制有强烈的依赖，但这一过程随着改革开放后土地承包、工业化、城市化、信息时代的到来和知识经济的崛起而不可持续，建立在革命意识形态和计划经济之上的乡土社会治理面临新的挑战。

改革开放后，乡土社会的治理显然又到了转型路口。很显然，能适应当下中国乡土社会治理需要的治理模式必须具备这样的要素：第一，这种治理需明确国家与民间社会的权力配置，由于清代之前的乡土社会的治理前提已不存在，国家权力不应也不能退出乡村，尤其要强化在民族地区日常生活中的积极存在，需要的是改善、维持和延续中国改革开放前三十年国家权力对乡土社会包括民族地区乡土社会控制支配的传统。第二，这种治理要平衡现代性西方文明与中国本土治理资源，体现现代性文化的民主法治精神和治理技术，以现代的方式实现对人权的尊重保护，同时尊重中国社会数千年积累的权力运行理念与技术，尊重乡土社会的历史记忆，推动其融入现代生活，维持乡土中国的古朴与社会和谐，在民族地区还要尊重民族的传统和文化。第三，这种治理的推进需协调体制内与民间的力量、行政控制与道德感召、专业技术与社会自觉，信任、依靠乡土社会，争取乡土社会的认同，以降低施政成本，提升治理质量，在民族地区赢得少数民族群众的真心拥护。总之，在新时

① 甘阳：《中国道路：三十年与六十年》，载《读书》2007 年第 4 期。

代实现对乡土中国的有效治理，必须协调好国家权力与民间秩序、现代价值与传统生活、外部推动与文化自觉的关系，实现国家权力与社会、现代性文化与东方治理文明、传统生活与现实环境、专业管理与民间自治的平衡。西部民族地区乡土社会的治理也因此必须转型。

二、西部地区乡土社会治理法治化转型与古寺镇的“法治示范镇”工程

习近平总书记非常重视民族地区的社会治理工作，并作出了一系列重要指示。习近平总书记指出，民族工作关乎大局。民族区域自治制度，是宪法确定的制度和原则，我们必须长期坚持、全面贯彻、不断发展。习近平总书记强调，我们要根据宪法确定的体制和原则，正确处理民族关系，正确处理各方面利益关系，调动一切积极因素，巩固和发展民族团结、生动活泼、安定和谐的政治局面。坚持中国特色社会主义道路，是新形势下做好民族工作必须牢牢把握的正确政治方向。要全面贯彻落实党的民族政策，不断增强各族人民对伟大祖国的认同，对中华民族的认同，对中华文化的认同，对中国特色社会主义道路的认同。习近平总书记特别强调，团结稳定是福，分裂动乱是祸。全国各族人民都要珍惜民族大团结的政治局面，都要坚决反对一切危害各民族大团结的言行。使各民族同呼吸、共命运、心连心的光荣传统代代相传，筑牢民族团结、社会稳定、国家统一的铜墙铁壁。习近平总书记关于民族工作的指示，是新时期民族工作的总方针。贯彻落实习近平总书记关于民族工作的指示精神，改进民族地区的社会治理，必须推进民族地区的法治建设，实现民族地区社会治理的法治化转型。而在使这方面取得实效，需了解民族地区法律生活的特点，全面认识民族地区法治建设面临的新挑战，采取相应措施，扎实工作，共同努力推进民族地区社会治理法治化

转型的伟大工程。

对法律生活特性的透视可以通过规范、权威和司法三个维度。在中国法域内，由于受到地理的、历史的、社会的种种主客观原因影响，民族地区尤其是西部民族地区基层社会的法律生活呈现出明显的特色，可概括为：规范的习俗性、权威的道德性和司法的政务性。在民族地区社会基层，这些特性十分明显。中国广阔的地域，众多民族悠久的历史，决定了民族民间法的普遍存在，这既是规范的习俗性，也是民族地区法治建设必须面对的挑战之一。通常，法律工作者对案件的处理首先是依据国家法规则对案件性质的确定开始的，然后再根据法律规则决定案件的裁断。而民族地区基层社会，公众虽并不具备系统的国家法知识，但对身边的事务有朴素的是非观念，也即对案件的性质和裁判结果有自认为公正的判断。平衡国家法规则的确定性与权威性与公众朴素的正义观对法律工作者尤其是基层法律工作者是巨大挑战。在民族地区，其社会法律共同体成员往往通过对法律工作者的道德认同从而实现对其所服务的法制的认同和服从，这也就是民族地区法律生活的另一特点：权威的道德性。民族地区尤其基层工作的法律工作者必须清晰自己的角色：既是代表公权力的执法者，又是当地熟人社会的一员。在民族地区的法律生活中，法律工作者的道德品行远不是私事，其个人的道德品格在民族地区传统生活的熟人社会中会被放大，法律工作者个人的道德形象影响着公众对法律、对“公家人”的认知。一个民族地区好的法律工作者，必须具备和践行重要的道德品格：平等沟通、相互尊重、热情帮助与深刻的热爱。此外，民族地区法律生活还有一个重要特性：司法的政务性。在民族地区特别是基层的法律生活中的不少场合，法律工作者处理的可能并不是严格的案件，有的也未必是应属法院管辖的争执。但民族地区社会生活的相对封闭性决定了其纠纷容量较少，小的矛盾可能在熟人社会的环境里酝酿发展成大的案件，及时介入与化解对社会有正功能，而代表公权力的法律工作者在这方面有责任也有能力作出贡献。因此，在民族地区的司法特别是基层司法中，法律工作者尽管必须具备权力分工的知识，却不能完全以严格的司法行政分工减轻自己作为“公家人”而对乡亲的责任。

民族地区法律生活的这些特性，既是对民族地区法治建设的挑战，也可能成为民族地区法治建设和社会治理的资源。在新时代，推进民族地区的法治建设和有效治理，必须处理好国家统一与民族区域自治、现代价值与传统生活、外部推动与文化自觉的关系，实现国家权力与基层社会、现代性文化与东方治理文明以及传统生活与现实环境、专业管理与民间自治的平衡，通过乡土社会治理法治化转型，推动民族地区社会全面发展，这是民族区域社会治理转型的新常态。西部民族地区乡土社会治理法治化转型的历史进程已经开启。

古寺镇的“法治示范镇”工程是D县的“法治D县”建设的一部分。D县位处青藏高原边缘，县城所在地历史上是中原王朝统治西部民族地区的战略重镇。因具有地处交通要道区位优势，仅有8万左右人口的D县近年在商贸、旅游业带动下发展较快，社会治理转型顺畅。近年来，在依法治国建设法治国家背景中，基层政权机关大多提出了“依法治县”、建设“法治某县”理念，在这些理念背后，有系统论述、制度与操作支撑，D县的“法治D县”建设就是一场严肃的政治实践。为推进“法治D县”建设，D县党政机关作了全面布置，其总体格局是围绕州委依法治州重大决策部署，落实省依法治省领导小组第五次会议精神，推进依法执政、依法行政、公正司法、社会法治等各项工作落地落实，为建设“高原生态家园国际旅游胜地”打下坚实的法治基础。

在“法治D县”建设中，D县坚持党委领导依法治县工作，把这一工作列为县委重点工作之一，调整充实依法治县领导小组，召开依法治县工作推进会，听取各单位工作汇报，确保党委对依法治县各项工作的领导。同时，制定《D县依法执政实施方案》，明确党委、人大、政府、政协、司法机关等责任主体；下发D县《关于开展法治乡镇创建活动的实施意见》，将依法治县延伸到政权基层。

古寺镇位于D县县城北部，距县城17公里，距省府351公里，是藏、羌、回、汉多民族聚居地。全镇总人口6315人，其中农业人口5209人，城镇人口1246人，属于高原温带气候，常年平均降雨量为693.2毫米，常年平均气温4.8℃，无绝对无霜期，境内平均海拔2980米，年日照量2000小时，气候干燥，主导风向为西北向。全镇林业面积10.4万亩、草场面积30.2万亩、退牧还草面积6427亩、耕地7283亩，农业生产以种植业为主、畜牧业为辅，主要种植青稞、胡豆等农作物，有大牲畜12356头。2010年全镇人均纯收入达到人民币4175元。

根据《D县关于开展法治乡镇创建活动的实施意见》文件和相关会议精神，古寺镇党委政府将“法治示范镇”创建工作作为“一把手工程”纳入重要议事日程。古寺镇领导认识到，“法治示范镇”工程的成功需要健全法治建设组织体系建设，推进以会前学法和法制宣传为中心的法治思想建治，完善“权力清单”和依法行政的法治政府制度建设，推动以平安社区和“三调联动”为基础的和谐社会制度建设。

三、“法治示范镇”工程的组织建设

在组织建设层面，首先，成立了由镇党委书记任组长，主要领导任副组长，组织、纪检、宣传干事为成员的“法治示范”活动领导小组，具体负责争创活动的组织、协调工作，以确保创建活动的有序开展。

古寺镇明确了“法治示范镇”创建工作中党委的领导地位和责任。古寺镇党委多次召开创建单位联席会议，对创建工作进行全面动员和具体部署，并在年度党建工作责任书中将任务、责任全部明确，使基层创建工作有明确的工作标准和参照依据。建立了创建单位定期汇报制度和党建督查督办制度，在对各创建单位进行具体指导和帮助的基础上，党委每季度召开一次创建单位联席会议，对上一季度的工作情况进行总结，对本季度工作作出安排，并要求每项工作要责任到人。对没有正当理由完不成工作的，提出批评并限期整改。同时，在“法治示范镇”工程的组织建设方面，古寺镇把法治乡镇列入机关工作目标责任和干部任期目标范围，定期督促落实，在全镇形成党委领导，各部门齐抓共管，全镇共同参与的工作布局。为延伸“法治示范镇”工程的组织体系，古寺镇还开展民主法治示范村创建工作，专门成立了分管领导为组长，司法所、派出所、社会事务办公室和综合治理办公室为成员单位的领导工作小组，并下设领导小组办公室，负责全镇的民主法治示范村创建日常工作。结合实际制定了民主法治示范村创建实施方案，明确了指导思想、重要意义、标准及内容和实施步骤等内容，并以文件的形式下发到各村委会，要求各村委会按照文件精神的要求，结合各村委会制定实施方案。各村也成立了以村党总支书记为组长，村委会主任为副组长的村民主法治示范村领导小组，形成了一级抓一级层层抓落实的工作格局。此外，还通过创建“法治单位”“法治街道”“民主法治示范村（社区）”“诚信守法企业”“依法治校示范校”等法治创建活动，将辖区机层单位纳入“法治示范镇”工程组织结构中。这些组织措施，为古寺镇“法治示范镇”工程创建活动有的放矢、有序开展、取得实效奠定了基础。

四、会前学法和法制宣传为中心的法治思想建设

党的十八届四中全会决议指出：要“提高领导干部法治思维和依法办事能力，把法治建设成效作为衡量各级领导班子和领导干部工作实绩的重要内容”。古寺镇党政领导认识到，统一领导团队思想意识对“法治示范镇”创建工作的关键作用，因此反复在镇党政机关各类会议及文件中强调这一创建工作的意义：

> 促进党委政府及部门提高依法执政能力，全面推进依法行政，深化基层依法治理，促进司法机关公正司法，促进基层民主法治建设，提高公民法律素质和社会法治化管理水平，推动我镇经济、文化、社会建设全面协调可持续发展。

为切实提升基层干部法治思维和依法办事能力，营造“法治示范镇”氛围，古寺镇党政机关按D县党委政府要求，规定每年镇党委中心组集中学法4次，党政班子年终述法与述廉一并进行，机关干部学法年内40小时以上。古寺镇还制定和实行了会前学法和专题学法制度。在2015年古寺镇政府的会前学法计划文件中，明确了会前学法意义为培育“全镇领导干部的法治意识和法律素养，提高政府依法决策、依法行政、依法管理、运用法律手段解决各种矛盾和问题能力和水平”，规定了学习形式以会前学法方式为主。每次召开镇政府会议时，均开展会前学法，由镇政府班子成员进行讲解和领学。必要时，进行专题学法，根据工作需要邀请相关专业人员进行专题学习辅导。参加学习人员包括镇政府领导班子成员及全镇干部职工、相关的部门主要负责人及其他需

要列席的人员。会前学法时间在镇政府会前正式议题开始前，各主讲人员的领学时间为 15 分钟。计划还对领学人、领导干部及主讲人在会前学法中的任务作了规定：

> 领学人主要从该部法律的出台背景、立法宗旨、重要意义、法律基本内容等理论方面进行讲解；镇政府班子成员结合工作实际，主要从该部法律在执行过程中的具体要求、存在的困难和问题以及应对措施等实践方面进行讲解。各主讲人员根据领学内容提前做好各项准备工作，讲解工作要突出重点、形象生动，确保学法质量。

古寺镇党政领导也清楚意识到，在中国共产党历史上，党的每一项事业的成功，都必须进行广泛社会动员，尤其依靠人民群众的支持，“法治示范镇”工程需要全社会参与，特别是使这一服务民众工程获得尽可能的民众支持。正如党的十八届四中全会决议指出的，“法律的权威源自人民的内心拥护和真诚信仰。人民权益要靠法律保障，法律权威要靠人民维护。必须弘扬社会主义法治精神，建设社会主义法治文化，增强全社会厉行法治的积极性和主动性，形成守法光荣、违法可耻的社会氛围，使全体人民都成为社会主义法治的忠实崇尚者、自觉遵守者、坚定捍卫者”。为此，法制宣传就成为这一工程思想建设的重要内容。

为深入推进普法宣传，古寺镇成立了普法宣传工作领导小组研究部署推进普法宣传工作，制定了《古寺镇普法宣传工作计划》和《古寺镇普法宣传活动方案》，将创建工作纳入综合考核目标。形成了党委领导、人大监督、政府实施，各部门齐抓共管、全镇参与的普法工作机制。

古寺镇明确阐释了普法工作意义，提出“实施‘六五’普法规划，开展法制宣传教育，进一步增强全体公民的法律意识，提高全民法律素质，形成遵法守法，依法办事的社会风气，是推进依法治镇的基础性工程，是推动我镇在新的起点上实现经济、政治、文化和社会又快又好发展的重要保障”。

从普法的内容看，首先是开展以宪法为核心的法制宣传教育。通过对《中华人民共和国宪法》修正案和加强党的执政能力建设纲领性文件的解读和宣传，继续深入学习宣传依法治国、建设社会主义法制国家的基本方略，增强村社干部、单位部门工作人员和领导干部与国家公职人员的法制意识。其次是行政法律法规的宣传教育。宣传《中华人民共和国公务员法》《公务员依法行政读本》，宣传《中华人民共和国行政诉讼法》《中华人民共和国行政处罚法》《中华人民共和国行政复议法》《中华人民共和国行政监察法》《中华人民共和国行政许可法》等行政法律法规，加强机关工作人员及社会公众对依法行政的了解，也便于群众对行政机关、行政行为及公务员的监督。同时，古寺镇的法制宣传工作还突出与稳定发展密切相关的法律法规的宣传：

——开展人口、资源、环境和公共卫生等方面法律法规的学习宣传，培育公民人口意识、节约意识和环保意识，推进资源节约型和环境友好型社会建设。

——学习宣传安全生产、劳动和社会保障、社会救助、社会稳定等等与群众生产生活密切相关的法律法规，提高依法规范群众生产生活的能力和水平。

——围绕建设社会主义新农村，推进农业农村现代化，重点学习宣传与农村土地征用、承包地流转、塘库堰包等相关的《中华人民共和国土地法》《中华人民共和国农业法》《中华人民共和国森林法》《中华人民共和国水土保护法》等法律法规。

——学习宣传维护社会稳定，促进社会公平正义的相关法律法规。加强守法观念的培养，形成自觉守法的社会风气；大力开展基层民主自治的宣传教育，增强公民依法参与管理社会事务的能力；加强依法维权、依法信访法制教育，引导公民依法解决各种矛盾和纠纷，依法表达自己的利益诉求，增强群众依法维护自身合法权益的意识和能力，预防和减少社会矛盾。开展刑事和治安法律法规宣传教育，预防和减少违法犯罪；加强法律权威和司法公正教育，促进社会公平正义。

——针对关系广大群众切身利益、群众反映强烈、社会危害严重的问题，开展以打击食品、药品、农资等制售假冒伪劣商品行为和商业贿赂为重点的法制宣传教育；以打击规避招标、假招标和转包为重点的整顿和规范建筑市场的法制宣传教育；以打击偷税、骗税、非法减免税为重点的税收征管法制宣传教育；以整顿音像市场、娱乐市场，打击非法“网吧”为重点的法制宣传教育，促进国民经济持续快速健康发展。重点宣传《中华人民共和国劳动法》《中华人民共和国合同法》《中华人民共和国公司法》《中华人民共和国未成年人保护法》等，培育公民诚实守信和依法经营管理的意识，维护社会主义市场经济秩序。

在法制宣传工作中，古寺镇结合经济社会发展的实际，开展以“学法律、讲权利、讲义务、讲责任”为主要内容的法制主题教育“六进一日”活动：

一是开展“法律进机关”活动，提高依法管理和服务社会的水平。把法律作为机关学习的重要内容，做到有计划、有安排、有落实、有检查；充分利用机关学习园地、网络等阵地，建设机关法制学习资料信息平台，为公务员学法提供条件；积极开展面向社会的法制宣传教育，把法制宣传教育融入管理和服务全过程。

二是开展“法律进乡村”活动，促进社会主义新农村建设。把法制宣传教育纳入政府对农村公共服务的重要部分。开展法制宣传资料、法制信息、法律服务、法制文艺、优秀党课和优秀法制讲座进乡村等活动，扩大宣传教育覆盖面，切实提高农民的法制观念和法律素质，增加农村法制宣传教育投入，提高农村法制宣传教育的服务性；继续深化“民主法治村”创建活动，建立健全充满活力的村民自治机制。

三是开展“法律进社区”活动，促进和谐社区建设。建立社区居民学法制度，建立社区法制宣传橱窗，建立社区法律图书角，建设社区法制宣传教育队伍，定期开展群众性法制专题活动，积极开展公益法制讲座、居民法制论坛等活动。

四是开展“法律进校园”活动，推进青少年学生法律素质教育。发挥第一课堂的主渠道作用，坚持品德教育与法制教育并重，将法制教育列入课程，落实法制教育教材、课时和师资；积极开辟第二课堂，加强法制教育师资培训，推动法制副校长、法制辅导员工作规范化建设，进一步完善学校、社会、家庭“三位一体”的法制教育网络，引导青少年开展学法用法实践活动，预防和减少未成年违法犯罪。

五是深入开展“法律进企业”活动，促进企业依法经营、诚信经营。围绕企业生产经营和改革发展，开展多种形式的法制教育和法制培训，提高企业经营管理人员和广大职工法律素质，按照“谁主管谁负责”的原则，加强对广大职工进行劳动和社会保障、工会及民主管理方面的法制教育，建立企业干部职工学法用法制度。完善企业民主管理制度，依法保障职工的合法权益，坚持法制教育与诚信教育相结合，开展争创诚信守法企业活动，促进现代企业制度的建立。

六是深入开展“法律进单位”活动，促进法治化管理。各单位建立起法制学习园地，开展经常性法制教育；要利用单位培训场所和机构组织，开展对所属人员的法律培训；要结合工作实际开展社会性公益法制宣传，尤其是综合市场、车站、金融机构、农业服务中心门市部等公共活动场所管理单位要在所辖范围内开展法制宣传；有条件的单位要向公众开放宣传教育场地、设施，开展法律咨询和服务。

七是继续做好“12·4”全国法制宣传日宣传教育活动，集中开展以宪法为核心的法制宣传教育。利用宣传月、宣传周、纪念日等形式，有计划、有组织地开展形式多样的宣传教育活动，营造学法用法的氛围；努力拓展法制宣传教育与群众文化生活相结合的深度和广度，繁荣法制文艺创作，鼓励、支持和引导群众性法制文化活动；积极探索法制教育与道德教育有机结合的新途径。

为使法制宣传适应社会发展和科技进步的趋势，古寺镇坚持把日常教育与集中教育、普遍教育与特色教育、阵地教育与社会教育、法制教育与工作实践有机结合起来，根据不同对象、不同阶段以及不同情况，因地制宜、因人制宜、因时制宜、因事制宜，努力增强普法宣传的针对性，不断创新法制宣传载体、创新形式、创新手段，努力使普法依法治理工作更好地体现时代特点，满足人民群众的法律需求。古寺镇建立了普法讲师团，每个村居培育了4个学法用法示范家庭，每个村民小组培训了5名“法律明白人”，建立了“一帮四”对接帮扶学法制度。按照“六五”普法规划的要求，加大投入，增加公共场所法制宣传教育设施，加强各类法制宣传阵地建设，逐步形成覆盖城乡的法制宣传阵地网络，为群众提供方便的学法场所和快捷的公益性法律信息服务。在国道沿线、主干道、农贸市场建立了固定宣传栏和法制宣传一条路、一面墙，按季度更新内容。在村图书室、村民小组均配备了法律图书100本以上，健全了借阅制度，方便村民学习。采取发放普法宣传单、张贴普法宣传标语、挂横幅、驻村干部上门宣传等多种形式，利用标语、宣传资料、黑板报、展板、广播等媒介，开展普法宣传活动。在法制宣传方式上，古寺镇坚持“三贴近”（贴近实际、贴近生活、贴近群众）原则，结合人民群众身边的涉法事件，采取群众看得见、听得懂、记得住的表现形式，大力开展各种公益性的法制宣传教育活动，努力增强法制宣传教育的渗透力。利用农村文艺队演出、讲案学法等群众喜闻乐见的形式，宣传宪法和与人们生产生活密切相关的法律法规，进一步增强普法工作的感染力和影响力，营造浓厚的法治氛围。五年间，古寺镇共出动宣传车200余次，悬挂横幅3000余条，张贴标语1400余张，举办“送法下乡”活动80余次，开辟法制宣传栏4000余期，举办法律知识竞赛12次，设立法律咨询点50余次，解答法律咨询6000余人次，举办法制文艺汇演5场，散发各类法制宣传单3万张，受教育群众达3000人次。

五、“权力清单”和依法行政的法治政府制度建设

党的十八届四中全会决议要求健全依法决策机制，把公众参与、专家论证、风险评估、合法性审查、集体讨论决定确定为重大行政决策法

定程序，建立行政机关内部重大决策合法性审查机制，深入推进依法行政，加快建设法治政府。古寺镇“法治示范镇”工程创建活动，其制度建设的重点是依法行政的法治政府制度建设。古寺镇出台了《古寺镇加快法治政府建设工作实施方案》，决心逐步把各项事业纳入法制化、规范化轨道，加快推进法治政府建设，促进全镇经济建设和社会各项事业持续健康协调发展。

为推进法治政府建设，古寺镇成立了行政执法责任制工作领导小组，领导小组下设办公室，按职责分工负责。在行政执法责任制工作领导小组领导下，以依法行政联席会议制度为主要手段，加强对全镇依法行政工作的指导和协调，加强部门之间的协调与配合，提高执法效率，增强执法合力。镇政府所辖各站、所、办也按要求建立和完善内部行政执法监督制约机制，充分发挥法制机构对依法行政工作的指导和监督作用。镇政府要求所属各单位充分认识全面推进依法行政的必要性和紧迫性，主要领导要亲自抓、负总责，认真做好综合协调和组织领导工作，其他领导要根据分工具体抓，努力形成强大合力。通过推动依法行政活动，积极养成行政机关及行政人员依法行政的思维习惯，自觉运用法律手段解决行政执法管理中遇到的问题，全面提高依法办事、科学管理的能力和水平。

为使依法行政法治政府建设获得更多智识支持，古寺镇人民政府聘请了专职律师，建立了政府法顾问制度，明确法律顾问职责为：

（一）为镇政府制定规范性文件、镇政府及其所属部门的重大决策行为、具体行政行为、合同行为及其他非诉讼法律事务提供咨询或建议，对决策进行法律论证；

（二）为涉及镇政府的有关调解、仲裁、诉讼、执行等法律事务提供法律意见，参与涉及镇政府的重大案件、事件的研究讨论，并提供法律意见；

（三）受镇政府委派代理镇政府的诉讼、仲裁、执行和其他法律事务；

（四）协助镇政府草拟、修改、审查重大行政、民事合同，根据镇政府实际工作需要，参与涉及镇政府的重要合同的谈判；

（五）经镇政府指派，以镇政府法律顾问身份对特定事项进行调查、协调，反映民意和社会实情，并提出相关的法律意见；

（六）指导和协助镇政府所属部门和各镇人民政府的法律顾问工作；

（七）协助镇政府进行有关法制宣传教育工作；

（八）受托办理镇政府其他法律、行政事务。

古寺镇推进依法行政，加快法治政府工程建设中，建立起一系列工作制度。

一是依法决策制度。古寺镇坚持依法科学决策，建立了决策专家论证、社会风险评估制度和重大决策评估机制，对于决策的议事范围、执行和反馈进行规范量化，广泛征求意见，反复论证，形成一套科学完整的民主决策体系。对涉及经济社会发展的重大决策事项，充分发扬民主，广泛征询意见，进行协商和协调；对与群众利益密切相关的重大决策事项，要实行公示、听证等制度，充分听取群众意见，扩大人民群众的参与度。实行决策公开制度，除依法应当保密的事项外，决策事项、依据和结果应当及时公开，公众有权查阅。同时，按照“谁决策，谁负责”的原则，建立健全决策责任追究制，实现决策行为的权、责统一。

二是政务公开制。深化政务公开工作，不断延伸公开领域，拓宽公开内容。通过制板上墙设立法律法规公开自由索取站等公开形式，将政府机关机构设置、工作职责、执法权限、办事依据和程序、办理结果、举报投诉途径等内容，全面向社会和群众公开。建成了高标准的政务公开宣传栏和网站，将建设规划、土地征用、重大建设项目、拆迁安置、新农村建设等群众普遍关注的热点问题和民生问题，通过各种有效手段和便捷渠道向社会和群众进行公示。新建成的政务服务大厅实行一站式办公、代办制，规范了政务公开。同时，加强镇政府政务信息建设，实现政府各部门、各科室、村之间的信息互通和资源共享，以网上办公为手段，促进政府管理的公开、便民、高效。

三是“权力清单”制。公开政府部门“权力清单”，明确行政权力依据与范围。对镇政府各行政部门的行政执法主体资格和依据进行了全面梳理，明确执法依据和执法权限，理顺行政执法体制，并按照职权法定、权责一致的原则，清理和规范行政执法主体，解决多头执法、重复执法、交叉执法的问题。公开《中华人民共和国人口与计划生育法》《中华人民共和国行政处罚法》《中华人民共和国行政复议法》《流动人口计划生育工作管理办法》《社会抚养费征收管理办法》《土地管理法》《中华人民共和国森林法》《人民调解工作若干规定》等与乡土社会生活密切的法律法规的执法主体，便于执法部门文明执法，正确执法，也便于群众办理相关事项和监督行政执法。

四是规范行政许可行为。贯彻《中华人民共和国行政许可法》，规范政府行政运行方式。按照《中华人民共和国行政许可法》的要求，严格规范行政许可行为，健全、完善和落实对实施行政许可的监督检查制度。镇政府逐步推行“一个窗口对外”，集中办理、统一办理、联合办理等高效、便民的行政许可管理方式，严格按照《中华人民共和国行政许可法》规定的办理程序和期限要求，办理行政许可事项，提高办事效率和服务水平。

五是依法完善行政执法程序。健全依法行政程序制度，规范政府机关的自由裁量权，减少行政的随意性。按照《中华人民共和国行政处罚法》规定，保障公民、法人和其他组织的知情权、陈述申辩权、听证权、申请复议权和提起诉讼权等一系列权利。建立行政处罚决定公开、重大行政处罚备案、行政执法绩效评估和奖惩制度，实行调查取证与决定处罚相分离。对各类行政案件的调查取证、采取强制措施以及具体行政行为的决定和执行、结案等各个工作环节提出明确要求，规范行政执法活动中的执法文书制作和填写，逐步加大说理式行政处罚文书的推广力度。古寺镇为使行政执法程序标准化，并以此带动行政执法活动规范化，对安全生产相关行政执法活动作了专门规定，该规定内容完整，反映了基层行政执法规范化努力：

第一条　安全生产监督管理部门（以下简称安监部门）及安全生产监督人员（以下简称安全监督员）对违反《中华人民共和国安全生产法》以及与安全生产有关的法律、法规、规章和规定的单位或人员（以下简称当事人）实施行政处罚时执行本程序。

第二条　管辖。管辖本行政区域内一般安全生产行政违法案件。

第三条　当场处罚。有2名以上安全监督员在安全监督执法过程中，发现违法行为、事实清楚，证据确凿并有法定依据，可以按照《安全生产法》《行政处罚法》等规定程序当场作出行政处罚决定。作出决定时应当向当事人出示执法证件，填写安全生产监督管理当场行政处罚决定书，当场交付当事人。

第四条　立案登记。安监部门及安全监督员，在接到群众举报或在安全监督执法过程中，发现违法违规行为，对照法律、法规经初步审查需要依法追究责任的，应当按规定及时立案登记，并填写“立案登记表”。

第五条　调查处理。立案登记后，安监部门应当派出不少于2名安全监督员，全面、客观、公正地调查、收集有关证据。

第六条　审批。案件调查结束后，承办人员应当写出案件处理意见，报送执法机关负责人审批；需要向上级机关报批的，要填写案件处理报批表，按规定连同案卷一并上报审批。

第七条　在事实清楚，证据确凿的情况下，依据法律、法规，对当事人作出如下决定：

（一）对违法违规情节轻微的，安监部门下达整改通知书限期整改；

（二）对违法违规情节较严重或下达整改通知书后，7日内当事人逾期不改的，安监执法部门可下达行政处罚决定书强制执行。

第八条　告知。安监部门在作出重大行政处罚决定前，应告知当事人有要求举行听证的权利，并告知当事人有陈述权、申辩权。当事人要求听证的，应当在安监部门告知后的3日内提出，安监部门应当在听证的7日前，通知当事人举行听证的时间、地点。

第九条　交付或送达。整改通知书或行政处罚决定书交付或送达当事人时，送达人与被送达人应在送达回证上签字。也可参照《民事诉讼法》的有关规定执行送达。

决定的执行。

（一）当事人应在整改通知书规定的期限内整改，并向安监部门作出书面答复，提供有关见证资料；

（二）当事人在接到行政处罚决定书后，服从处罚的，应执行行政处罚决定书；

（三）当事人不服处罚决定的，可以自知道该具体行政行为之日起60日内向有权机关申请复议，也可在90日内直接向人民法院起诉。复议、起诉期间，不停止对具体行政行为的执行；

（四）当事人在收到行政处罚决定书后逾期不申请复议、不起诉，又不执行处罚决定的，安监部门可依法强制执行，或者申请人民法院强制执行。

第十条　回避。安监部门的安全监督员在行政执法过程中，凡与涉案当事人有利害关系的应当回避。或与行政执法行为有利害关系的执法人员不得参与该行为执法，应当回避。

第十一条　结案。凡经立案登记的案件，在处理结束时，安监部门应认真填写“结案审批表”，存档备案。

六是加大行政复议工作力度，强化政府系统内部监督。古寺镇政府通过定期召开依法行政工作联席会议、加强依法行政工作跟踪检查、开展重大行政处罚案件备案审查和督查、抽查行政处罚案卷、依法办理行政复议案件等多种监督途径，对不合法不规范的行政执法行为依法进行纠正，或提出工作改进建议。古寺镇还探索行政复议案件公开审理方式，建立行政复议案件审理程序制度，依法及时纠正违法或不当的行政行为。

七是行政执法监督检查及投诉反馈制度。古寺镇开展了行政执法监督检查，将监督检查改进工作结合起来。在推行工作过程中，涉及行政执法主体、行政执法依据和行政执法行为等法律法规依据问题，由镇司法所、监察室为主指导协调。古寺镇要求行政执法单位主动接受镇人大的法律监督和工作监督，定期向镇人大报告依法行政工作情况，接受质询。对人大代表提出的建议、意见和问题要认真对待，热情解答，积极采纳合理化建议。按照政府的工作要求，积极聘请人大代表、政协委员作为依法行政监督员，通过召开依法行政座谈会、邀请依法行政监督员参与重大行政违法案件执法检查，组织开展明察暗访等监督方式，加强对依法行政工作的监督。对社会公众、新闻媒体反映的问题认真核查，依法及时处理并反馈。同时，规范投诉受理反馈机制。古寺镇建立了网络、电话、信函、来访等多种固定投诉渠道，公开受理各类行政执法投诉。按照与县政府签订的依法行政责任书规定，抓好行政执法责任制相关配套制度的贯彻执行，加大行政执法投诉处理工作力度。

此外，古寺镇还推行行政诉讼零败诉、行政复议零撤销“双零”考核机制，并结合工作实际，按照工作任务和目标，逐年修订完善依法行政责任制。将依法行政工作任务、目标和责任层层分解、逐级量化到每个具体工作人员，促进工作人员切实履行职责。为提高行政队伍素质，古寺镇依据《中华人民共和国行政许可法》的规定，完善了行政责任追究制度，加强对行政工作人员行为的制约和规范。古寺镇还严把行政执法人员准入关、培训关、考核关，加强对行政工作人员法律知识和业务技能的培训、考核，建立规范的行政执法人员管理档案，不断提高队伍整体素质。同时，古寺镇还规范财政管理，明确镇政府的财政支出责任，依法规范“收支两条线”的管理模式，建立起规范化、程序化的政府采购制度和监督管理体系，完善了依法行政财政保障机制。

六、平安社区和“三调联动”为基础的和谐社会制度建设

“法治示范镇”工程的根本目标，是将乡土社会建成平安有序充满生机的和谐生活家园。古寺镇“法治示范镇”工程和谐社会制度建设内容主要包括：创建平安社区，保障和谐社会的治安环境；进行矛盾纠

纷排查化解工作，掌控基层社会矛盾产生源头；建立人民调解、司法调解、行政调解衔接的“三调联动”工作机制，有效解决基层普通纠纷；加强乡村治理，动员基层群众参与和支持和谐社会建设；开展文明和谐寺院创建活动，巩固和谐社会建设的社会基础。

为进一步提高社会治安防控能力和水平，预防、减少各类违法犯罪和治安灾害事故，创造更好的社会治安环境，古寺镇完善了社会治安防控体系相关制度。

古寺镇首先确定了社会治安防控体系建设基本目标，以此指导相关组织和制度建设。古寺镇确定的社会治安防控体系建设目标主要有：刑事犯罪受到及时有力的打击，基本杜绝重大恶性案件，多发性案件得到有效控制，刑事发案率明显下降，人民群众的安全感进一步增强；突出的治安问题得到整治，治安问题较多的村和企业的面貌明显改观，治安管理水平明显提高，黄、赌、毒等社会现象得到遏制；教育、挽救、改造罪犯，劳教人员和预防违法犯罪工作取得成效，重点群体管理措施到位，流动人口违法犯罪率，青少年违法犯罪率保持较低水平，刑释解教人员重新违法犯罪率下降；各类矛盾、纠纷及时化解，突发性治安案件处置得当，正常的生产、生活、教学秩序得到有效保障；社会治安防控力量和措施得到有效整合，机制完善、制度健全、人财物保障有力，全镇整体防范水平显著提高；公民遵纪守法，自觉性和防范意识，防范能力进一步提高，能正确运用法律武器保护国家、集体、个人的合法权益，同违法犯罪行动作斗争的积极性进一步增强。

古寺镇设立了社会治安综合治理领导责任制，形成镇党委、政府统一领导，综治办具体协调，各部门共同参与，以派出所为骨干，群防群治力量为依托，村与企业的防范工作为基础，案件多发的人群、区域、行业、时段为重点，警防网、人防网、技防网紧密相结合，全方位、立体化的治安防控体系。古寺镇要求领导干部充分认识加强社会治安防控体系建设的重要性和紧迫性，居安思危、未雨绸缪，切实承担起“保一方平安”的责任；镇综治办发挥组织协调作用，当好镇党委、政府的参谋助手；派出所作为治安防控工作的主力军，把思想观念、工作重点、警力配置、经费投入、考核奖惩制度落实到预防为主上来，积极推进警防网、民防网、技防网建设，最大限度地预防和减少违法犯罪案件；司法部门大力开展普法活动，提高公民的法制意识，加强犯罪社区校正和刑事解教人员安置帮教工作；各村把加强村防控组织建设，维护本村安全作为重中之重，切实抓好村级群防群治的组织建设，加强社区防控；其他各部门发挥各自职能作用，积极参与社区防控体系建设，树立全局观念，及时沟通信息，加强协作配合，形成社会治安防控工作合力，把社会治安防控体系的基础夯实打牢。古寺镇将社会治安防控体系建设的目标、任务纳入各基层组织年终考核，对在社会治安防控体系建设中工作突出的村和单位，予以表彰和奖励，对推诿、不认真履行职责，影响工作，发生治安问题的村坚决实施领导责任查究，实行社会治安治理一票否决。

古寺镇特别强调镇综治办和派出所在社会治安防控体系建设中的特殊职责，要求其加强对社会治安形势和治安防控工作的分析，监测后充分利用科技手段，对一定时间和范围内的违法犯罪信息准确分析，迅速评判，及时传递，掌握违法犯罪发生、发展的规律，为打、防、控工作及时提供信息支撑。要求镇综治办和派出所对重大治安情况及时上报，对突发的治安问题以适当的形式进一步扩大群众对社会治安状况的知情权、参与权和监督权。规定镇党委、政府定期听取社会治安工作汇报，全面掌握社会治安动态，并通过开展“公众安全感”调查的形式，了解人民群众对社会治安的意见，适时作出决策部署。

古寺镇不断加大人、财、物投入，有效整合防控资源，建立起社会治安防控体系网络系统。一是覆盖全镇的治安防控网络，通过警防网、群防网建设，形成以派出所巡警为中心，以村巡逻队为基础，将对重点地区社会面的巡控作为重点的巡逻制度，进一步整合了巡逻力量，提高预防和打击违法犯罪的能力。同时争取警民结合，重点堵卡和游动巡逻相结合，机动车、自行车、步行巡控相结合等方式，形成点线面全天候防范控制网络。巡逻布控白天重点为各村主要街道及集贸市场，夜间巡逻重点为易发案部位、治安状况复杂区域。同时，加强治安防控预案建设。根据镇村庄布局制定出切实可行的治安防控行动预案，保障在打击犯罪，处理突发案件时有章可循，提高防范综合能力。遇到重大节日、突发案件时，根据不同地域，保证足够的警力和联防队员在最短时间内，按照责任划分到岗到位，并迅速投入查控处置工作。二是突发事件的应急处置网络。依托公安派出所，完善各项治安措施，防止群体性事件发生。落实安全生产各项规章制度，加强对民用物品、易燃、易爆及其他危险品的治安管理，防范重大安全生产事故的发生。妥善处理各种群体性事件，采取有力措施避免矛盾激化，防止引发重大治安问题。

矛盾纠纷排查化解工作有助于掌控基层社会矛盾产生源头，是和谐社会建设的基础性工作。古寺镇认真开展“矛盾纠纷排查化解工作”，排查化解关系群众切身利益的矛盾纠纷，解决影响社会稳定的各类矛盾纠纷和信访突出问题。按照“属地管理”和“排查得早、发现得早、控制得住、解决得好”的工作原则，掌握各种矛盾纠纷和不稳定因素。古寺镇成立了矛盾纠纷排查化解领导小组，构建起“纵向到底，横向到边”的镇、村、组三级调解网络，覆盖全镇各个角落，形成上下联动、齐抓共管，力争做到“小事不出组、大事不出村、信访不出镇”，做到排查到位，化解到位，防控应急到位，宣传教育到位，建立起排查化解矛盾纠纷和信访工作的长效机制，将矛盾纠纷化解在基层，消除在萌芽状态。

古寺镇要求各基层单位定期开展矛盾纠纷排查工作，尽力做到对易发生纠纷的重点户、重点人数底数清楚，对易激化纠纷的类型和主要环节清楚，对矛盾集中、群众反映强烈的社会难点、热点纠纷和易发生的群体性纠纷清楚。古寺镇强化了未成年人的司法保护工作，加强对孤儿、困难家庭儿童和流浪乞讨未成年人的救助管理服务；健全易肇事肇祸等重症精神病人排查、鉴定、救治、管理等长效机制，实行信息化管理；加强和创新刑满释放人员、社区矫正人员、吸毒人员、流浪人员等服务管理工作，采取落实就业培训、公益岗位和困难家庭低保等援助行动。

排查过程中，加强有针对性的思想教育，做好解疑释惑、疏导情绪的工作，引导通过理性、合法的方式表达自己的利益诉求。古寺镇特别要求，对在排查过程中发现的问题，能够现场或当天解决的问题，要立即妥善解决；对暂时不能解决的问题，要摸清实情，提出建议；对不符合政策规定的问题，要加强教育疏导，争取群众的理解；对无理取闹、聚众闹事者，要严格依法处理；对特殊群体的挑头人物，要严格落实稳控措施。对排查出的重点高危人员，要逐人落实包抓责任人，随时掌握其思想动态和行为轨迹，做到监控全天候、防患于未然；对情绪和行为偏执人员要进行思想疏导和心理干预，逐一落实监控责任人，切实防范和消除其偏执行为；对有极端行为倾向的要严格落实监控措施和依法教育管理，有违法行为的要严格依法处理，坚决防止漏管失控、肇祸滋事。对排查出的疑难突出问题由镇矛盾纠纷排查领导工作小组挂牌督办，协调相关单位有效加以化解。古寺镇矛盾纠纷排查化解工作特别强调，对有可能出现上访问题的社情动态要认真对待，通过“横向到边，纵向到底”的全方位排查，做到全面掌握并记录，不留死角死面，详细调查，及时处理，做到事事有落实，件件有回音，争取处理结果公正合理令人信服，将矛盾纠纷化解在萌芽状态，切实预防大规模集体上访和群体性事件的发生。古寺镇大力开展重点领域矛盾纠纷排查治理，建立重点领域执法检查的常态化机制。持续开展安全生产、环境保护、产品质量、食品药品安全、劳动保障等重点领域的专项治理和执法检查，避免重大事故发生；在城镇“两改两迁”工作中，依法规范房屋征迁工作程序和行为，降低大面积矛盾的产生风险；继续推行非法承揽工程、擅自改变项目规划、恶意欠薪、造成重大安全生产事故的企业及法定代表人“黑名单”制度，有效控制此类事件发生。通过这些措施，有效消除各类矛盾和事故的隐患。

古寺镇建立了以人民调解为基础和依托，人民调解、司法调解、行政调解衔接联动“三调联动”工作机制，以便及时有效地解决基层普通纠纷。随着社会结构的变化和利益格局的调整，民间纠纷在形式和规模等方面也发生了很大变化，呈现出原因复杂、主体多元、规模扩大和化解难度大、易激化等特点。显然，单一部门、方式、手段很难有效化解这些矛盾，而如果不能及时就地化解，一旦激化或聚合，容易酿成治安刑事案件，诱发信访问题和群体性事件，直接影响社会和谐稳定。而建立“三调联动”工作机制，综合运用法律、政策、经济、行政等手段和教育、协商、疏导等办法，实现人民调解、司法调解、行政调解有机结合，形成科学有效的利益协调机制、诉求表达机制、矛盾调处机制、权益保障机制，把矛盾化解在基层、解决在萌芽状态，既有利于及时有效化解社会矛盾纠纷，提高社会矛盾纠纷调处效率，又可有效减少群众诉累，节约司法成本。

古寺镇以镇人民调解委员会为工作平台，在镇人民调解委员会设立矛盾纠纷联合调处工作室，负责实施“三调联动”工作。联合调处工作室组织协调镇综治办、司法所、派出所、法庭、信访办等职能部门及人民调解委员会共同参与社会矛盾纠纷联防联调。古寺镇规定了矛盾纠纷联合调处工作室职责：做好来信来电来访接待中收集到的和矛盾纠纷当事人反映的问题分流调处；组织好较大矛盾纠纷的调处工作；督办有关职能部门承办分流的案件；组织有关成员单位通报、研究案件；及时向党委、政府和上级调解领导机构报告工作情况；提出矛盾纠纷调处工作的奖惩建议。古寺镇“三调联动”工作规定，人民法庭、公安派出所设立调解联络员工作室。人民法庭调解联络员工作室职责：做好简单的可调案件的调处工作，协助法庭进行诉前、诉中调解和诉后执行和解。公安派出所调解联络员工作室职责：接受公安派出所委托，调解公安派出所和110报警服务台受理的治安纠纷。古寺镇希望通过“三调联动”活动，实现人民调解、司法调解、行政调解既能发挥各自独特的作用，又有机衔接、紧密结合，运行机制规范高效；调解人员运用法律、政策的能力和调解技能明显增强，调解质量和调解成功率不断提高；引导人民群众把调解作为解决矛盾纠纷的主要选择，努力实现人民调解成功率、民事诉讼调解率、行政诉讼案件协调结案率提高；实现民转刑案件、涉法涉诉信访案件下降，保障社会和谐稳定。

古寺镇强调在“三调联动”活动中，要坚持依法调解与以情以理调解相结合的原则。调解矛盾纠纷，必须在国家法律法规、政策的框架内，以事实为依据进行调解。同时，在调解过程中，要教育当事人用社会主义道德观、荣辱观规范自己的行为，引导当事人遵循公序良俗，引导和启发当事人自觉达成和解。坚持自愿调解与引导调解相结合的原则。在调解工作中一方面引导当事人把调解作为解决矛盾纠纷的首要选择，不以公共权力压制当事人接受调解；另一方面，充分尊重双方当事人的真实意愿，充分尊重双方当事人的诉讼权利，不强迫当事人接受调解方式和调解结果。当事人寻求公安机关帮助解决治安纠纷时，凡属可调解范围的，接警人员应主动建议并征得当事人同意后，移交至驻所人民调解联络员工作室处理。对较大的矛盾纠纷实行公安派出所和人民调解组织联合调处，相关单位参与。

古寺镇和谐社会制度建设的另一内容是加强乡村治理，动员基层群众参与和支持和谐社会建设。根据《中共中央办公厅、国务院办公厅关于健全和完善村务公开和民主管理制度的意见》《民政部、司法部关于进一步加强农村基层民主法制建设的意见》《司法部、民政部关于开展“民主法治示范村”创建活动的通知》精神，古寺镇开展农村“民主法治示范村”创建活动。为建设组织健全有力、法制教育扎实有效、民主制度规范完备、管理有序、服务完善、和谐稳定的“民主法治示范村”，推动农村基层民主法制建设深入持久开展，古寺镇探索形成了乡村治理民主选举、民主决策、民主管理、民主监督“四民主”制度和党务、村务、财务“三公开”制度。①

第一，民主选举、民主决策、民主管理、民主监督“四民主”制度。

> 民主选举制度
>
> 一、村民委员会主任、副主任和委员由村民直接选举产生。村民委员会每届任期三年，届满按期进行换届选举。
>
> 二、村民委员会的选举，由村民选举委员会主持，村民选举委

① 西部地区基层的文件大多相互复制，有不少雷同，一方面反映基层干部可能为工作简便走捷径，另一方面也是基层治理共性的体现。本书复制一些原始未必原创基层文件，方便了解基层社会治理的内容与状态。

员会成员由村民会议或各村民小组推选产生。

三、要求罢免村民委员会成员的，须由本村五分之一以上有选举权的村民联名提出，并提出罢免理由，被提出罢免的村民委员会成员有权提出申辩意见，村民委员会应当及时召开村民会议，投票表决，罢免村民委员会成员须经有选举权的村民过半数通过。

四、村民委员会可按照村民居住状况分设若干村民小组，村民小组长由村民小组会议推选产生。

民主决策制度

一、依法制定《村民代表议事规则》。

二、每年召开四次以上村民代表会议，凡属于村务管理的重大事项及群众的热点、难点问题，须经党员大会和村民代表大会讨论，按多数人的意见作出决定，特殊情况下，遇到重大事项，经村党支部会议、村民委员会讨论按少数服从多数的原则，方可作出决定。

三、每月召开一次村党支部或村民委员会会议，讨论决策有关问题，并坚持少数服从多数的原则。

四、建立法律咨询制度，重大决策经法律论证后作出决定。

民主管理制度

一、村民会议由本村18周岁以上的村民或村民代表参加，每年召开会议不少于两次，所决定事项须经到会人员半数以上通过。

二、依法制定村民自治章程和村规民约，并做到每年修订一次，经村民会议讨论通过后，上墙公示并分发到户。

三、村集体资产（包括土地使用权）依法管理经营。凡承包、租赁及转让，经集体讨论，实行公平、公开招标，确保集体资产保值增值。

四、利用多种形式进行普法教育，增长村民法律知识，提高村民法律素质，自觉养成遵纪守法良好习惯。

五、开展以爱国守法、热心公益、学习进取、爱岗敬业、男女平等、尊老爱幼、移风易俗、少生优育、勤俭持家、保护环境等内容为标准的“平安家庭”“五好文明家庭”评选活动。

民主监督制度

一、建立党务、村务、财务公开制度，村财务每月5日之前对上个月的财务情况进行公示。

二、建立村民民主评议党员、干部制度，每年组织评议一次。

三、建立村党支部和村民委员会向村民会议报告工作制度，每年一次。

四、建立对村党支部成员、村民委员会成员及财务人员的任期、离任审计制度。

五、建立民主监督小组，对村务、财务进行经常性的监督。

民主监督小组职责

一、村民委员会成员的选举产生，是否坚持公平、公正、公开原则，选举工作有无按照法定程序进行。

二、村民委员会决策涉及村民切身利益的事和重大事项，有无经村民民主讨论，按多数人通过作出决定。

三、村民委员会对村内事务进行管理时是否坚持走群众路线，充分发扬民主，有无认真听取不同意见，坚持说服教育，有无出现强迫命令、打击报复现象。

四、村务公开的重点是财务公开，财务公开的时间是否及时，公布的内容是否事实，有无谎报、虚报、瞒报现象。

五、村党支部、村民委员会有无坚持每年两次向村民报告工作。

六、村党支部、村民委员会有无开展村民对党员、干部民主评议。

民主监督小组工作制度

一、民主监督小组成员共七名，由村民代表、党员代表选举产生。

二、民主监督小组工作内容：

（一）对《村民自治章程》《村规民约》《经济合作社章程》及其他规章制度的制定、实施情况进行监督，并及时向村党支部、村委会和监委提出监督意见。

（二）对村民委员会和村监委执行村民会议或村民代表会议讨论决定的事项进行监督。

（三）对党务、村务、财务公开，村干部述职评议等一系列工作制度执行情况进行监督。

（四）对村财务收支定期进行审核监督。

（五）对村干部个人重大事项进行监督。

（六）对村民反映的问题，经查实，责令有关人员及时处理。

三、民主监督小组每三个月召开一次会议，汇总民主监督情况。

四、村党支部、村民委员会、村监委应当自觉接受民主监督小组监督，对其提出的要求，通常在十日内作出答复。

第二，党务、村务、财务三公开制度。

一、公开内容

1. 由村民会议讨论决定的事项（议事规则）及其实施情况。

2. 国家计划生育政策的落实情况。

3. 救灾救济款（物）的发放及去向情况。

4. 村财务收支情况。

5. 各类资产和债权债务情况。

6. 水电费收缴以及涉及本村村民利益，村民普遍关心的其他事项。

二、公开程序

1. 财务公开内容应事前经村民民主理财小组逐项审核，由村经济合作社负责人、村民民主理财小组组长和会计签字，报镇村级财务中心审核认可后，在固定公开栏上公布。

2. 村务公开内容由村务公开监督小组审核，再由村主任和监督小组组长分别签字后，在固定公开栏上公布。

三、公布时间

定期与不定期相结合，村镇建设的较大项目的收支和多数村民（社员）要求公布的专项村务财务内容，应及时单独公开，全村统一公开日为每月5日之前。

古寺镇党政领导深知民族地区乡土社会的有效治理，必须十分重视宗教相关工作，将之纳入法治化轨道，以巩固西部民族地区乡土社会和谐社会建设的社会基础。古寺镇开展了对宗教场所及宗教人士的法制宣传：

积极开展“法治进宗教场所”活动，认真落实民族领导干部联系寺院及与宗教人士定期谈话制度，有针对性地对宗教教职人员开展法制教育；把法律法规的宣传融入讲经内容；依法加强对宗教人士讲经、解经方面的管理，定期对宗教活动场所进行检查，将宗教教职人员讲经活动置于寺管会和信教群众的监督之下；使宗教人士分清了合法与非法的界线，增强了宗教教职人员和信教群众的法律意识。

同时，古寺镇还开展了文明和谐寺院创建活动，制定了《文明和谐寺院创建方案》。该《方案》指出，宗教活动场所是信教群众进行宗教活动、满足宗教生活需要的场所，也是宗教教职人员履行教职、潜心修持、从事宗教研究、服务信教群众的场所。宗教活动场所的状况突出反映了该宗教的面貌，关系到该宗教的形象和健康发展。依法管理宗教活动场所是宗教工作的着力点、切入点，也是关键环节、主要抓手。开展创建活动，有利于切实增强宗教活动场所自我管理、自我服务的能力；有利于进一步提高宗教教职人员队伍自身素质；有利于拓展依法管理宗教事务的广度和深度，创新宗教工作方式，提升宗教工作水平；有利于化解宗教矛盾，协调宗教关系，维护宗教和睦与社会和谐；有利于进一步坚持独立自主自办原则，引导宗教与社会主义社会相适应，促进宗教界人士和信教群众为经济社会发展作贡献。

古寺镇“法治示范镇”工程建设中，也存在一些问题。法制示范村创建工作，点多面广，工作难度大。全镇有 15 个村，两个居委会，点多面广，而司法所只有两名工作人员，致使开展法治示范村建设任务的开展力不从心。普法工作困难大。学校法制教育效果欠佳，因没有明确的规定，许多学校在课时安排上没有保障，只是结合思想品德和政治课给学生讲授一些法律知识，既没有统一的法律知识教材，也无考试设置，因此，青少年学法用法实际效果不明显，而且民族地区少数民族群众占人口比例较大，但少数民群文字普法教材较少，通俗易懂且适用的少数民族文字普法教材更少。同时，部分村民由于农活繁忙，家务事多，认为村子的发展是村干部的事情，与自己无关，宣传动员难度大。此外，普法工作经费也比较紧张。古寺镇属贫困地镇，普法经费足额保障难度很大。古寺镇按照普法规划落实经费，镇财政将普法经费纳入预算，按普法对象年均 2 元 / 人标准拨付到位，每年共约人民币 12800 元。而每年年初，要开展返镇农民工法制宣传、防群体性事件维稳法制宣传，每年度还要开展“3・8、3・15、6・26、8・1”等专项法制宣传活动以及校园法制宣传等一系列宣传活动，举办五次法律讲座，经费肯定不够。如 2014 年开展各类法制宣传活动，制作宣传横幅、宣传手册、宣传资料、法律援助联系卡，征订全年宣传挂图，所用经费已远远超过每人 2 元的标准，普法经费已超支预算 2000 余元。

中国社会主义法治建设，是包括少数民族在内的所有中华儿女共同的伟大事业，是中华民族共同的中国梦。党的十八届四中全会作出的全面建设社会主义法治国家的决定，正是习近平总书记的法治理论的伟大成果之一。法治国家战略决定了乡土社会治理的转型。在新的时代实现对乡土中国的有效治理，必须协调好国家权力与民间秩序、现代价值与传统生活、外部推动与文化自觉的关系，实现国家权力与社会、现代性文化与东方治理文明以及传统生活与现实环境、专业管理与民间自治的平衡。西部民族地区乡土社会的治理也因此必须通过乡土社会治理法治化转型，推动民族地区社会全面发展，这是民族区域社会治理转型的新常态。西部民族地区乡土社会治理法治化转型的历史进程已经开启。古寺镇党委政府将“法治示范镇”创建工作作为“一把手工程”纳入重要议事日程，健全法治建设组织体系建设，推进以会前学法和法制宣传为中心的法治思想建设，完善“权力清单”和依法行政的法治政府制度建设，推动以平安社区和“三调联动”为基础的和谐社会制度建设，为西部民族地区社会治理升级转型作出了示范。古寺镇“法治示范镇”实践生动展示出，西部民族地区乡土社会已全面动员，积极参与法治国家建设伟大事业，这一示范是西部民族地区乡土社会法律生活品质和法制环境的尺度，也是解读民族地区乡土司法的基础。

第二章　西部地区基层司法机关的工作职能

西部民族地区幅员辽阔、民族众多，经济社会发展正处于快速发展中。民族地区的司法机关和其他政权组织一样，是中国共产党领导的执政机构的重要部分，民族地区的司法工作要为贯彻党的民族政策推动民族地区有效治理和社会发展服务。在当下中国学术语境中，司法机关包括审判机关和法律监督机关，即法院系统和检察院系统。本章以西部民族地区H县与B县人民法院审判工作、D县古寺法庭的日常事务以及L州检察机关检察工作为例，呈现西部民族地区乡土法律生活中审判机关、检察机关的职能定位、日常事务与一般工作面貌。本书以个例展示分析为基础，其状态描述、逻辑原理、功能展示和价值分析是普遍的，也即是特定地区某一基层司法机关的工作可以全方位呈现西部民族地区司法机关的运行状态及品质，至少可以成为了解其基本面貌与内在逻辑的基础。

一、西部地区基层法院履行审判职能概况

《中华人民共和国宪法》第一百二十三条规定“中华人民共和国人

民法院是国家审判机关”，所以民族地区基层法院的基本职能是依法行使国家审判职能。经过长期持续发展和努力，西部民族地区基层人民法院在履行国家审判职能方面，既忠诚担当，又成就斐然。下面主要通过西部民族地区H县及B县两个县级人民法院数年的审判工作，展示西部民族地区乡土法律生活中审判机关的一般工作面貌。H县及B县幅员、人口、经济社会发展在西部民族地区中有一定的样本意义，可以映射西部民族地区乡土司法的基本特性。

H县位于西南地区云贵高原一民族自治州南端，地处三州五县接合部，县辖5镇3乡，81个村（居）民委员会，全县人口23万，居住着16个民族。国土面积1731.63平方千米，山地面积占99.3%。H县人民法院共有15个内设机构（包括2个基层法庭），政法专项编制48人，在编干警46人。在西部民族地区，这是一个中等规模的基层法院。B县位处青藏高原牧区，全县人口约8万，是典型少数民群地区，土地面积约10000平方千米。B县法院共有中央政法专项编制48名，在编在岗人员47名，其中员额法官13名（首批员额法官13名，均系本科学历，女性5名，男性8名；35岁以下2人，36岁至45岁5人，46岁至50岁5人，51岁及以上的1人；平均年龄43岁），审判辅助人员19名，行政人员7名，员额法官、审判辅助人员、司法行政人员分类占中央政法编制的27.08%、39.58%、14.58%，符合规定要求。一般而言，法院的编制主要由辖区人口规模决定，但也不绝对如此。川西高原一个只有7万人口的县法院，因其辖区地域广阔，有六个法庭，法院的政法编制规模也近50人。在人员性别、年龄、学历等方面，H县B县法院的情况与其他西部民族地区的法院系统大同小异。

人民法院每年都会向同级人民代表大会作工作报告，这是了解法院工作的窗口，其中包含许多重要学术信息，对西部民族地区基层法院职能的解读，可以从这些报告开始。下面以H县人民法院2013年以来向同级人民代表大会的报告作为分析样本，以呈现基层人民法院司法工作概貌。

H法院的报告开始于一个典型公文叙事。2013年报告开头有这样的表述：

> 2013年，我院在县委的领导下，在县人大及县人民法院其常委会、县政府、县政协及上级法院的监督、支持和指导下，全面贯彻落实党的十八大、十八届三中全会精神，紧紧围绕“努力让人民群众在每一个司法案件中都感受到公平正义”的目标，牢牢把握司法为民公正司法这条主线，发扬优良传统，勇于改革创新，全面加强各项工作，不断提升司法公信力，为推进平安H县、法治H县建设作出积极贡献。

2014年报告开头延续了这样的表述：

> 2014年，我院在县委的领导下，在县人大及其常委会、县政府、县政协及上级人民法院的监督、支持和指导下，贯彻落实党的十八大，十八届三中、四中全会精神，全面加强审判执行工作，积极开展党的群众路线教育，强化司法为民措施，不断加强自身建设，为维护社会和谐稳定作出了积极贡献。

2015年报告开头表述增加了一些内容：

> 2015年，我院在县委的领导下，在县人大及其常委会、县政

府、县政协及上级法院的监督、支持和指导下，深入贯彻落实党的十八大，十八届三中、四中、五中全会以及习近平总书记系列重要讲话精神，积极开展“三严三实”和“忠诚干净担当”专题教育，紧紧围绕“努力让人民群众在每一个司法案件中都感受到公平正义”的目标，坚持司法为民、公正司法工作主线，忠实履行宪法法律赋予的职责，充分发挥审判职能作用，不断加强自身建设，为经济社会健康发展提供了有力的司法保障。

2016年报告表述与上年相似：

2016年，在县委的领导下，在县人大及其常委会、县政府、县政协及上级法院的监督、支持和指导下，深入贯彻落实党的十八大，十八届三中、四中、五中全会以及习近平总书记系列重要讲话精神，紧紧围绕“努力让人民群众在每一个司法案件中都感受到公平正义”的目标，忠实履行宪法法律赋予的职责，不断加强审判执行工作，确保案件质效提升，为经济社会健康发展提供有力的司法保障。

作为对比，可以参照一下最高人民法院2013年和2016年工作报告的开篇陈述，这些报告遵循着共同论述风格和内在逻辑。

2013年，最高人民法院在以习近平同志为核心的党中央坚强领导下，在全国人民代表大会及其常委会有力监督下，紧紧围绕“让人民群众在每一个司法案件中都感受到公平正义”的目标，坚持服务大局、司法为民、公正司法，忠实履行宪法和法律赋予的职

> 责，各项工作取得新进展。
>
> 2016年，最高人民法院在以习近平同志为核心的党中央坚强领导下，在全国人民代表大会及其常委会有力监督下，贯彻落实党的十八大和十八届三中、四中、五中全会以及中央政法工作会议精神，深入学习贯彻习近平总书记系列重要讲话精神，认真落实十二届全国人大三次会议决议，紧紧围绕“努力让人民群众在每一个司法案件中感受到公平正义”目标，忠实履行宪法法律赋予的职责，各项工作取得新进展。

公文报告的内在逻辑及学术价值往往容易被忽略。支撑报告这一段表述的其实有强大的理由，它定义了基层司法的权力性质、基本职能和工作方式。在中国当代政治中，中国共产党是中国革命和建设事业的领导核心，司法是党的事业，要在党的领导下，为党的中心工作服务。关于中国司法权的权力性质，《中华人民共和国宪法》第二条明确规定，中华人民共和国一切权力属于人民。人民行使国家权力的机关是全国人民代表大会和地方各级人民代表大会。第三条，国家行政机关、审判机关、检察机关都由人民代表大会产生，对它负责，受它监督。第一百二十三条，中华人民共和国人民法院是国家的审判机关。第一百二十六条，人民法院依照法律规定独立行使审判权，不受行政机关、社会团体和个人的干涉。这些规定表明，我国司法机关由人民代表大会产生，依照法律规定独立行使审判权，这与西方三权分立体制中司法权的性质完全不同，人民法院要对人民代表大会负责接受人大监督。这些都表明，中国司法的性质是党的事业，基本职能是根据法律规定行使国家审判权，司法工作要以维护党和人民根本利益为出发点和目的，人民司法要对人民代表大会负责接受人大监督并自觉接受人民群众的监督。法院的报告体现和反映出基层司法机关对人民司法本质与职能的准确认识。

基层人民法院以审判工作为中心。H 县人民法院近年审判工作，呈现了西部民族地区乡土司法概况。

H 县法院 2013 至 2016 年案件受理数量如下：

2013 年 935 件，2014 年 975 件，2015 年 955 件，2016 年 1220 件。

H 县法院近几年案件受理每年约在九百至一千二百多件，每万人案件数四十至五十件，低于同期全国法院案件受理平均数。2013 年全国各级法院受理大约一千四百余万件，2016 年全国各级法院受理大约一千九百余万件，每万人案件数超过了一百件。

H 县法院 2013 至 2016 年审结执结数如下：

2013 年 904 件，2014 年 948 件，2015 年 861 件，2016 年 910 件。

因案件审结执结在案件受理之后，案件审结执结数往往与上年案件受理数接近。由于近年各级人民法院案件受理数逐年上升，所以一般法院当年案件受理数多于审结执结数。

H 县法院 2013 至 2016 年结案标的额如下：

2013 年 3228.15 万元，2014 年 3208.2 万元，2015 年 2733.1 万元，2016 年 5846.92 万元。

结案标的每案约 3 万至 4 万多元，这数额比全国平均水平低很多。2013 年全国各级人民法院结案标的额为 1.7 万亿元，2016 年为 4 万亿元，每案平均约 12 万元至 20 万元。这与法院层级有关，人民法院受理民事案件标的额有层级管辖限制，争议标的较大的案件一般由层级较高法院受理，这是一方面。另一方面，也反映出西部民族地区经济尚在发展中。

H 县法院 2013 至 2016 年刑事案件受理情况如下：

2013 年 119 件 204 人，2014 年 96 件 148 人，2015 年 82 件 119 人，2016 年 125 件 224 人。

基层法院的刑事司法大多是普通的暴力类、涉财类案件，这一类案件事实认定法律适用争议不大，但仍然对法院的工作品质有严格要求。这是 H 县人民法院对该院 2014 年刑事司法工作的总结：

> 审判中，一是严惩各类犯罪。审结涉枪等危害公共安全犯罪案件 29 件 31 人；审结抢劫、盗窃等多发性侵财犯罪案件 29 件 50 人；审结故意杀人、强奸等严重侵犯公民人身权利犯罪案件 15 件 24 人；审结妨害社会管理秩序犯罪案件 9 件 23 人；审结破坏社会主义市场经济秩序犯罪案件 7 件 11 人；审结贪污贿赂犯罪案件 5 件 7 人；审结渎职犯罪案件 2 件 2 人。二是严格把关、规范执法。因涉及被告人自首、立功等情形，建议公诉机关补充侦查和补充相应证据 5 件次，本院决定逮捕 5 人次。三是讲效率、出实效。全年审结的案件中，无超审限、超期羁押现象发生，平均办案天数为 16 天。四是认真做好罚金追缴工作。全年共追缴罚金、没收违法所得 38.62 万元。五是量刑规范化工作平稳有序开展。全年有 90 件案件的量刑纳入庭审程序，其中 81 件采纳了检察机关的量刑建议，采纳率为 90%。坚持能动司法，维护社会和谐稳定。

H 县人民法院对该院 2016 年刑事司法工作也作了这样的陈述：

> 审判中，一是严格把关、规范执法。因涉及被告人自首、立

功等情形，建议公诉机关补充侦查和补充相应证据 8 件（次），本院决定逮捕 7 人（次）。审结的案件中上诉 7 件，二审均维持原判。二是讲效率、出实效。无超审限、超期羁押案件，平均办案天数 19 天，及时将罪犯送监改造，有效缓解羁押压力，节约司法成本。三是加大对财产刑的执行力度，共追缴 37.6 万元。四是妥善处理刑事自诉和刑事附带民事案件。审结自诉案件 8 件，刑事附带民事案件 18 件，为受害人挽回损失 80.5 万元。五是持续开展量刑规范化工作。所有公诉案件均将量刑纳入庭审程序，65 件采纳了检察机关的量刑建议，采纳率为 94.2%。六是积极开展社区矫正工作。对判处缓刑的罪犯定期进行回访，有效防范新的危害社会行为的发生。

H 县法院 2013 至 2016 年民事案件受理情况如下：

2013 年 458 件，2014 年 520 件，2015 年 536 件，2016 年 725 件。

基层民事司法也与最高人民法院 2016 年工作报告“坚持服务大局，更好地适应和服务经济发展新常态”大体一致，强调服务党和政府的中心工作。基层法院的民商事案件尽管一般标的不大，大多是权属、侵权、婚姻家庭纠纷，但其与民众切身利益相关，有的矛盾尖锐，及时妥善处理十分重要。H 县法院 2014 年审结的 517 件民事案件中，婚姻家庭纠纷案件 255 件，合同纠纷案件 117 件，权属、侵权及其他民事纠纷案件 145 件；2015 年审结的 478 件民事案件中，婚姻家庭纠纷案件 286 件，合同纠纷案件 96 件，权属、侵权及其他民事纠纷案件 96 件。总体上，婚姻家庭纠纷案件在西部民族地区乡土司法中占比较高，一般有一半左右。而据最高人民法院的工作报告，2011 年审结一审民事案件 355.4 万件，婚姻家庭、抚养继承案件 161.2 万件；2016 年全国法院审结的民事案件 622.8 万件，婚姻家庭等案件 173.3 万件。这与西部民族地区经济发展水平相关，商事活动及法律争议案件较经济发达地区略少。

西部民族地区乡土民事司法中有一项重要工作评价维度：调撤率。H 县法院称要“把做好诉讼调解工作作为提高民事审判质量、促进司法公正的一项重要措施”，2014 全年调解结案 206 件，经调解撤诉 120 件，调撤率 72.12%。这不是一个简单的数字。2015 年全年调解结案 196 件，经调解撤诉 116 件，调撤率为 60.35%。乡土法律生活中，每一个民事纠纷要“闹”到法院来，中间一定都经历过各类体制内外基层组织做工作，法院要完成这一任务，其审判资源配置、知识运用、工作技巧、工作量及强度，或许不比判决结案容易。为减轻司法调解压力提升调解成功率，H 县法院常年选派业务骨干到各乡镇开展人民调解员培训，充分发挥人民调解员“第一道防线”的作用，强化诉调对接，提高调解工作水平，2014 年即对 8 个乡镇 484 名人民调解员进行法律业务培训。①

西部民族地区乡土民事司法中，为体现人民司法的政治品格和强化司法的社会功能，仍在普遍实行巡回审判制度，不少县级法院为此成立了专门机构。如云南祥云县人民法院设立了专门巡回法庭、四川松藩县人民法院设立了旅游巡回法庭。H 县法院虽未设立专门巡回审判机构，但也特别强调“坚持便于人民群众诉讼、便于人民法院审理案件的‘两

---

① 注重调解是基层民事司法的重要特点，另一县人民法院也强调：在民商事审判中，始终坚持“调解优先、调判结合”的原则，高度重视涉民生案件，保障困难弱势群体合法权益；主动与公安交警、保险、医疗等部门沟通，在交通事故赔偿、劳动争议等领域建立诉调对接机制。依法化解婚姻家庭、劳资纠纷及人身损害赔偿等矛盾易激化案件，有效提高了案件调撤率，在化解矛盾解决纠纷的同时，促进了社会和谐，维护了社会稳定审限内结案率 100%，调解撤诉 291 件，调撤率为 67%。

便’原则，深入农村巡回审理，让民商事审判工作更加贴近基层、贴近群众，方便群众诉讼，减轻群众负担”，2014全年巡回审理198件，速裁审理76件。2015全年共开展巡回审判303件次。

H县法院2013至2016年行政案件受理情况如下：

2013年6件，2014年1件，2015年1件，2016年6件。

全国法院系统2011年审结一审行政诉讼案件12.1万件，2016年全国各级法院受理一审行政案件24.1万件，审结19.9万件。西部民族地区受理行政案件相对较少，这一方面是群众不了解或缺乏通过诉讼与政府机关解决争议的意愿，另一方面基层行政机关为维稳也不愿经常卷入诉讼，加之乡土熟人社会，一般认为打官司伤和气，尤其政府机关和老百姓对簿公堂不仅可能付出信誉损失，一旦败诉还会丧失威信，所以宁愿通过诉讼外方式进行博弈。H县法院在处理行政案件时，注重公民权利保护和行政机关依法行政的平衡。H县法院2014年报告中对其行政审判工作作了这样陈述：

> 一是坚持监督、维护、协调有机统一的行政审判原则，依法履行宪法和法律赋予的司法监督权，既维护公民、法人和其他组织的合法权益，对行政行为实施有效监督，又维护正常的行政管理秩序，支持行政机关依法行政。二是通过行政案件协调机制，有效化解行政争议，促进行政管理相对人与行政机关的相互理解和信任。

2016年报告的总结为：

> 一是依法公正、及时审理行政案件，解决行政争议，保护行政管理相对人的合法权益，监督行政机关依法行政。二是落实行政机

关负责人出庭应诉制度，审结案件中行政机关负责人出庭应诉率为100%。三是严格执行回避制度，对符合移送管辖的案件依法移送，保证公正司法，提高司法公信力。

H县法院2013至2016年执行案件情况如下：

2013年受理357件执结333件，2014年358件执结334件，2015年331件执结303件，2016年372件执结296件。

人民法院履行审判职能工作中，难度最大的是执行，这对司法干警的素质是持续考验，稍有不慎，就可能使案件变成执法事故。H县人民法院在执行工作中采取了一些积极措施推动执行工作。一方面，强化案件执行力度，牢固树立执行工作“一盘棋”意识，整合执行资源，形成法院内部执行联动机制与合力，同时升级改进执行方式，努力促进执行工作良性循环，提高执行效率。建立失信被执行人名单制度。2013年内将3名被执行人录入失信人员名单，通过威慑成功执结案件2件。2014年后开展了涉民生案件专项集中执行活动及“转变执行作风、规范执行行为”专项活动。清理涉民生案件13件，执结8件，执结标的额8.4万元；清理涉金融案件和其他积案46件，执结7件，执结标的额26.5万元；恢复并执结历年终结本次执行程序案件25件，执结标的额62.1万元。H县人民法院在执行作业中也尝试运用信息网络促执行。通过该省高级人民法院信息查询平台，对未按生效法律文书履行的135案184名被执行人银行账户进行查询，并成功执结2件多年未结案件。2015年上半年，依法录入失信人员名单49件62人，通过信用惩戒成功执结1件。通过全国网络查控平台对被执行人银行账户进行查询267人次，冻结存款10人，其中扣划7人，通过查控手段成功执结7件。H县人民法院在执行作业中借鉴其他兄弟法院执行作法，建立失信被执行人名单制度，2016 年将 69 名被执行人录入失信人员名单，通过威慑成功执结 1 件。为严肃法制尊重，加大对规避执行的惩治力度。对有履行能力而逃避执行、抗拒执行的，依法采取强制措施坚决予以执行，2013 全年决定司法拘留 2 人，2014 年司法拘留 1 人，2015 年司法拘留 2 人。这些措施保证了 H 县人民法院的执行工作效率在西部民族地区基层法院中处于正常水平。另一方面，H 县人民法院在执行作业中，也比较注重执行作业的监督和管理，规范执行行为，以保障执法的合法性与质量和社会效果，尤其重视执行案款规范管理。H 县人民法院根据最高人民法院、最高人民检察院联合下发的《关于开展执行案款集中清理工作的通知》，严格程序，规范执行案款清理工作，执行案款流入实行收管分离、逐案详尽登记，所有收款、支付凭证财务、执行人员各存一套，做到案款清楚可查。同时严格监督，指定专人定期与财务核对案款收付情况，对收款后在有限时间内未及时发还的案款，要求承办人作出说明，即时跟踪案款发还情况；坚持边清理边发放，从时间、流程上对执行案款进行无缝隙管理，确保执行案款依法及时发放。此外，H 县人民法院在执行作业中还依靠地方党委领导，建立执行联动平台，凝聚各种体制内外资源形成执行合力，破解执行难问题，以维护地方法治生态的健康。

相比之下，位处青藏高原的 B 县人民法院受理各类案件要少些。2012 年至 2016 年五年，B 县人民法院共受理各类案件 713 件，审执结 671 件，结案率为 94.1%，共受理刑事案件 129 件，审结 129 件，结案率为 100%，判处罪犯 293 人，共受理民事案件 400 件，审结 373 件，结案率为 93.3%，涉案标的额 4300 余万元。当然，B 县人民法院工作强度并不小，尤其执行工作中难度大。

执行工作始终坚持破难题，树公信。共受理执行案件 179 件，执结164件，执结率为91.6%，执行标的额达1600余万元，执行到位990余万元。一是在执行工作中注入科技力量，运用"点对点""总对总"执行信息查控系统，有效解决执行工作"钱难查"问题。二是坚持强制执行与执行和解相结合，执行和解结案25件，和解金额210万元，收到了执行到位率高、执行周期短、化解执行矛盾的良好效果。三是完善信用惩戒机制，启动失信人员黑名单制，对失信被执行人实施信用惩戒。依法公开曝光失信被执行人6人、传唤16人次，促使一批失信被执行人主动履行义务。四是以开展涉民生案件集中专项执行、反规避执行等各类专项活动为契机，集全院之力，穷尽执行措施，依法采用查封、扣押、冻结等强制措施，加强与政府和金融等部门联动，构建了社会化执行大格局。①

二、乡土法庭的职能定位与日常事务

法庭是西部民族地区乡土司法的重要组成部分，不仅承担着基层司法重要的司法职能，也是展示人民司法党的事业特性的制度平台。法庭是法院派出机构，它的设置、人事、业务、财务等方面受法院管理，像法院的一个部门。但法庭与法院内部机构不同，在职能定位方面又像

① 另一西部民族地区县级人民法院2011年至2015年共受理各类案件694件，审结663件，审限内结案率100%。共受理刑事案件170件186人，审结165件178人，其中，故意杀人3件，故意伤害21件，盗窃41件，交通肇事57件，诈骗9件，危险驾驶13件，挪用公款4件，敲诈勒索3件，聚众扰乱社会秩序2件，强奸1件，失火1件，其他10件。2011年以来共受理民事案件473件，审结455件，其中合同纠纷75件，婚姻家庭纠纷184件，侵权责任纠纷32件，损害赔偿责任纠纷51件，民间借贷纠纷45件，土地承包经营纠纷10件，抚养费纠纷7件，追索劳动报酬纠纷15件，其他36件。

一个微缩的法院，拥有立案、送达、审理、执行等众多职责。这里以D县古寺镇法庭为例，展示西部民族地区乡土法庭的职能定位与日常工作。

基层司法机关往往都设有派出机构，以便更有效实现司法职能。尤其法院系统，由于履行职能需要，一直有法庭层级设置，这一制度安排有历史渊源，也有现实需要。1949年至1954年，人民法庭作为县级人民法院民事庭刑事庭外的特别法庭，直接受县级人民政府的领导；又是人民法院的组成部分，负责特定领域的刑事犯罪以及关于土地改革案件，此时期人民法庭职能定位于审理特别案件的临时特别法庭。1954年至1976年，《中华人民共和国人民法院组织法》规定“基层人民法院根据地区、人口和案件情况，可以设立若干人民法庭”，这是立法对人民法庭制度作出的规定。1963年最高人民法院《人民法庭工作试行办公室》(草稿)公布，规定人民法庭的任务为审理一般的民事案件和轻微的刑事案件；指导人民调解委员会的工作；进行政策法律法令宣传；处理人民来信，接待人民来访；办理基层人民法院交办的事项。改革开放后，人民法庭得到大幅度恢复发展，至1998年11月，全国共有人民法庭17411个，法庭干警达75553人。[①]20世纪末以来，人民法庭不断发

① 两便原则的内涵：“便于人民群众诉讼、便于人民法院审判。”便于人民群众诉讼具体包括三个方面，一是司法组织便民，民事审判机关审判组织的设置尽量接近人民；二是司法活动便民，即民事司法活动的方式便利人民群众如就地审判、巡回审判就是便于群众的司法活动；三是司法程序便民，即各种民事诉讼程序规则要通俗易懂、手续简便。便于人民法院审判体现在：便于法院独立行使审判权；便捷的诉讼程序；相对宽泛的法官职权，为防止诉讼迟延、恶意诉讼、虚假诉讼等赋予人民法院对程序进行的控制权；发展替代性纠纷解决方式切实减轻法院审判压力。见张邦铺：《人民法庭职能定位的实现路径——以S省P县法院人民法庭职能创新视角》，《基层司法论丛》第2辑，法律出版社2014年版，第91页。任建新：《最高人民法院工作报告》，《人民日报》1992年4月7日；任鸣：《我国人民法庭工作面临新的挑战》，《法律适用》1999年第1期。

展完善。1999 年 7 月 25 日，最高人民法院印发《人民法庭若干问题的规定》，2005 年 9 月 23 日最高人民法院印发《关于全面加强人民法庭工作的决定》，再次明确了人民法庭职能定位。明确人民法庭的职能有审理民事案件和刑事自诉案件，有条件的地方，可以审理经济案件；办理该庭审理案件的执行事项；指导人民调解委员会的工作，对发现人民调解委员会调解民间纠纷达成的协议有违背法律的，应当予以纠正；通过审判案件、开展法制宣传教育、提出司法建议等方式，参与社会治安综合治理；办理基层人民法院交办的其他事项。从总体趋势看，人民法庭的职能内容增加了，从审判职能看，逐步扩大，增加了执行职责。总体看，与法院职能大同小异。人民法庭的职能涵盖基层人民法院管辖的一审民商事案件、刑事自诉案件和执行案件。实践中，人民法庭的职能定位主要围绕执法办案、坚持方便群众方便诉讼的“两便”原则化解各类基层纠纷与矛盾。[①]2005 年最高人民法院《关于全面加强人民法庭工作的决定》再次确认了“两便”原则。法庭职能定位在于便于人民群众诉讼，便于人民法院依法独立、公正和高效行使审判权，即以便捷的方式方便人民群众参诉办事，大力提高审判效率，就地、就近及时维护群众合法权益；转变司法方式，采取有助于维护当事人在司法程序中的主体地位，增强司法的民主性；尊重乡土社会实际、遵循司法审判规律、增强司法的可接近性及群众信任感；合理运用多元化纠纷解决机制，拓宽人民群众纠纷解决渠道，降低纠纷解决成本；改造《中华人民共和国人民法院组织法》赋予的法制宣传职责，以随案说法的方式开展法制宣传。这些规范厘清了人民法庭的职能定位，为西部民族地区乡土司法机关的组织建设作出了明确指引，乡土人民法庭建设总体上稳定下来。

① 熊先觉：《司法制度与司法改革》，中国法制出版社 2003 年版，第 277 页。

西部民族地区乡土人民法庭设置比较普遍，在人口比较多的乡镇大多有人民法庭。同时，许多地方还设立了专门人民法庭，快速便捷处理相应案件。如，道路交通事故巡回法庭，为当事人、保险公司和汽车运输公司等提供便捷的交通事故案件处理，法庭指导人民调解，参与交通大队行政调解，配合立案庭做好道路交通事故案件的诉前调解。有的地方成立了专门旅游法庭，为当事人解决纠纷提供便捷快速服务，对维护旅游秩序起了很好作用。近年来，乡土法庭的建设受到空前重视，财政投入充裕，法庭办公条件极大改善。在西部民族地区乡土法庭大多配备了审判庭、办公室，有的还有生活区。在“智慧法院”建设中，法庭设施装备不断升级，履行职能的能力有所提高。

古寺镇法庭位于镇机关院内，有一幢独立办公楼，审判法庭、办公室等配置齐全，有干警 5 人，法庭负责辖区内相关司法事务。乡土法庭的日常工作比较琐碎，正式案件数量一般不多，大多是家庭、邻里或普通的合伙协议纠纷、追索劳动报酬纠纷，但每一个案件的处理未必都简单，需要法官付出不少劳动，因为这些案件大多需要以调解结案。古寺镇法庭根据最高人民法院《关于进一步做好 2014 年人民法庭工作的通知》的要求，遵循新时期人民法庭民事审判工作的指导原则，创立了“三全调解”工作机制。

> 一是“全程调解”，将调解贯穿于立案、送达、开庭前、庭审中、判决前的每一个环节。二是“全心调解”，本着定纷止争、案结事了的目标，耐心、细心、专心调解，不厌其烦、锲而不舍。三是“全力调解”，在自愿合法的前提下，运用一切手段，动员一切力量绝不浅尝辄止、半途而废，只要有可能，就绝不放弃调解的努力。同时在调解过程中，找准双方的利益平衡点、把握双方的感情

契合点、寻求矛盾化解的突破点。

乡土法庭实践中，在受理一些简易的民事案件后，可能发现当事人双方都希望尽快了结，但是按常规法律程序办案，手续相对比较繁琐，诉讼时间较长，双方的矛盾可能激化。法庭干警尝试采取委托人民调解的方式，这样既可能有效地调解当事人的矛盾，又大大节约司法成本，取得良好的社会效果。多数情况下，法庭在审判工作中会主动加强与人民调解等基层组织的联系，充分利用人民调解组织遍布城乡、网络健全，调解员植根基层、贴近群众，成本低、效率高的优势，建立起法官联系、指导各镇调委会制度和诉讼案件委托人民调解机制。在民事纠纷案件审理中，特别是一些发生在辖区内的赔偿、邻里纠纷等民事案件，在征得双方当事人的同意后，当即委托当事人所在乡镇的人民调委会调解，随后再由法院出具调解书确认调解协议并赋予强制执行效力的做法，取得了比较好的社会效果。另外，法庭还充分利用全庭力量，尝试在审判员的指导下，积极调动法庭书记员参与案件调解工作。考虑到书记员的送达、记录、宣判等程序在整个案件的审理中是一项重要的诉讼活动，尤其在书记员送达过程中积极主动地向当事人释法，能够在很大程度上起到让当事人息诉服判的作用。在送达诉状副本的过程中，书记员积极了解被告方的意见、询问是否有调解意向，判断双方的调解可能性，并通过电话联系原告，如双方达成合意，即以笔录形式加以固定，再另行安排调解时间，及时解决纠纷。对于年老、残疾、文化素质低的当事人必须宣读判决书，解答当事人提出的疑问，尽最大努力让当事人赢得清楚，输得明白，降低上诉率。

在法庭层级，主动或被动参与地方党政系统所主导的行政事务，不仅常见，而且都习以为常。“党政司法”不分是乡土政治的基本特色，司法机关往往还会因以自身特色为当地发展“保驾护航”而有荣耀感。地方党政机关一般认为让法庭参与地方事务就是对司法机关的尊重，司法机关积极推动当地党政中心工作就是法治思维法治政府的体现。这是认识和评价当下西部民族地区法庭工作的一般背景，也是理解乡土政治逻辑的基础。近年来，古寺镇开展了“法治示范镇”创建活动，为了促进旅游业和谐、有序、快速发展，提高景区快速调处矛盾纠纷的能力，方便人民群众诉讼，维护一方稳定，在该镇旅游核心区成立了所谓“旅游法庭”，实际上是法庭工作联系点，由古寺镇法庭派人常年值班，为此法庭干警的工休也由每周两天减为一天。景区假日法庭成立之后，主要受理游客之间、游客与景区之间以及景区内居民之间发生的民事纠纷。古寺镇法庭派1名法官、1名书记员利用休息时间，逢节假日、旅游高峰期在假日法庭办公，对景区中发生的民商事纠纷采取当场立案、当场调解的方式。景区假日法庭与古寺镇旅游管委会、川主寺派出所旅游警队、景区城管大队、景区人民调解委员会及时调处矛盾，妥善处理各类纠纷，为游客营造舒心的旅游购物环境。古寺镇法庭报告称，假日法庭的审判工作，对于维护景区的正常秩序，促进经济发展，树立良好的法院及法官形象具有重要的意义，“景区假日法庭的成立已经成为古镇西塘的另一道亮丽的风景线”。

三、西部地区检察机关履行职能概况

《中华人民共和国宪法》第一百二十九条规定人民检察院是国家的法律监督机关，第一百三十一条又规定，人民检察院依照法律规定独立行使检察权不受行政机关、社会团体和个人的干涉。检察机关在西部民族地区的社会治理和法治事业中，是十分重要角色。由于当前我国检

察机关除了向同级人大负责外，还受上级检察机关领导，人事管理实行的是“双重领导，以地方党委为主，上级检察机关为辅”的管理体制，所以要比较清晰观察基层检察机关的工作，可以将市州一级检察机关作为视角。事实上，即便在这个层级观察，检察系统的主要工作内容和场所还是有强烈的乡土色彩。这里以西部民族地区L州检察机关履行职责的情况为样本，展示这些地区基层检察机关的工作状态，方便更直观了解西部民族地区法律生活的又一重要方面。L州是西部民族类别最多，少数民族人口最多的地区之一。L州幅员面积6.04万平方公里，辖1市16县，有彝、汉、藏、回、蒙等14个世居民族，总人口512万。L州检察机关共计19个单位，其中地级院1个、县（市）检察院17个、派出检察院1个；另有4个派驻看守所（监狱）检察室、13个派驻乡镇检察室。州检察院内设31个正科级机构，各县（市）检察院一般内设12至15个副科级机构。L州检察机关实有干警856人（政法编制人员807人，工勤人员49人），其中州检察院144人，县级检察院712人。检察机关的主要职能有侦察监督、公诉、控告申诉及反贪等。

侦查监督是宪法和法律赋予检察机关的一项重要法律监督职责，涵盖了审查逮捕、立案监督和侦查活动监督三个方面的内容。

L州侦查监督工作部门依法履行审查逮捕职责，打击严重各类刑事犯罪，维护国家安全和社会和谐稳定。从2013年12月至2016年7月，L州检察机关共受理审查逮捕各类普通刑事案件情况如下：

受理6069件9194人；审查后批准逮捕5397件7852人，不批准逮捕1205人；不批准逮捕案件中，不构成犯罪不捕107人，证据不足不捕693人，无社会危险性不捕292人，符合监视居住条件不捕9人，其他不捕104人。

检察机关突出依法严厉打击危害公共安全，严重影响人民群众生命财产安全的犯罪。L 州检察机关侦查监督部门积极参与整顿和规范市场经济秩序工作，进一步加大对非法集资、组织、领导传销、偷税骗税、金融诈骗、制贩假币、生产销售假冒伪劣产品、侵犯知识产权等犯罪的打击力度。案件类型如下：

危害公共安全罪案件 286 件 327 人；破坏社会主义市场经济秩序罪案件 131 件 204 人；侵犯公民人身、财产权利罪案件 973 件 1308 人；侵犯财产权案件 1362 件 2120 人；妨害社会管理秩序罪案件 2645 件 3893 人。

L 州检察机关重视立案监督，推进公正廉洁执法。侦查监督部门认真贯彻落实高检院、公安部联合下发的《关于刑事立案监督有关问题的规定（试行）》，重点监督纠正有案不立、有罪不究等违法行为。严格执行对不应立案而立案进行监督的条件、范围和程序，重点监督纠正违法动用刑事手段插手经济、民事纠纷等突出问题。

2013 年 12 月至 2016 年 7 月，L 州检察机关受理公安机关应当立案而不立案案件 66 件，其中有 36 件是办案时发现的，11 件是通过被害人控告发现的；要求公安机关说明不立案理由 59 件；对公安机关应当立案而不立案的监督有 55 件 64 人，其中公安机关主动立案 30 件 32 人，公安机关执行通知立案 21 件 32 人；对公安机关不应当立案而立案的监督共有 7 件，其中公安机关主动撤案 5 件，执行通知撤案 2 件。

L 州检察机关监督公安机关立案的案件中，提起公诉 41 人，其中判处无期徒刑以上刑罚 1 人，判处超过三年至不满十年有期徒刑的有 5 人，6 人被判处三年有期徒刑，8 人被判处不满三年的有期徒刑。

L 州检察机关侦查监督部门坚持力度、质量、效率、效果相统一的原则，以落实高检院侦查监督“四项改革规定”为契机，进一步加大监督力度，突出监督重点，提高监督实效，促进公正廉洁执法。

2013 年 12 月至 2016 年 7 月，L 州检察机关侦查监督部门共对公安机关侦查活动违法提出书面纠正意见 54 件次，侦查机关已纠正 46 件次，占提出书面纠正意见总数的 85.18%。

2013 年 12 月至 2016 年 7 月，纠正漏捕 82 人，纠正漏捕后起诉 56 人，生效判决 38 人，判处十年以上徒刑 5 人，判处超过三年不满十年有期徒刑 3 人，判处三年有期徒刑刑罚 3 人，不满三年有期徒刑 29 人，判处拘役 1 人。

此外，推进行政执法与刑事司法“两法衔接”长效机制。L 州两级侦查监督部门认真贯彻落实国务院及省州的要求，积极部署州内工作，搭建并正式运行“两法衔接”信息共享平台。

2013 年 12 月至 2016 年 7 月，L 州检察机关建议行政执法机关移送涉嫌犯罪案件 43 件 58 人，行政执法机关已移送 44 件 63 人；L 州检察机关建议移送涉嫌犯罪案件中，公安机关已立案 42 件 61 人。经审查检察机关已批准逮捕 13 件 29 人，起诉 24 人，法院作出有罪判决 25 人。

公诉案件是检察机关又一重要职能。

2014 年至 2016 年 7 月，两级公诉部门共受理各类刑事案件 7159 件 10937 人，案件数量呈逐年增长态势。

其中毒品案件 2557 件 3750 人，占受案总数的 35.7%；侵害公民人身权利、民主权利案 1342 件 1880 人，占受案总数的 18.7%；侵犯财产案件 1433 件 2321 人，占受案总数的 20%；职务犯罪案件 266 件 301 人，占受案总数的 3.7%；非法集资类案件（非法吸收公众存款、集资诈骗）28 件 62 人，约占受案总数的 0.04%。

2014 年至 2016 年 7 月，L 州检察机关共审结案件 6288 件 9262 人，审结率为 87.83%，向人民法院提起公诉 5984 件 8731 人，不起诉 297 件 514 人（法定不诉 41 人，酌定不诉 252 件 409 人，证据不足不诉 27

件 64 人），职务犯罪案件不起诉 30 件 34 人，不诉率为 11.33%。2016 年上半年，L 州两级公诉部门共办理毒品案件 589 件 930 人。其中，重大毒品案件 89 件 243 人。2016 年上半年，L 州两级公诉部门未检办案组共受理审查起诉未成年犯罪案件 52 件 83 人，其中已满 14 周岁未满 16 周岁的涉罪未成年人为 23 人；16 周岁以上的涉罪未成年人为 60 人。涉罪未成年人所涉犯罪排位前三分别为抢劫罪 28 人，毒品犯罪 16 人，盗窃罪 13 人。通过与 2015 年的数据对比发现，2016 年未成年人涉嫌盗窃、故意伤害、聚众斗殴的案件数均有下降，抢劫与毒品犯罪案件涉案人数却有所上升，尤其是未成年人涉毒犯罪案件已连续两年呈上升趋势。州两级检察机关在办理未成年人犯罪案件中始终坚持“少捕、慎诉、少监禁”的执法理念。2016 年 1—6 月，L 州两级侦监部门共受理审查逮捕未成年犯罪案件 51 件 76 人，批捕 55 人，不批捕 17 人。其中以无社会危险性为由不捕的有 3 人。州县未检办案组积极开展附条件不起诉，着力挽救涉罪未成年人，共对 14 名涉罪未成年人作出了不起诉处理，其中，附条件不起诉 12 人。在批捕和审查起诉阶段共计开展社会调查 10 人次。

毒品案件在 L 州全部刑事案件中所占比重最重，毒品犯罪仍是该州刑事工作的重点。由于该州检察院所在地由于特殊的自然地理和社会环境条件，历史上就曾是鸦片烟毒的重灾区，中华人民共和国成立前，这里种植和吸食鸦片的现象非常普遍。直到 1950 年解放，1956 年实行民主改革，实现了“一步跨千年”的历史性跨越后，党和政府实行强有力的禁种、禁贩、禁吸措施，经数年的努力才基本消除了毒害。但是，自 20 世纪 80 年代中后期以来，由于靠近“金三角”地区，特殊的地理位置和日趋便利的交通条件，该州又逐步成为境外毒品进入内地的重要通道和集散地，并逐渐发展成为毒品消费市场和深受毒品危害的重灾区。

目前L州毒品案件数量居高不下，每年查获毒品数量和单起案件涉毒数量逐渐上升的状况依然明显。2013年至2015年，L州两级院侦查监督部门共受理审查逮捕毒品案件2276件2924人，批准逮捕2185件2763人，不批准逮捕59件118人。两级院公诉部门共受理审查起诉毒品案件2619件3681人，提起公诉2064件2631人；不起诉5件15人，法定不诉7人，存疑不诉7人，相对不诉1人。仅以重大毒品案件为例：2012年毒品犯罪涉案毒品1000克以上的有23件23人，最大的涉案克数是33548克；2013年涉案毒品1000克以上的33件34人，最大的涉案克数是24719.4克；2014年1月至10月涉案毒品1000克以上的35件35人，最大的涉案克数是48977.8克。

检察工作的另一项职能是控告和申诉工作。

控告工作就是检察机关的信访工作，其任务，一是按照程序对属于检察机关办理案件或事项进行自办、转办和督办；二是对不属于检察机关的信访案件或事项移送相关单位办理。控告受理的主要案件范围包括职务犯罪的举报；不服人民检察院处理决定的申诉，比如不起诉决定；反映公安机关侦查活动存在违法行为的控告（违反程序、违纪）；不服人民法院生效判决、裁定的申诉，要求抗诉；反映刑事案件判决、裁定的执行和监狱、看守所、劳动教养机关的活动存在违法行为的控告；反映人民检察院工作人员违法违纪行为的控告；加强、改进检察工作和队伍建设的建议和意见；其他依法应当由人民检察院处理的信访事项；辩护人、诉讼代理人认为公、检、法及其工作人员具有阻碍其依法行使诉讼权利的行为的案件，比如辩护人、诉讼代理人提出的回避要求不予受理；审查受理民事行政申诉案件；等等。

申诉检察工作就是办案，包括办理刑事申诉、刑事国家赔偿。刑事申诉检察办理申诉案件类型是：申诉人不服检察机关处理、申诉人不服法院判决或裁定以及要求国家赔偿和不服赔偿决定的案件，程序是受理、审查、立案调查、对法院的判决错误的提起抗诉、对检察机关决定错误的撤销原决定等。

2013至2015年，L州两级控告申诉部门共受理信访案件1138件。

控告方面有案件线索764件，其中首次控告461件；首次举报303件。控告案件类型有：危害公共安全案，破坏社会主义市场经济秩序案，侵犯公民人身权利、民主权利案，侵犯财产案，妨害社会管理秩序案，控告侦查活动，控告审判活动违法。举报案件类型有：贪污罪，受贿罪，行贿罪以及渎职侵权类案。

申诉方面有案件线索374件。案件性质有：不服不立案，不服刑事判决，不服民事行政裁判决定，不服检察机关处理决定申诉案件，等等。经审查，控申部门共办理申诉19件，其中，立案复查3件，审查结案16件，办理申请赔偿2件，支付赔偿金17.67万元。

四、基层司法机关延伸职能履行情况

基层司法机关在地方党委和政府主持的社会治安综合治理活动中，承担着不可替代角色。通常司法机关也愿意积极参与这些活动，这不仅是政治上党的领导原则的必然要求，也是司法机关展示自身功能优势的机会，能充分发挥司法机关对保障社会和谐稳定的职能作用。H县人民法院在2014年工作中对此作了积极总结：

> 一是开展“法治H县”创建工作，贯彻落实“五五”普法、“六五”普法工作，推进依法治县进程，积极参与法治H县、幸福H县的建设。二是开展法制宣传进学校、进机关、进企业、进单

位、进社区、进农村的“法律六进”活动，选派2名法制副校长开展“大手牵小手”等青少年法制教育工作，切实发挥司法的宣传和教育功能；在“综治维稳宣传月”“12·4法制宣传日”活动期间，到街头提供法律咨询和服务，发放宣传材料6000余份。三是参与突发事件处置、违法用地整治、违法建筑物强制拆除等集中执法行动，排查化解各种影响社会稳定的热点、难点问题，维护社会和谐稳定。四是利用公开审判，以案说法，加强法制宣传教育，提高公民的法律意识；参与社区矫正和帮教工作，预防和减少重新犯罪；充分发挥基层人民法庭前沿窗口作用，指导基层人民调解，参与社会治安综合治理。

参加维稳工作在西部民族地区人民法院工作中是一项正式职责。B县人民法院深入开展反分裂维稳工作。

一是以案讲法。4月，抽派优秀双语法官参加“藏汉双语联合宣讲组”，对B县巴西、铁布、唐克、达扎寺镇等片区20座寺庙454名僧人开展双语法制宣讲。二是强化重点人员管控，建立所联系的辖曼牧场重点人员信息台账，准确掌控重点人员动态，详细排查不稳定因素，将矛盾纠纷化解在萌芽状态。三是，妥善处理辖曼牧场1起因命案可能引发的群体性事件。四是服从县联指办的统一指挥，在维稳敏感时期，坚持24小时值班，坚守重要地段巡逻。

B县人民法院按照该县县委《开展“领导联系、县乡结对、部门包寺”活动推进藏传佛教寺庙群众工作广覆盖的实施方案》要求，县法院10名副科级以上领导干部与辖曼哲蚌寺30名僧人结成对子，院党组率副科级以上领导干部先后4次赴辖曼哲蚌寺与寺庙管理委员会负责人、寺管会成员、联系僧人座谈交流，做到“寺情社情、民意僧愿、问题困难、矛盾纠纷、意见建议”五个清楚，通过朋友式的交流沟通，引导僧人爱国爱教，持戒守法。①

从 D 县古寺镇法庭实践看，乡土法庭也有一些司法职能延伸工作。法庭依政治惯例，不定期走访县人大代表、政协委员，向他们不定期汇报法庭动态性工作、队伍建设情况和今后工作打算。辖区内的人大代表、政协委员们对法庭主动上门走访接受人大监督的诚恳态度表示赞赏和肯定，并且对法庭工作的理解、关心、支持和帮助表示衷心的感谢。同时就法庭如何进一步深化落实“三项承诺”提出了一些中肯的意见和建议。古寺镇法庭通过邀请人大代表旁听开庭、走访人大代表征求意见等方式，加强与人大代表的联系与沟通，自觉接受人大代表监督，以监督促规范，以规范促公正，努力实现“公正司法、一心为民”。法制宣传也是乡土法庭的重要工作。古寺镇法庭举行了“12·4 法制宣传日法律咨询活动”，为当地民众提供法律咨询，解答法律疑问，并发放了诉讼宣传资料、“司法便民联系卡”。法庭在深入调查的基础上，结合自身工作实际，把便民工作延伸到辖区最前沿，采取加强对基层调解委员会的培训、加大巡回审判力度、设立便民联络点等一系列便民服务措施，使那些地处相对偏远，诉讼能力相对不强的农民群众切实得到司法为民的便利和实惠。

L 州检察机关根据基层检察院的培养需求以及干警的自身特点，

① 另一县人民法院报告中也有相关内容“一是持续打好反分裂维护稳定攻坚战，在藏区维稳敏感期、重要会议期间，院领导率干警深入联系点开展维稳工作。二是扎实开展普法宣传。抽派本县籍优秀藏语法官回乡讲法，以‘六五’普法、‘走基层’为契机，积极开展以‘国际禁毒日’‘信贷法律知识’‘宪法日’等为主题的法制宣传活动及法律‘七进’活动，发放宣传资料 3000 余份，现场解答群众法律咨询 60 余人（次），在群众中起到了较好普法效果。三是强化重点人员管控，建立重点人员信息台账，准确掌控重点人员动态，详细排查不稳定因素，将矛盾纠纷化解在萌芽状态”。

2016 年从全州基层院抽调了 8 名干警到州检察院协助工作。围绕省州工作中心，以培养锻炼干部的目标，加派 1 名政治素质高、工作经验丰富的优秀干警到辖区侯古莫乡各补乃拖村任第一书记；全州共选派 21 名作风优良、敢于担当、遵纪守法、甘于奉献的优秀检察干警赴毒品问题危害重点村任“第一书记”，发挥自身职业特长，专职从事毒品问题重点整治工作，为促进全州精准扶贫和改善民生起到了积极作用。

此外，基层司法机关还会参与一些与司法工作相对关联度较低的经济建设和社会建设工作。H 县人民法院的工作报告中有了这样的内容：

> 联系挂钩村委会，开展新农村建设。一是扎实有效开展“四群”(群众观点、群众路线、群众利益、群众工作)教育活动，全体干警深入挂钩联系的无量山镇红星村委会 22 个村民小组 610 户农户，走访群众、宣传党的惠农政策，将“四群”教育活动和审判工作结合起来，依法解决群众反映强烈的突出问题。二是抽调干警 100 余人(次)，参与扶贫挂钩、新农村建设、维持烤烟收购秩序等中心工作；面对连续几年的严重旱情，组建“抗旱先锋队”，发动干警捐款捐物，积极参与抗旱救灾工作；从工作经费中挤出部分资金支持“村两委”开展工作；助残日、建党节、儿童节期间走访慰问辖区内的残疾人、老党员、少年儿童，为他们送去慰问金和关怀；开展捐资助学活动，帮助辖区内的贫困大学生实现大学梦。加强与挂钩村委会的联系。选派干警担任社会主义新农村建设指导员，进驻无量山镇红星村委会指导新农村建设投入万余元帮助红星村修复生产生活通道、解决饮水困难、实施“点亮乡村”工程以及开展各种节日慰问等。

B 县人民法院的工作报告中也提到了参与扶贫工作。

将“领导挂点、部门包村、干部帮户”活动与“走基层”有机地结合起来，驻点开展联系帮扶工作。选派 1 名优秀干警担任嫩哇乡上村“第一书记”，推进精准扶贫工作。全院 45 名干警与辖曼牧场 55 名困难党员、困难群众、重点人员“结对认亲”。积极开展“司法大拜年”“六一”进校园等活动，共资助联系点辖曼牧场资金 7 万余元，其中发放慰问金、捐赠书籍、文具用品等共计 0.88 万元；资助辖曼牧场维稳经费 5 万元；出资 1.2 万余元购买木料、地板等建筑材料，帮助辖曼牧场贫困老党员群措建新房搬新家，让老党员感受到党的温暖。①

司法救助是民族地区基层乡土司法的又一项延伸工作。西部民族地区乡土司法机关充分关注特殊群体的司法需求，对于经济确实困难、符合司法救助条件的当事人缓、减、免交诉讼费用，确保困难群体打得起官司，依法缓减免诉讼费用。H 县人民法院 2013 年全年对经济确实困难、符合司法救助条件的当事人依法缓减免交诉讼费用 1.73 万元；2014 年 1.46 万元；2015 年 2.7 万元。对于进入执行程序的案件，被执行人暂无履行能力的，依法对特困申请人实施司法救助。B 县人民法院 2013

① 另一县人民法院在 2016 年工作中也有相似内容：扎实开展“双联”（党政机关联系困难企业，机关干部联系困难职工）和精准扶贫工作。在“双联”和精准扶贫工作中，突出法院特色，加大普法宣传和矛盾纠纷调处化解工作。深入牧区乡村、田间地头，及时就地化解矛盾，让司法走进群众、贴近群众。五年间，为牙利吉办事处资助了价值 15 万元左右的办公用品，为帮扶群众送去了价值 25 万元的物资。全院干警真诚的爱心活动，增添了与群众的感情，拉近了与群众的距离。

年对符合救助条件的19案24名特困申请人发放司法救助金10.05万元；2014年对13案24名特困申请人发放司法救助金10.48万元；2015年对8案8名特困申请执行人发放司法救助金9.1万元，缓解了特困申请执行人的生活困难。检察机关对在检察环节发现的受害人因刑事案件造成家庭困难，比如孤儿寡母，生活来源困难等情况开展了刑事被害人救助工作。L州检察机关2014年至2016年司法救助75人次，发送金额35.43万元。

五、基层乡土司法问题与困难

西部民族地区乡土司法的问题与困难主要有两个方面，一是司法人员的数量与素质问题，二是司法能力问题。

H县人民法院的工作报告中有这样内容：

> 审判工作中案多人少、工学矛盾问题突出。全院46名在编干警，除去审判后勤保障的行政人员和审判辅助人员，在审判一线办案的法官有17人，每名法官平均每年办案58件以上。在编干警中，4人被抽为精准脱贫工作队长、队员，9人参加中国政法大学在职研究生函授学习，5人参加国家心理咨询师培训，工学矛盾突出，干警长期处于超负荷工作状态，队伍的现状与新形势下日益繁重的审判任务不相适应。

H县人民法院的工作报告中还反映了司法人员缺乏系统培训。由于法律法规更新频繁，法官系统培训机会较少，知识更新力度不够，一些新理念、新做法与审判界的前沿还有一定距离，因此对年轻法官庭审驾驭能力、法律适用能力、法律文书制作能力的培养有待加强。

L州检察机关公诉部门反映了同样的问题：

> 办案力量不足的状况十分突出。L州两级检察机关公诉部门共有公诉人员90名，其中具有助理检察员以上检察法律职务具备办案资格的只有78人。2014年至2015年，L州两级检察机关共受理各类刑事案件5430件，有办案资格的公诉人员人均每年要办案38件以上。如果按国家规定的每年250个工作日计算，即使不考虑病假、事假、轮休假、开会、学习、培训等因素，每个公诉人员办理一件案件的时间也只有7天左右。也就是说，公诉人员办理一件公诉案件要做的阅卷、制作阅卷笔录、讯问犯罪嫌疑人、询问证人及受害人、拟制案件审查报告及其他相关法律手续、汇报并参加集体讨论案件、制作起诉书、准备公诉发言稿、出庭支持公诉等项工作都必须在8个工作日内就要完成，其中还有相当一部分案件是属于重大、复杂、疑难案件，需要经过1至2次退回补充侦查，多次汇报研究才能办结，公诉人员办理案件的紧张、繁忙程度可想而知。刑事案件在公诉环节的法定期限，导致我们的公诉人员在同一个办案时限内，一个人竟要同时办理10件以上的案件。为了完成工作任务，许多公诉人员不得不放弃法定休假，加班工作。由于公诉工作任务的繁忙和责任的重大，公诉人员普遍长期处于超负荷和紧张状态，部分公诉人员明确表示希望调整工作岗位，离开公诉部门。

L州检察机关信访部门也称：

> 信访工作任务重，人员配备差。由于一些因素，从统计表上

反映，三年间，L州受理控申案件1138件，实际远不止这个数量。2016年，仅州院对一季度信访量做了个详细统计，近500件，所以，州院一年受理信访数达1500件次左右。而接待人员只有2人。两人应对这么多的来访，可想而知——相当不易。

L州检察机关面对的人员素质升级压力也不小，该院公诉部门称：

公诉队伍业务素质不平衡，公诉水平、庭审应变能力还有待提高。刑事犯罪案件的复杂多样，这就要求我们的公诉人员不但具有坚实的刑事法律理论功底和办理各类刑事案件的实践经验，同时还必须掌握刑事侦查学、法医学、证据学、犯罪心理学、金融财务等诸多方面的基本知识及各个具体案件中所涉及的有关方面的基本常识，只有这样才能审查好案件材料，更好地指控犯罪，切实履行公诉职责。出庭支持公诉是一项对抗性很强的工作，在庭审中，被告人一般都会想方设法地推脱自己的罪责，辩护人则会尽其所能地提出被告人无罪或者罪轻的意见，公诉人要应对辩方在法庭辩论中的各种挑战就必须熟记案件的每一个细节和各份证据材料的具体内容，同时还要具备较好的临场应变能力和语言表达能力及一定的论辩技巧。随着《中华人民共和国律师法》的修改，法制的不断进步，以庭审为中心的诉讼制度的确立，使得庭审对抗性不断增强。公诉人员必须不断提高自身的综合素质和能力，才能适应形势发展的需要，才能更好地履行公诉检察职责。目前L州公诉部门高等法学院校全日制法律本科以上文化程度的人员仅十余人，大多数都是党校本科毕业，工作中靠传、帮、带增加阅历，办案能力的提高凭借的是经验和当地的一些司法实践日积月累而形成，缺乏专业的法律理论知识培训，在一定程度上制约了办案的效果，同时，公诉部门缺乏精通双语的公诉干警，制约了民族地区司法机关的工作效能。

L州检察机关还提到了西部民族地区司法机关存在的另一问题：办案装备落后。L州多数基层检察院的公诉部门还没有装备多媒体示证系统，这就使得公诉人员无法在法庭上运用多媒体示证系统更加直接地展示证据，影响公诉效能。

在实际司法工作中，一方面可能由于法律规范的设计原因，另一方面可能是受司法资源制约而存在司法能力问题。

基层法院司法活动尤其民事司法活动面临一些实际问题。H县人民法院在这方面遇到了不少这样的问题，当然在西部民族地区乡土司法中这种情况其实十分常见。从H县人民法院乡土民事司法经验看，在民事案件受理环节，伴随着案件当事人流动性增大，民事案件受理后向被告方送达应诉材料难度不断加大。以外出务工来逃避诉讼活动的情况越来越普遍，送达时经常出现找不到人或拒绝签收，签收了又拒不出庭等情况，这导致了法院审判活动往往不能正常开展，影响了审判效率的提高。在机动车交通事故责任纠纷案件审理中，因涉案保险公司出庭率低、不主张调解，加之农村居民与城镇居民赔付标准的差异，调解难度大，服判息诉率低。尤其值得注意的是，随着市场经济的发展，土地补偿、流转，房地产开发经营等各种新类型案件逐年增加，相关领域的法律规范不仅有大量空白，也可能相互矛盾，理清相应法律关系并在审判时限内作出裁决，在工作强度和知识储备方面，对基层法官都提出了更高要求。在基层司法的执行环节，申请执行人通常对法院执行抱有极大期待，缺乏执行不能的风险意识，一旦执行未能实现，法官和法院就可能面对来自当事人的巨大压力。在执行手段方面，尽管有法可依，抗拒执行的惩处力度似乎不够，效果也不如人意。司法拘留操作起来难度仍比较大，特别是被执行人无履行能力或被羁押服刑的，客观上造成了执行不能，突出表现在交通肇事、人身损害赔偿、刑事附带民事赔偿等案件，对高额的赔偿款，被执行人往往没有财产可供执行，或因被执行人被羁押服刑，基本没有履行能力。如在中国农业银行股份有限公司H县支行诉徐某祥、杨某莲借款案中，H县人民法院于2013年6月18日民事判决，判决由徐某祥、杨某莲共同偿还中国农业银行股份有限公司H支行借款本金850000元，支付截至2012年11月12日的利息、罚息、复利合计人民币427822.57元，总计人民币1277822.57元，并按原合同约定利率支付自2012年11月13日起至还清全部款项之日止的逾期利息、罚息、复利，限于判决生效之日起30日内履行；若不履行，则变卖抵押物优先受偿。判决后，因被执行人徐某祥、杨某莲未按生效法律文书确定的期限履行义务，申请执行人中国农业银行股份有限公司H支行于2013年9月4日向本院申请执行，当日法院依法立案执行。法院在执行过程中查明，被执行人徐某祥、杨某莲在抵押的土地上建盖了房屋，现由该户居住。被执行人除住房及一辆越野车外，无财产可供执行，法院只能于2013年12月12日终结本次执行程序。法院了解到，两被执行人主观上不想偿还该笔债务，因其贷款时有银行工作人员曾告知对这笔债务会以银行呆死账予以核销；而被执行人现名下无可供执行的财产，此笔借款或有转移嫌疑。面对此情形，法院的手段有限，很难帮助执行申请人。

本案的执行申请人是金融企业，案件不能执行法院道德压力相对小些，而下面案件执行法官不仅失望，也感到难过。

这是一个悲伤的故事，村民彭某香在一场车祸中丧生，留下年幼儿女、残疾丈夫、风烛残年老母。稍感欣慰的是，肇事方支付了 61 万元人民币赔款，彭某香丈夫陈某能领取了款项。让人意外吃惊的是，死者丈夫陈某能却不愿与死者母亲分享此笔死亡赔偿金。死者母亲陈某贵于是提起诉讼，法院于 2015 年 7 月 2 日受理该案，2015 年 9 月 22 日作出民事判决，判决由陈某能支付陈某贵因彭某香（陈某贵之女）死亡所得的赔偿款人民币 11.9 万元，限于判决生效后五日内履行。因被执行人陈某能未按生效法律文书确定的期限履行义务，申请执行人陈某贵于 2015 年 10 月 20 日向法院申请执行，当日法院依法立案执行。法院在执行过程中查明，被执行人陈某能于 2015 年 5 月 9 日收到赔偿款 61 万元，5 月 10 日在南涧信用合作联社转开为两张存单（一张 40 万元，一张 20 万元）。当天将 20 万元的存款取走，5 月 18 日将 40 万元的存款取走。执行法官还对被执行人陈某能的存款情况进行查询，仅查询到其名下有存款 0.3 万元。多次找被执行人陈某能执行，其要么称钱已用完，要么谎称过几天来交。被执行人陈某能身体残疾，家中仅有土木结构民房三格二间，有两个未成年的孩子，均上学。被执行人陈某能在案件未起诉到法院时，即将存款转移，在执行过程中查找不到可供执行的财产。在执行过程中，陈某能系残疾人，又要抚养两个未成年孩子，对其难以收治，案件执行陷入僵局。

D 县古寺镇法庭总结了乡土法庭面临的主要问题：一是乡土法庭处在基层第一线，矛盾纠纷发生原因复杂，矛盾各方对立尖锐，不少案件处理工作较难开展。究其原因，一是当事人法制意识普遍淡薄，文化程度较低，对具体利益极其敏感，立场对立形成纷争后往往难以沟通；二是案件数量增多，结案效率考核制度使得办案法官难以抽出大量时间进行调解，法官以判决结案的案件较多，导致常常案结事不了；三是由于部分法庭干警属新进入司法机关的年轻人，生活经验较少，案件调解的说服力不足，常常事倍功半，司法效果难如人意。二是一些案件处理可能影响农村稳定，法庭往往投鼠忌器，工作只能畏首畏尾，小心翼翼。

> 一些因日常生活琐事引发的人身损害赔偿案件在农村发生较多，在民事赔偿中，由于法律规定有赔偿标准，加上当事人自身过错等因素的考虑，当事人对赔偿数额不满，认为没有得到应有保护，转而互相结怨。当事人对土地使用权、相邻关系通行权在诉讼时各执一词，矛盾极大，有的竟为自己争回面子，经常引发打斗事件。尤其是婚姻家庭纠纷案件，当事人对是否离婚、财产分割、子女抚养上，经常势不两立，甚至引发伤害事件，若以夫妻感情彻底破裂为由判决离婚，则非常可能导致社会不稳定因素的出现。

L州检察机关侦察监督部门报告中，还提出了西部民族地区检察机关工作中遇到的一些具体问题：

> 侦查监督的手段方式有限。由于检察机关只能在审查批捕和审查起诉环节通过书面审查侦查机关报送的卷宗材料来发现问题，而侦查活动过程中是否发生过违法行为，很难发现。即使犯罪嫌疑人向检察机关反映在侦查活动中有刑讯逼供等违法行为，但实际上多数也难以查实。由于监督方式的单一，即使发现问题，也只能口头纠正或发《纠正违法行为通知书》，使监督的及时性、有效性难以保证。

L州检察机关公诉部门对毒品犯罪中遇到的特殊问题作了非常深入的总结，指出在此类案件办理中，收集固定证据方面问题较多。由于大部分毒品犯罪案件都存在流动性和跨区域实施犯罪的情况，公安机关调查取证、收集固定证据确实存在许多困难。许多犯罪嫌疑人为了通过扰乱司法机关办案思路、给司法机关查办案件设置障碍、避重就轻等方法实现逃避打击的目的。当被外地司法机关讯问时，就假装听不懂汉语、不会说汉话，当被移交给本地司法机关讯问后，供述时又反复无常或自相矛盾，他们的这种伎俩确实给外地公安机关抓住查办案件的最佳时机、本地公安机关核实印证相关证据带来了不少麻烦。当案件到了审查起诉阶段时，很多需要补充完善的证据已经完全失去了补充完善的条件。这些问题的存在，导致不少毒品案件到了审查起诉环节，仍然存在证据不扎实、不全面、不关联甚至相互矛盾的情况。

而在此类案件管辖制度方面，存在明显瑕疵，引发了不少问题：

> 按照《中华人民共和国刑事诉讼法》关于地域管辖的规定，刑事案件由犯罪地的人民法院管辖。如果由被告人居住地的人民法院审判更为适宜的，可以由被告人居住地的人民法院管辖。L州的毒品犯罪大多存在跨区域犯罪的特点。近年来，L州籍人员在外省实施毒品犯罪被当地公安机关抓获后，外省公安机关一般都以语言不通等理由将案件移交回L州公安机关处理。L州公安机关在接收案件时，不时出现三种令检察机关感到棘手的情况：一是并非犯罪嫌疑人居住地所在的县（或市）公安机关为了完成禁毒办案任务，直接从外省公安机关接收案件并将案件侦查终结，移送L州县市检察院审查起诉；二是L州公安局从外省公安机关接收案件后，又根据各县市公安机关办案任务完成情况和办案力量情况，将案件交由不是犯罪嫌疑人居住地的县市公安机关办理并侦查终结，移送当地县市检察院审查起诉；三是L州的县市公安机关，按照L州公

安局交给的线索安排民警或自行安排民警，在不属本县境内的高速公路或公路上设卡查缉抓获毒品犯罪嫌疑人并将案件侦查终结，移送当地县市检察院审查起诉。当出现这三种情况时，公安、检察、法院往往都需要花费不少精力去协调、处理。争议的焦点主要集中在三个问题上：一是公安机关能否接手侦办本单位根本无地域管辖权的案件；二是上级公安机关能否将案件交由无管辖权的下级公安机关侦办；三是公安机关内部的指定管辖对检察机关和人民法院有没有效力，案件到检察、审判环节是否还要另行办理指定管辖手续。

除了收集固定证据、案件管辖制度方面具体法律问题外，L州检察机关公诉部门还指出了毒品犯罪的社会方面问题，这并不是立法或司法部门能单独面对的。一是毒品犯罪案件中，利用特殊人群运输毒品的情况依旧存在。对于这些案犯，由于法律规定的原因或者看守所工作制度的原因，在侦查阶段一般都是采用取保候审或者监视居住的强制措施。这些案犯一旦脱管、失控，就会给侦查、起诉、审判工作带来障碍或者在判决后无法交付执行。公安机关由于缺乏警力、物力对取保候审对象的监管无法落实，对打击毒品犯罪不力，给社会上也造成了不良影响。这些人失控后甚至又继续实施新的毒品犯罪。二是基层组织较涣散，在个别地方，毒品犯罪和毒品交易屡禁不止。三是运输毒品活动中的潜规则文化助推许多人铤而走险并导致查处幕后毒贩困难。这些因素，导致在L州籍人员运输毒品犯罪案件中，很少能深挖、追查出幕后毒贩，加大了打击此类犯罪的难度。

很明显，无论是司法人员的数量与素质问题，还是由于法律规范的设计原因或可能是受司法资源制约存在的司法能力问题，司法机关自身无法单独控制和克服。

中国司法的性质是党的事业，人民司法工作要以维护党和人民根本利益为出发点和目的。人民法院的基本职能是根据法律规定行使国家审判权，对人民代表大会负责接受人大监督并自觉接受人民群众的监督。西部民族地区基层人民法院的司法作业，主要是刑事、民事、行政等案件审判工作和案件执行工作。通常情况下，西部民族地区基层人民法院案件受理数量仍明显低于同期全国法院案件受理平均数。从各类案件情况看，受理的刑事案件大多是普通的暴力类、涉财类案件，这一类案件事实认定法律适用争议不大，但仍然对法院的工作品质有严格要求。从受理的民商事案件看，一般标的不大，大多是权属、侵权、婚姻家庭纠纷，但其与民众切身利益相关，有的矛盾尖锐，处理难度不小，尤其西部民族地区乡土民事司法中特别强调调撤率这一项重要工作评价维度，追求案结事了，这加大了基层司法作业的压力。西部民族地区受理行政案件相对较少，这一方面是群众不了解或缺乏通过诉讼与政府机关解决争议的意愿，另一方面基层行政机关为维稳也不愿经常卷入诉讼，加之乡土熟人社会，一般认为打官司伤和气，尤其政府机关和老百姓对簿公堂不仅可能付出信誉损失，一旦败诉会丧失威信，所以宁愿相互通过诉讼外的方式博弈。西部民族地区基层人民法院履行审判职能作业中，难度最大的是执行，对司法干警的素质是持续考验，稍有不慎，就可能使案件变成执法事故。法庭是西部民族地区乡土司法的重要组成部分，不仅承担着基层司法重要的司法职能，也是展示人民司法党的事业特性的制度平台。法庭是法院派出机构，它的设置、人事、业务、财务等方面受法院管理，像法院一个部门，但与法院内部机构不同，在职能定位方面又像一个微缩的法院，拥有立案、送达、审理、执行等众多职责，西部民族地区的法庭建设无论是硬件设施还是干警工作状态都好于通常预期。检察机关在西部民族地区的社会治理和法治事业中，承担十分重要的职责，其主要职能有侦察监督、公诉、控告申诉及反贪等。由于社会环境的影响以及法律规则的不完善等，基层检查机关工作推进面临不少困难和压力。西部民族地区基层司法机关还有司法作业外的一些延伸职能，其中最重要的是参与地方党委和政府主持的社会治安综合治理活动，许多基层人民法院还积极开展反分裂维稳工作。通常司法机关也愿意积极参与这些活动，这不仅是政治上党的领导原则的必然要求，也是司法机关展示自身功能优势的机会，能充分发挥司法机关对保障社会和谐稳定的职能作用。在西部民族地区，基层司法机关还会参与一些与司法工作相对关联度较低的经济建设和社会建设工作，扶贫、创建卫生城镇建设等。此外，司法救助是民族地区基层乡土司法的又一项延伸工作，在地方党委政府支持下，这一工作力度正在加大，预计可取得更好的社会效果。

第三章 西部地区的基层司法能力建设

司法机关的司法能力建设主要包括组织人事、政治思想、工作制度和物质技术支撑等方面。本章以西部民族地区 H 县人民法院、D 县古寺镇法庭以及 L 州检察机关为例，呈现西部地区基层司法机关司法能力建设状态。

一、西部地区基层司法机关组织人事建设概况

西部地区基层司法机关组织建设即司法队伍的正规化专业化和职业化水平持续推进。H 县人民法院和 L 州检察机关这方面的情况有一定代表性，可以从中观察西部民族地区基层司法机关组织建设的现状及不断改进的努力。

从机构布局看，H 县人民法院有 15 个内设机构，其中包括 2 个基层法庭。L 州检察机关共计 19 个单位，其中地级院 1 个、县（市）检察院 17 个、派出检察院 1 个；另有 4 个派驻看守所（监狱）检察室、13 个派驻乡镇检察室。州检察院内设 31 个正科级机构，各县（市）检察院内设 12 至 15 个副科级机构。

在司法队伍的正规化、专业化和职业化水平建设方面，H 县人民法院和 L 州检察机关近年来在此领域作出了持续努力。

H 县人民法院政法专项编制 48 人，实有干警 46 人，其中男性干警 34 人，女性干警 12 人，平均年龄 42 岁。法官 33 人，司法警察 5 人，书记员 6 人，工勤人员 2 人。聘用协警 5 人。少数民族干警 24 人，大学本科学历 42 人，县处级 1 人，享受副处待遇 2 人，正科级 9 人，享受正科待遇 6 人，副科级 13 人，享受副科待遇 5 人，科员 7 人，试用期人员 1 人。

L 州检察机关全州有政法专项编制 882 名，其中，州检察院 150 名、县级检察院 732 名，实有干警 856 人（政法编制人员 807 人，工勤人员 49 人），其中州检察院 144 人、县级检察院 712 人。其中女干警 254 人（含工勤 2 人），少数民族干警 323 人（含工勤 24 人）；硕士研究生学历 31 人（含党校学历 9 人），本科学历 593 人（含党校学历 123 人，工勤 17 人），专科学历 153 人（含党校学历 32 人，工勤 21 人），专科以下学历 243 人；35 岁以下 235 人，36 岁至 40 岁 92 人，41 岁至 50 岁 284 人，51 岁以上 245 人；检察官 540 人占总干警人数的 63%，其中女干警 170 人，少数民族 188 人；中共党员 682 人。州检察院领导班子职数 9 名，其中检察长 1 名、副检察长 4 名（不含 1 名党外副检察长）、班子成员（政治部主任、纪检组组长、机关党委专职书记、反贪局局长）4 名，另有专职检委员 2 名。全州各县级检察院领导班子职数 112 名，其中检察长 18 名、副检察长 42 名、班子成员 52 名，另专职检委员 35 名。L 州全州检察机关公开招录公务员情况：2014 年公招 25 名，2015 年公招 28 名，2016 年公招 26 名。公开招录定向培养生情况：2013 年招录 10 名（已办理完录用手续），2014 年招录 4 名，2015 年 4 名。2016 年从全省政法系统公务员队伍中考调了 12 名学历较高、专业对口、岗位急需的专业人才以及 1 名选调生到州检察院工作。2016 年上半年通过考调程序，调入 8 名专业特长人员充实基层检察院干部队伍。2011 年至 2016 年调出检察系统有 63 人。

从西部民族地区法院系统观察，法院队伍的正规化专业化和职业化建设任重道远。总体上看，全国人民法院中 80% 的干警来自基层人民法院，处理约 80% 的案件。西部民族地区经济欠发达，信息相对闭塞，社会发展较慢，但受理案件仍逐年增加。近年来，随公民权利意识增强，社会矛盾处于易发高发期，传统纠纷解决机制萎缩，诉讼案件增多。2007 年 4 月 1 日国务院颁布施行《诉讼费用交纳办法》后，诉讼收费大幅调低，基层法院诉讼收费下降 70%，一定程度上降低了当事人诉讼成本并刺激了诉讼愿望，基层法院受理案件数逐年上升。此外，乡村政权组织功能因生产方式的巨变而严重弱化，管理功能萎缩，原有的化解和减少矛盾的职能弱化，乡土社会矛盾纠纷解决平台转移到法院诉讼。

与人民群众不断增长的诉讼服务需求和受理案件数量相比，司法机关尤其基层法院的人员配备明显不太相称。法官队伍不仅总体年龄老化，知识更新意愿和能力偏弱，而且由于人员补助标准不高，待遇对优质人才不具吸引力，人才上升空间狭小，工作压力大，导致优质审判资源流失严重，法官人手紧缺，司法人力资源配备不足，审判人力资源和案件增加矛盾明显。而要缓解西部民族地区基层乡土司法审判人力资源和案件增加矛盾并不是一件简单的工作，因为它只是国家司法制度顶层设计的一部分，必须在制度总体逻辑和规范之内有计划地作有限调整。而从既有司法干警录用机制和法官评价体系观察，拓宽法官入口、改善法官待遇和减缓法官工作压力的制度空间狭小，这一问题的根本解决并不乐观。

据学者研究[①]，在20世纪80年代前，对拟任法官的专业素质和任用程序与普通行政机关人员差异不大。以1995年《中华人民共和国法官法》颁布为标志，中国法院以法官职业化为核心，在法官的选任、晋升、培训、考评和监督等制度方面开始系列改革，法官任用与行政机关人员任用条件有了明显区别。在法官选用标准上，首先提高了法官任用的专业素质要求，包括学历条件、专业条件、工作经历条件等。同时确定法官任职前培训制度，并将通过严格考试获得职业资格作为法官任用的必要条件。2002年国家统一司法考试实施，使法官的职业化推进了一大步。其次，在法官任用程序上，强化省级法院的管理权限，正式确立了任命法官和提请任命法官的制度。第三，拓宽了法官任用的新的来源和渠道，可面向社会从具有任职条件和资格的人员中公开选拔初任法官，从下级法院优秀法官中选任上级法院法官，从律师或其他高层次法律人才中选任法官等。2013年中共中央《关于全面深化改革若干重大问题的决定》对司法人事制度改革作了新的顶层设计，改革的目标是建立符合职业特点的司法干警管理制度。内容为：一是推进司法干警分类管理改革，突出法官的办案主体地位，健全法官专业职务序列，健全书记员、专业技术人员等司法辅助人员的管理制度，制定司法辅助人员的职数比例等配套措施，进一步提升司法队伍职业化水平。二是完善法官选任招录制度，建立初任法官统一招录、集中培训、基层任职、有序流动、逐级遴选的机制，建立预备法官训练制度。将完成预备法官职业训练并考核合格作为法官的选任职条件，建立选拔体制、法学学者等专业法律人才担任法官的制度机制。针对不同市级法院的法官设置不同的任职条件，实行法官逐级遴选制度。三是完善法官任免、惩戒制度，建立

① 本章有关法官任用制度相关内容可参见左卫民、全亮等：《中基层法院法官任用机制研究》，北京大学出版社2014年版。

科学合理、客观公正的业绩评价体系和考核晋升机制。在人民法院成立吸收社会有关人员参与的法官选任委员会、惩戒委员会，制定公开、公正的选任、惩戒程序，确保政治素质高、职业操守好、业务能力强的优秀法律人才进入法官队伍，确保法官的违法违纪行为及时得到应用的惩戒。四是强化法官的职业保障制度，按照责权利相统一的原则，在严格司法干警任职条件，强化司法干警办案责任的同时，要为法官依法公正履职提供必要职业保障。①

根据既有司法干警录用机制，法官补充主要来源于助理审判员，再由助理审判员晋升为审判员。在人民法院历史上，很长一段时期法官大多来源于法院书记员。助理审判员成为法官补充制度的主体是法院系统书记员制度变革的结果。新中国成立初期大量行政人员、军转干部进入法院，并直接任命为助理审判员。此后各级法院助理审判员主要从本院内部的书记员中产生。1999 年最高法院发布《人民法院五年改革纲要》之后，书记员直接升任法官有了障碍。2003 年《人民法院书记员管理办法（试行）》规定实行书记员聘用制，书记员使用的是补充的政法专用编制，与法官的公务员身份略有不同，无法直接转为法官。最高法院希望书记员实行与法官不同的序列。其最初制度设计理念是：一是应对书记员队伍的稳定和素质标准问题；二是解决书记员与法官录用标准差异的人尽其才；三是避免书记员队伍拥挤进法官队伍问题；四是解决书记员与法官比例平衡问题。由于聘用制书记员不具有传统意义上的行政编制，书记员晋升法官渠道被堵住了。② 书记员必须竞争成为助理审判员才能进入政法编制的法官序列。

助理审判员的任用标准是逐渐明确起来的。1995 年《中华人民共

① 参见孟建柱：《深化司法体制改革》，《人民日报》2013 年 11 月 25 日。

② 左卫民、全亮等：《中基层法院法官任用机制研究》，北京大学出版社 2014 年版，第 24—35 页。

和国法官法》规定："担任法官必须具备下列条件：(一)具有中华人民共和国国籍；(二)年满二十三岁；(三)拥护中华人民共和国宪法；(四)有良好的政治、业务素质和良好的品行；(五)身体健康；(六)高等院校法律专业本科毕业或者高等院校非法律专业本科毕业具有法律专业知识，从事法律工作满二年，其中担任高级人民法院、最高人民法院法官，应当从事法律工作满三年；获得法律专业硕士学位、博士学位或者非法律专业硕士学位、博士学位具有法律专业知识，从事法律工作满一年，其中担任高级人民法院、最高人民法院法官，应当从事法律工作满二年。"《中华人民共和国法官法》第九条："初任法官采用严格考核的办法，按照德才兼备的标准，从通过国家统一司法考试取得资格，并且具备法官条件的人员中择优提出人选。"2002年国家司法考试实行后，助理审判员任用门槛提高。① 通过国家司法考试，取得法律职业资格证书成为助理审判员任用的刚性标准，这改变了我国法院系统用人标准的随意性，提升了新任法官的法律专业素质。

除了资格考试证书、学历、工作年限、身份四个方面的刚性标准外，担任助理审判员还有很多主观标准，一般有业务能力、政治素质、沟通协调能力、行政管理能力、领导评价和人际交往能力等。② 助理审

① 左卫民、全亮等：《中基层法院法官任用机制研究》，北京大学出版社2014年版，第24—35页。

② 业务能力是指熟练运用作为法官该具有的司法知识处理案件的能力。尽管它很难客观化描述，但仍有一些绩效考评指标可以大体反映法官的业务能力级别。一般通过"能"和"绩"两个方面呈现。"能"是指业务知识水平和相应工作能力，如政策理论水平、法学知识层次、审判业务知识与能力、诉法文书制作水准等；"绩"一般从工作量也即办理案件数量、工作质量也就是案件办理质量、案件办理社会效果等方面考查。政治素质对中国法官任职肯定是必要条件。直到20世纪80年代，任命助理审判员仍要求具备党员身份。这个局面现在有所改观，不再只是关注候选人的党员身份，更多强调的是政治观念、大局观、规矩意识等。相关内容参见左卫民、全亮等：《中基层法院法官任用机制研究》，北京大学出版社2014年版。

判员的任用程序主要包括候选人遴选、综合考核、党组研究、上报审核和任命几个阶段。一般而言，助理审判员的任命要由法院政治部根据当年晋升助理审判员的规定所要求的基本条件在全院范围内遴选。对符合基本条件的人员登记备案，并向全院干警公布。综合考核是对符合基本条件的人员进行进一步的考核，初步形成晋升人员名单。考核的内容可能包括专业知识考试、民主测评等。政治部在综合考核后会根据候选人的成绩进行排序，并根据当年晋升指标，形成晋升候选人的排名名单。审查之后，初步方案会提交法院纪检监察部门实行审查，审查后，政治部将初步方案提交院党组会议讨论研究。院党组对政治部提交名单进行民主审议、讨论决定人选。经审组会议研究确定的初任法官人选，由政治部按照有关规定，报高级人民法院审核。① 经审核后，对符合任职条件并同意任命的人员，由本院院长任命其为助审员。

大体而言，审判员在法院干警中占比较高。一般成为助理审判员、晋升审判员的通道是顺畅的。因为没有将审判员和助理审判员的比例作规定，从 20 世纪 50 年代到 90 年代初期，审判员一般是一个可以预期获得的职位。晋升审判员“主要靠资历，因而相对来说几乎不需要竞争，大家的利益是一致的，于是群体内部相互侵犯的行为被减少到最小限度，这种安排也认为对科层机构具有积极作用”。② 从 20 世纪 90 年

① 审核的重点内容是：被审核对象是否具有政法行政编制；是否符合《中华人民共和国法官法》规定的任职条件和任职程序；是否具有《中华人民共和国法官法》规定的不得担任法官的情形；是否符合关于法官不得担任有关职务及有关任职回避的规定；是否符合人民法院任命和提请任命法官的其他规定。按照规定，高级法院在收到审核请示后，应当在 1 个月内提出审核意见，书面形式答复下级法院。参见左卫民、全亮等：《中基层法院法官任用机制研究》，北京大学出版社 2014 年版。

② 罗伯特·默顿：《社会理论和社会结构》，唐少杰、齐心等译，林业出版社 2006 年版，第 353 页。

代开始，因为职位和竞争者不匹配，“僧多粥少”局面出现。法院在审判员晋升方面不得不改进相关制度。新制度要点有：提名标准公开；符合晋升条件者自愿申报竞争；晋升程序复杂，有公开的选拔考核、考试；候选人在考核考试中的表现量化评分，并成为影响最终结果的关键因素。这一般被表述为：实行法律专业知识考试和平时政绩表现相结合的审判干部职级晋升模式。在机构编制部门核定给法院特定职级名额有限，而竞争者相对较多的情况下，这种机制是现在基层法官职级晋升的常态。

审判员任用程序一般为，个人向所在庭提出申请，确认合格的庭室将申请人个人材料报送政治部，政治部委员会讨论通过后，提交党组审查，再在中层干部和所在庭室对申请人进行民主测评，政治部对申请人进行综合考察，最后由院长报人大常委会任命。拟晋升人员有一个与人大委员见面安排。在审判员任用中，有的会增加能力测试环节。这种考试考核一般包括能力测试和综合考核，主要是庭审水平、制作判决书，也包括一些掌握时事政策能力职业道德等，还包括民主测评、廉政考核、业绩考核。业绩考核的要点包括审判效率、审判质量、裁判文书质量、办理疑难案件能力、调研能力、受奖励情况等。审判员任用程序一般有：公布选任名额和条件、报名、资格审查、考试考核、政治部汇总分数、党组决定、任命。同级人大常委会组织考试、批准任命。法院党组是审判员任用提名中最终的决策主体。一般而言，院党组研究决定是整个提名程序中最重要的一环。在综合考虑各方面情况后由院党组会领导确定最终的晋升提名人。

法官入职门槛的提高并不意味待遇提高，不仅经济收入平常，所谓政治待遇也不具太大吸引力。中共中央办公厅曾在1985年就审判职称和行政职级的对应问题发文规定，基层人民法院的审判员一般配备科一级干部和股一级干部；中级人民法院的审判员一般配备副处一级干部；省级高级人民法院审判员一般配备处一级干部。不过，实践中“一般城市”中院的审判员对应的是正科，基层法院审判员对应的是科员。在我国的干部管理中，副处级以上干部在一个部门中的数量是固定的，法官上升通道有限。

但法官职责标准不会因此降低，法官绩效考评严密严格。法官绩效考评指标体系意在通过一套法官、法院组织、社会公众通用的相对稳定且独立的客观参加标准，综合评价法官的职业素养、审判业绩、司法能力、审判作风及其他各项表现，有效激发法官的工作能动性和责任感，确保法院内部各项队伍建设及管理工作有的放矢，同时满足社会公众对法官司法行为和职业品行的监督需求，增强法官服务大局、司法为民、清正廉洁的共有价值观，营造蓬勃向上、良性互动、心情舒畅的法官工作环境，促进司法公正、司法高效、司法为民、司法公开、司法公信等司法目标的实现。① 法官法实施后，各地法院广泛开展了以审判实效为主要指标的法官考评工作。近年来，在案件增长倍数为法官增长倍数几倍的情况下，法院系统审结、执结案件量、法定期限内结案率、调解率等向好指标均呈上升趋势，涉诉信访总量、生效裁判改判率等向差指标开始下行。目前有三类法官绩效考评指标体系：一是公务员五维指标体系，主要指标是德、勤、绩、效、廉；二是数据化考评指标体系，将法官的行为转化为一系列可计算的指标；三是以电子化法官业绩档案为基础的综合指标考评体系。此外，有人主张建成任务绩效与周边绩效二维层次的指标体系，其基本结构更能全面反映法官的工作。“任务绩效是

① 姜巍巍：《改革中的法官绩效考评指标体系——以任务绩效与周边绩效二维层次化体系为导向》，靳学军主编《基层法院司法观念的多维构建》，中国法制出版社 2013 年版，第 275 页。

指直接产品生产和技术维持活动，它的主要成分是工作效率；周边绩效指那些支持组织、社会和心理环境的活动，包括支持完成组织工作的社会与激励情境的人际关系行为和自主性行为。”① 该指标设计分三级。一级指标包括任务绩效与周边绩效。任务绩效侧重于对法官履行审判职责结果的考评，周边绩效侧重于对法官履职过程及职业素养的考评。二级指标 5 个：审判实绩、业务水平、政治素养、职业道德、职业态度。三级指标 16 个：审判公正、审判效果、审判效率；审判驾驭、审判管理、重大疑难案件审理、调解、调宣信息；政治素养；工作作风、司法礼仪、司法廉洁、司法修养、业外活动约束；工作态度、团队精神。这些指标可进一步分解。②

这些措施在实施中主要的问题是：统一司法考试推动了法官队伍的

① 陈学军：《管理绩效的内隐模型及其效应分析》，浙江大学 2001 年博士论文。

② 据姜巍巍研究，审判公正指标可包括立案变更率、一审上诉改判率、一审上诉发回重审率、生效案件改判率、生效案件发回重审率、违法审判率、违法执行率、裁判文书差错等。审判效果指标可包括服判息诉率、执行标的到位率、公众满意度、可归咎于法官的涉诉信访量、涉诉重复信访量、越级上访量等。审判效率指标包括法定期限内立案率、审限内结案率、实际执结率、未超审限案件的平均审理时间与审限地、个人结案数与所在庭审人均结案率数比等。业务水平下五个子指标包括审判驾驭、审判管理、重大疑难案件审理、调解、调宣信息。审判驾驭是指在庭审过程中，严格履行相关程序法的规定，对诉讼各方陈述、辩论时间进行合理分配，有效控制庭审流程、维持法庭纪律；在调解过程中，严格履行有关调解程序的法律规定，积极引导调解，有效维持调解纪律；在执行过程中，严格履行执行程序规定，合理选择执行方式，合理处理执行过程中所遇各种情况。审判管理指标指在案件管理系统及时准确录入相关信息和准备好提交各种所需材料。重大疑难案件审理指标是指审理涉及国家安全或国家利益的案件；新型案件、案件复杂、案件标的巨大、涉案人数较多，社会关注度高影响巨大的案件。调解指标可包括调解率、调解撤诉率、调解协议自动履行率。调宣信息包括撰写专著、调研报告、指导案例、学术论文、司法建议、法院信息、普法、案例分析、办案感悟等类外宣文章；参与制作法制节目、庭审直播、法院开放日庭审观摩等。见姜巍巍《改革中的法官绩效考评指标体系——以任务绩效与周边绩效二维层次化体系为导向》一文相关内容，靳学军主编《基层法院司法观念的多维构建》，中国法制出版社 2013 年版。

职业化建设，严密的法官绩效考评指标体系推动了法官工作绩效，但也对西部民族地区基层司法机关及乡土法官带来了巨大压力。因法官任用条件提高，传统的人才补充渠道被切断，同时绩效考评严格，待遇不高，人才流失明显。基层法院本来进人就困难，而通过司法考试可以任职法官的人才又不断流失，法官队伍得不到及时补充。为应对此局面，相关领导机构降低了西部部分地区法官任用标准，暂时缓解了局部压力。2008 年又实施了政法干警招录培养体制改革，为西部基层定向培养法律人才。

总体上看，现有法官选用机制、待遇和绩效考评体系并不支持当下基层司法机关案多人少局面的迅速改善，法官入职门槛降低有限，法官待遇改善缓慢，而对法官素质和工作的要求越来越高。一方面，基层法院尤其西部民族地区法院补充人才不易。法官准入门槛不低，待遇不高，对优质考生缺乏吸引力。最高人民法院推行法官和书记分类管理，取消了原来基层法院从书记员团队培养选拔法官充实审判队伍的既有通道。不少基层法院招聘了部分书记员，其来源大多是全日制本科生，经法院多年悉心培养，不少人已成为业务能手，但由于身份问题或司法考试资格问题，无法进入法官序列，这一定程度上导致有的基层法庭合议庭也组成不了，影响了基层法院履行审判职能。而中级法院以上法官从基层遴选制度，虽为优秀基层法官打开了上升道路，却产生了带走基层法院优质审判资源的客观效应，基层法院优质审判资源更加紧张。① 另一方面，在西部民族地区乡土司法机关，人才上升空间狭小，许多资深的法院副院长仅是科级，优秀人才难以体现价值，不少优秀人才因此离

① 陈建:《中西部地区基层人民法院当前面临的新问题及对策——以 F 区法院为例》，见吴斌主编《基层司法论丛》第 1 辑，法律出版社 2013 年版，第 118—127 页。

开司法机关。此外，西部民族地区基层司法机关法官工作量通常较大。由于案多人少，“白加黑”“五加二”是基层法官工作常态。加之绩效考评严格、追责严苛，特别是要求案结事了，法官承担判决之外的风险，队伍稳定不易。而错案追究制、案件质量终身制加大了法官的职业风险，这些加剧了基层司法机关人才流失。

积极的现象是，面对此局面，基层司法机关选择了追随不断升级的要求，强化现有队伍人员的政治素质和业务能力，充分开发既有司法干警的司法能力，以将中国基层司法品质维持在一个较高的水平，H县人民法院在这方面作了不少努力，采取了一些措施，取得了一定成效。基层司法机关重视司法干警业务能力的提高。H县人民法院始终把队伍建设作为一项重要工作来抓，不断提高干警的业务素质，加快知识更新，总结审判工作经验，提高干警的司法能力和化解矛盾、定纷止争的司法水平，以适应法院各项工作开展的需要。H县人民法院加大教育培训力度，做好学历教育、在线学习、外出培训、司法警察集训等工作，每年均有超过100人次参加各级各类培训。2013年报告称：

> 每年有100多人（次）参加国家、省、州、县各项业务培训，有效提高了干警的业务技能和理论水平；鼓励符合条件的干警参加司法考试培训，五年来共有9名干警通过国家司法考试，通过率占符合报考条件人数的100%；鼓励干警完成学历教育，加强在职学习，45名干警中本科以上学历的38人，占84.44%。三是加强司法警察队伍管理。法警大队积极参加集中培训和大练兵活动，实战能力进一步增强，为审判执行工作顺利开展提供坚强有力的警务保障。四是广泛开展书记员庭审记录竞赛和岗位培训，不断提高书记

员的业务素质，适应法院工作的新要求。①

当然，合理人才评价和晋升机制对司法机关队伍建设仍十分重要，西部民族地区司法机关一直在尽力争取相关领导机关和部门支持。H县人民法院认真落实人员分类管理制度，探索审判人员、审判辅助人员、司法行政人员管理措施，形成法院队伍建设的合理布局，按照“信念坚定、为民服务、勤政务实、敢于担当、清正廉洁”的标准培养、选拔干部，形成系统完备、科学规范、有效管用、简便易行的选人用人机制，加强法院队伍职业化建设。2013年来推荐并经组织考察任命了内设机构正科级领导及副科级领导多名，并提请县人大常委会任命了庭长、审判员、人民陪审员多名，加强了审判力量。B县人民法院2015年报告中称，报请县委提任副科级领导2名，提请县人大任命副院长、审判委员会委员3名，庭长、副庭长2名，审判员4名，初任法官1名，院党组任命中层正职2名、中层副职2名。L州检察机关2015年3月选拔了3名同志任正科实职，1名同志任副科实职。2014年晋升17名同志为主任科员，5名同志晋升为副主任科员。

二、西部地区基层司法机关政治思想建设

最高人民法院在2017年工作报告表示，要“努力建设忠诚干净担当的人民法院队伍，保障公正廉洁司法”，认真开展“两学一做”学习教育，增强政治意识、大局意识、核心意识、看齐意识。事实上，基层

① 西部民族地区司法机关普遍重视干警业务能力培养提升。B县法院2016年报告称大力推进“学习型班子”“学习型法院”建设，加强业务培训。五年间，共举办各类培训班、讲座、辅导126期，轮训450人次，选送260人次到上级法院和高校进修学习。

司法机关一直将司法队伍的政治建设置于人民法院工作的核心，H县人民法院2012年工作报告称：

> 根据上级法院的部署和要求，我院持续开展了“人民法官为人民”“创先争优”“社会主义法治理念再学习再教育”“发扬传统、坚定信念、执法为民”“四亮四评”以及“忠诚、为民、公正、廉洁”等主题实践活动和专项教育活动，队伍素质进一步增强。

H县人民法院始终坚持党对人民法院的领导，坚决贯彻执行党的路线方针政策，主动向党委汇报法院工作情况，对审判执行工作中遇到的困难和问题，及时向党委汇报，牢牢把握法院工作正确方向，持续加大队伍的教育和管理力度，全面提高队伍的思想政治素质，把忠诚作为职守，把责任视为生命，坚定做中国特色社会主义事业的建设者和捍卫者的信念。H县人民法院高度重视党组织建设，紧紧围绕“党建带队建，队建促审判”的党建总体目标，积极探索、创新党建工作机制。院党组提出“以党建带队建提升队伍素质，以队建促审判提升审判质量，以审判树形象提升司法公信力”的党建工作思路，成立了党总支，下设六个党支部，进一步加强党组织的思想、组织、作风和制度建设。为加强党建工作，进一步健全组织；完善机制，充分发挥党组织的战斗堡垒作用和党员的先锋模范作用，探索加强法院党建工作的新思路和新方法。一方面，努力把领导班子建设成为团结和谐、坚强有力、勤奋好学、求真务实、风正劲足的领导集体，抓实党组理论中心组学习，召开党组班子民主生活会，广泛开展批评和自我批评，加强领导班子能力建设，充分发挥领导班子成员模范带头作用。另一方面，健全党员立足审判岗位创先争优长效机制，充分发挥党员的先锋模范作用。各党支部积极开展学习活动，全院掀起学习的热潮，增强了党组织的凝聚力和向心力。坚持全院每月定期集中学习制度，把党的十八大和十八届三中、四中全会精神学习不断引向深入，学深悟透习近平总书记关于加强作风建设系列重要讲话精神的内涵，打牢司法为民、公正司法的思想根基。结合“两学一做”“素质提升年”专项教育，深入学习党的十八大和十八届三中、四中、五中全会以及习近平总书记系列重要讲话精神，进一步打牢司法为民、公正司法的思想根基。此外，H县人民法院还重视加强司法作风建设，认真落实中共中央关于改进工作作风、密切联系群众的要求，全面加强法院领导作风、思想作风、审判作风、工作作风及纪律作风建设，弘扬新风正气，深入开展党的群众路线教育实践活动，把一切为了群众，一切依靠群众，从群众中来，到群众中去“四群”教育活动作为工作的出发点和落脚点，把开展“四群”教育活动与做好法院职能工作紧密结合起来，以不断提高做群众工作的能力，密切与人民群众的血肉联系。

> 通过开展这些教育实践活动，全院党员干警普遍受到一次深刻的马克思主义群众观点和党的群众路线教育，找回了群众观点、站稳了群众立场，理想信念进一步坚定，宗旨意识进一步增强，司法理念进一步端正。群众关切和期待得到有效回应，一些影响司法公正的突出问题得到解决，进一步提高了司法公信力。

H县人民法院意识到加强党风廉政建设对履行司法职能的重要性。为努力建设一支让党放心、让人民满意的过硬队伍，把从严教育、从严管理、从严监督贯穿队伍建设始终，推进人民法院惩治和预防腐败体系建设，完善廉政风险防控机制，保持对司法腐败的“零容忍”，确保法官清正、法院清廉、司法清明。

H县人民法院在党风廉政建设方面采取了一些具体措施。第一，组织学习《中国共产党廉洁自律准则》和《中国共产党纪律处分条例》，筑牢拒腐防变的思想道德防线。严格落实中央“八项规定”和中纪委“六个严禁”精神，加强司法作风建设，坚决查纠“四风”问题。坚持反腐倡廉常抓不懈，拒腐防变警钟长鸣。第二，落实党风廉政建设责任制，形成责任明确、考核到位、追究有力的责任体系，促进公正廉洁司法完善廉政风险防控机制，健全“事前预警、事中监控、事后查究”的监督防线，层层签订党风廉政建设责任状，形成一级抓一级的监督机制，把反腐倡廉工作融入法院的队伍建设、审判执行工作和行政事务管理工作中。第三，结合岗位实际，查找部门和岗位存在的廉政风险点，明确其风险内容和表现形式，认真做好廉政风险防范工作，认真落实法官任职回避、防止内部人员干扰办案和防止利益冲突等规定，大力推进人民法院惩治和预防腐败体系建设，完善廉政风险防控机制，从立案环节开始，就把审判纪律、办案程序、审判原则、风险提示等向当事人公开，变事后监督为事前预防、同步监督，促进公正廉洁司法。第四，开展党风廉政专题教育和警示教育活动，筑牢拒腐防变的思想道德防线。按照上级人民法院的安排部署开展了“素质提升年”和“良知、道德、公正、廉洁”专项教育活动和“忠诚、为民、公正、廉洁”实践活动，活动中始终坚持问题导向、结合实际边学边改、立行立改，通过开展思想政治教育、讲座、撰写心得体会及参加主题演讲比赛等形式，切实加强政法干警核心价值观和司法核心价值观教育，充分彰显和实现司法的人民性，为人民法院工作赢得最广泛、最可靠、最牢固的群众基础和力量源泉，进一步强化了干警的职业良知、职业道德，全院干警尊重法律、敬畏法律的理念进一步树立。第五，广泛开展廉政文化创建活动。读廉政书籍、荐廉政格言、制廉政卡片、挂廉政字画、设廉政屏保等，营造浓厚的廉政文化氛围。在大厅、楼道等区域悬挂党建文化、廉政文化等宣传展板。①

西部民族地区乡土人民法庭为履行职责，与所有基层司法机关一样重视法庭政治建设。古寺镇法庭年终报告序言照例强调政治正确：

> 法庭在院党组领导下，在上级法院支持及监督下，全庭同志自始至终紧抓深入学习实践科学发展观活动的契机，坚持以“公正司法、一心为民”为指导方针，认真落实“三项承诺”，积极参与“人民法官为人民”活动，严格遵守“五个严禁”，立足基层，注重缓和、化解各类矛盾纠纷，认真履行了司法政务的各项职责，圆满完成了各项目标任务，确保了审判及其他各项工作的正常开展。

在西部民族地区，虽地处最基层，但总体上法庭非常重视思想建设，使法庭干警明确自身使命与职责，强调增强干警“人民法院人民性”的理论认同、感情认同和实践认同，努力做到公正司法、能动司法、阳光司法和便捷司法，积极回应人民群众的现实司法需求，争做“平民法官”，在实践中也取得了相当效果。古寺镇法庭在总结中有这样的表述：

---

① 坚持从严治院是西部民族地区人民法院基本原则，B县人民法院一直坚持强化“一岗双责”，认真落实党风廉政建设主体责任和监督责任。院内选任4名干警为廉政监察员，聘任6名院外人士为廉政监督员，内外双管齐下，加强对重点岗位、重要环节和廉政节点的日常监督。丰富廉政教育方式，坚持不懈地开展廉政警示教育和纪律教育。充分发挥文化建设的导向作用，精心打造廉政文化长廊，并通过观看典型案例和参观警示教育基地，引导干警充分认识司法腐败的危害性。通过层层签订廉政责任书，把廉政责任落到实处。建立健全并严格落实各项管理制度，坚持用“五个严禁”约束队伍，向社会公布举报电话、给案件当事人寄送廉政监督卡，主动接受人民群众的监督。五年间，该院无一起“人情案”“关系案”“金钱案”发生。

《最高人民法院关于公布人民法庭庭训的通知》在中国法院网刊登后，我们法庭立即认真开展学习，宣传“公正、廉洁、为民”的庭训。第一时间即在审判大厅电子屏幕上予以公示，同时组织全庭干警学习庭训，引导和激励干警，扎实做好审判工作，接受人民群众监督。为了进一步落实，统一制作了庭训宣传版面，放置在法庭的宣传栏中，并在天凝、洪溪巡回审判站、道交巡回审判点、景区假日法庭张贴庭训内容。为了确保干警对庭训内容学习掌握到位，我们将“公正、廉洁、为民”六字庭训的内容制作成学习手册，保证每位干警人手一份，并且组织干警集中学习，并通过座谈会、讨论交流学习心得体会等多种方式，使广大法庭干警准确理解和把握人民法庭庭训的精神实质和丰富内涵，确保让六字庭训成为全体人民法庭干警的价值取向和行动指南。另外，结合司法作风大检查活动，将落实执行庭训情况与司法作风大检查活动同安排、同部署、同监督。组织民主监督员，随时对法庭进行突击检查。通过认真学习庭训，全庭同志统一思想，共同努力，在今后的工作中，积极借鉴模范五好法庭先进经验、做法，充分发挥职能作用，不断增强司法能力，提升司法水平，为辖区百姓提供优质高效的司法服务。

古寺镇法庭重视党员的党性培养。古寺镇法庭现有在职党员多名，在院党组的领导下成立了党支部。一直以来支部工作扎实开展，党员身先士卒，在法庭的各项工作中始终起到带头模范作用。古寺镇法庭党支部以高度责任感和拳拳爱心，坚持以人为本，切实为社区、乡村困难群众解决实际问题，把党的关怀送进了家家户户，为构建和谐社区作出了积极贡献。法庭支部始终把廉政建设当作首要任务来抓，为认真贯彻执行《最高人民法院“五个严禁”的规定》，积极响应全院开展的法官警示录教育，写好个人警示体会，除了每月的政治学习、庭务会议外，还利用多种载体、形式加以巩固、深化。以认真贯彻落实最高人民法院关于“五个严禁”的规定为契机，创新思路，推出新举措，将“五个严禁”的内容规定制成电脑屏保，安装在法庭干警的每台电脑上，把“五个严禁”摆上台面，时刻提醒干警秉公执法，强化干警廉洁意识。此举在市中院纪检明察暗访中受到好评，并在全院进行推广。同时将5月份定为“法庭廉政教育月”，全庭干警专程前往浙江省勤政廉政教育基地——倪天增故居参观学习，接受生动的党风廉政教育；与驻镇站所西塘地税分局进行廉政共建活动，相互交流廉政建设工作，共同商讨反腐倡廉工作的有序推进，并共同观看以县级机关中层干部犯罪为内容的警示片——《沉痛的自白》，12月份观摩了“红船杯”全国廉政楹联大赛作品展。通过以上一系列活动，全庭干警的廉政意识进一步得到了加强。

三、西部地区基层司法机关的工作制度建设

制度改革和创新是司法机关司法能力不断增强的动力源泉和基本路径。2017年，最高人民法院周强院长指出：“人民法院改革是一场深刻的自我革命，当前改革已进入深水区，涉及司法职权配置等深层次问题，力度、深度和难度前所未有。我们要勇于担当、事不避难，既要有理想，又要接地气；既要做好顶层设计，又要加强分类指导，尊重各地法院首创精神。”① 基层司法机关依据自身使命、禀赋条件，在审判管

① 2017年《最高人民法院工作报告》。

理、方便人民群众诉讼、涉诉信访、健全多元化纠纷解决机制、扩大司法民主、完善监督机制、法院文化等方面作了持续努力和优化。

审判管理是基于对司法规律的认识和把握，对作为审判主体的法官、审判活动以及与审判权、执行权直接相关的行为和事项进行组织调控、评价与引导的活动。审判权的高效、公正、廉洁运行离不开审判管理。人民法院开展和加强审判管理，运用组织领导、指导、评价、监督、制约等方法，对审判工作进行科学合理安排，对审判过程进行严格规范，对审判质效进行科学考评，对司法资源进行有效整合，确保司法公正、廉洁、高效。[①]H县人民法院一直注重加强审判管理，坚持以审判为中心、以制度为途径、以创新为动力、以科技为保障，建立科学、完备、有效的审判管理体系，贯彻落实绩效考核制度，开展案件质量评查工作，规范司法行为，强化监督指导，不断提高案件质量和效率。对审判工作积极部署、提早谋划，坚持“简案快办、繁案精审”的原则，在立案、审判、执行、审判监督、信访等环节，落实办案责任制，克服“慵、懒、散”现象，着力解决“门难进、脸难看、事难办”问题，规范审判权和执行权运行，全面破解“立案难、诉讼难、执行难”，不断提高审判质量和效率。H县人民法院创新机制，探索和改进送达方式方法，通过人民陪审员、人民调解员和基层组织的协助，促成受送达人签收法律文书，告知原告送达不能将承担的法律后果，充分发挥其协助送达作用，破解“送达难”。H县人民法院加大执行力度，提高案件实际执结率和执行标的实际到位率，完善网络执行查控系统，充分运用执行强制措施。实行审判质量效率评估和审判运行态势定期分析和通报工作，实现对办案质量和效率的动态管理，充分发挥审判管理的导向和监

① 江必新:《审判管理与审判规律抉微》,《法学杂志》2011年第5期。

控作用。为严把案件质量关，H 县人民法院调整充实案件质量评查工作组，实现案件质量评查常态化管理，增强法官责任意识，提升司法服务质量。

> 扎实开展案件质量评查，对查找出的问题及时进行整改，不断提高案件质量，共评查各类案件 691 件 816 卷，优秀 661 件，良好 30 件。严格审限管理，对案件审理期限严格把关，确保无超审限案件产生。

2016 年《最高人民法院工作报告》指出，信息化是人民法院一场深刻的变革，要通过信息化实现审判执行全程留痕，规范司法行为，要求各地司法机关要不断加强信息化基础设施建设，加大科技投入，不断改善硬件设施，逐步建立覆盖全国法院的审判管理网络，形成全国法院案件信息数据库和案件信息查询系统，力争到 2017 年年底建成全面覆盖、移动互联、透明便民、安全可靠的智能化信息系统。充分发挥信息技术在审判管理中的作用，积极推进信息技术在案件排期开庭、质量评估、审判流程、档案管理、绩效考核以及司法统计、人力资源配置等方面的应用，实现审判管理的信息化，促进管理由粗放型向集约化管理、精细化管理的转变，以信息化促进审判管理、执行管理、法官管理、庭审管理等。其主要作用为促进审判管理规范化，提高审判质量与效率。通过应用网上办案系统，确保审判公正，完善诉讼流程监控，减少审判条件，建立执行案件管理系统，推动执行效果提升。以信息化促进法官素质全面提升，搭建法律法规查询系统，方便法官办案查询学习。以信息化促进司法政务阳光化，确保法院管理的公开透明、自动化、司法服务公开化、政工人事管理信息化、后勤管理智能化，提高后勤保障水平。

根据最高人民法院要求，H 县人民法院信息化建设也有成效。H 县人民法院建立人民法院司法信息网，开通人民法院微博、新闻客户端等，推进审判流程、裁判文书、执行信息三大平台建设，公开裁判文书、被执行人信息、直播庭审，满足当事人知情权，实现用科技手段加强对审判权的监督制约。推行裁判文书上网，将符合条件的生效裁判文书上传至互联网。通过上网公布裁判文书，在接受监督的同时，发挥司法裁判的教育、示范、引导、评价功能。自 2014 年 7 月后生效的裁判文书符合上网规定的均上传至中国裁判文书网，共上网文书 422 件。将执行案件的有关信息通过短信、网站等途径向当事人公开。建立并完善失信被执行人名单制度，公开发布失信被执行人信息，督促被执行人履行义务。通过展板、案件查询系统、公告等多种渠道推送案件流程信息，变以往当事人千方百计打听案件进展为法院主动向当事人告知，保障当事人的知情权。

2015 年 5 月 1 日全国法院全面实行立案登记制，变审查立案为登记立案，对依法应当受理的案件，做到有案必立、有诉必理，解决立案难问题，为人民群众依法维护自身权益敞开大门。加强立案监督，杜绝有案不立、拖延立案、年底不收案等现象，把方便带给群众，把困难留在法院。H 县人民法院加强立案信访窗口建设，改善群众来访接待环境，最大限度方便群众，正确引导当事人理性诉讼，创建优质服务窗口，树立法院文明形象。

结合“四亮四评”活动的开展，切实加强立案信访窗口建设，不断完善“大立案”工作格局，实现了立案工作以单纯的诉讼审查到全方位诉讼服务功能转变。进一步落实“首问首办、服务承诺、办事公开、文明接待和岗位责任”五项制度，健全立案工作“保障、过渡、化解、分流、服务”五大功能，充分发挥服务社会、服务百姓、服务审判的作用，树立公正高效、亲民便民、廉洁文明、严肃庄重的良好司法形象。完善诉讼服务、畅通诉求渠道、规范窗口工作流程、缩短事项办理周期，为来访群众提供全方位、一站式诉讼服务；因地制宜推进诉讼引导、巡回办案、远程视频开庭等工作，努力从立案、审判、执行各环节消除群众诉讼障碍。加强风险提示、判后释疑等工作，引导当事人理性诉讼。

H 县人民法院创新民事司法工作方法，健全多元化纠纷解决机制，持续开展人民调解员培训，促进民事矛盾纠纷的基层化解，从源头减少诉讼，着力做好立案调解、庭前调解、庭间调解、庭后调解工作，这顺应了当前民事纠纷解决机制的发展趋势。

有论者指出，在人民法院案件受理数量逐年递增的情况下，调解、仲裁等非诉讼的纠纷解决方式却不断下降，这加重了司法机关尤其基层司法机关的工作压力。过度依赖诉讼方式，不仅造成司法能力和司法资源的浪费，而且司法手段的第三方强制力色彩对双方当事人可能在有的情况下产生副作用，可能案结事不了，事了人不和。为缓解此局面，需构建以人民法庭为核心的纠纷联动化解新机制，构建以人民法庭为中心，行政部门、人民调解委员会、社会组织共同参加的“1 + X”纠纷联动化解模式，形成纠纷多元化解的新格局。① 这一机制符合纠纷解决自身的客观规律，争议标的大小不一、难易不等的各类纠纷可适用不同解决方式。西部民族地区乡土基层法庭所在地一般处于乡镇，是最基层

① 郝婷:《基层人民法庭调解工作探析——基于 Z 市 R 县法院 A 法庭近两年司法统计数据的调研》,《基层司法论丛》第 2 辑，法律出版社 2014 年版，第 60 页。

的司法单位，处理的民事案件类型主要是邻里、家庭、婚姻、宅基地、人身伤害赔偿等熟人社会纠纷类型，有调解解决的社会基础。为缓解当前诉讼案件快速增长与司法资源有限的紧张与压力，有的地方人民法院探索建立诉讼与非诉讼对接工作机制，在县法院设立诉调对接中心，在人民法庭设立诉调对接办公室，人民法院联动衔接人民调解、行政调解和行业调解，形成功能互补和程序衔接的有机体系。人民法庭通过与人民调解、行政调解和行业调解组织之间建立联络员制度、纠纷信息通报制度、委托收集、调解和邀请协助调解制度、调解员指导和培训制度，依法确认非诉调解协议等工作制度。非诉调解成功的，可就地向法庭申请司法确认；调解不成功的，及时分流到法院进行司法调解或审判。有的地方为更好服务新农村建设，基层法院尝试在其辖区内的镇上设立诉讼服务点。法庭还积极指导人民调解委员会工作，开展“大调解”，引导社会力量共同调解纠纷，一些基层还开展法律进村、社区、企业、学校，采取法律宣讲，发放资料，法律咨询和法制讲座等形式切实为百姓提供法律服务，为诉非对接机制的有效性准备了社会环境。H 县人民法院与西部民族地区乡土司法机关一样，将民事案件调解以及对人民调解、行政调解和行业调解等非诉调解指导作为重要工作，取得了相应效果。

L 州检察机关也积极应对以庭审为中心的诉讼制度改革，提升人民检察院司法能力：

> 公诉部门认真贯彻落实党的十八届四中全会《中共中央关于全面推进依法治国若干重大问题的决定》所提出的，“要推进以审判为中心的诉讼制度改革，确保侦查、起诉的案件事实证据经得起法律检验。全面贯彻证据裁判原则，严格依法收集、固定、保存、审

查、运用证据，完善证人、鉴定人出庭制度，保证庭审在查明事实、认定证据、保护诉权、公正裁判中发挥决定性作用”。为此，我们开展了以下几个方面的工作：第一，进一步转变执法观念。L州公诉干警在执法办案中加快实现从“由供到证”到“由证到供”的观念转变，强化客观证据的运用，确保所办案件经得起法律和历史的检验。第二，着力提高公诉干警的庭前审查和庭上举证辩论两个方面的业务能力，积极应对庭审实质化带来的出庭公诉的高对抗性和不可预测性，做到通过扎实的证据和严密的论辩，履行好公诉指控职能。第三，稳步推行证人、鉴定人出庭作证工作，改变过去庭审中对证言和鉴定结论书面质证的传统方法，使庭审证据的出示、辨认、认证各环节都展现出直接言词原则。第四，积极探索庭审实质化道路。为保障刑事被告人及其辩护人在庭审中依法享有和行使的辩护权。第五，进一步加强公诉人员的岗位练兵与业务培训工作，与宜宾市检察院共同举办公诉论辩赛，并取得团体第一的好成绩，以赛代训的同时，通过两地公诉工作的交流，互学互鉴，促进共同发展；同时积极组织公诉干警参加省院业务轮训、专项工作培训。

涉诉信访是西部民族地区基层司法机关面对的难度较大工作之一。《中华人民共和国宪法》第四十一条规定：“中华人民共和国公民对于任何国家机关和国家工作人员，有提出批评和建议的权利；对于任何国家机关和国家工作人员的违法失职行为，有向有关国家机关提出申诉、控告或者检举的权利，但是不是捏造或者歪曲事实进行诬告陷害。对于公民的申诉、控告或者检举，有关国家机关必须查清事实，负责处理。任何人不得压制和打击报复。”可见信访是一项宪法性权利。随社会生活快速发展矛盾深化、改革进入深水区，信访呈增长之势。从1992年到2004年，年均增幅10%以上，2004年信访1373.6万件（人）次，2009年仍有1033.6万件（人）次，其中不少是涉诉信访，司法必须面对这一现实。① 涉诉信访一般是指自然人、法人或者其他组织采用书信、电话、电传、网络、来访的形式，向人民法院反映情况，提出意见、建议和要求，依法应由人民法院处理的活动。信访的事项主要有：不服各级法院的失效判决、裁定或调解；检举、投诉司法机关及其工作人员的不当和违法行为；咨询有关政策法律问题，寻求相关帮助；对相关司法问题提供各种建议，表达自己的意见和看法等。② 党的十八大提出“正确处理人民内部矛盾，建立健全党和政府主导的维护群众权益机制，完善信访制度，完善人民调解、行政调解、司法调解联动的工作体系，畅通和规范群众诉求表达、利益协调、权益保证渠道”，由此，涉诉信访作为信访制度的一部分被巩固下来。人民法院是矛盾裁决的最后机关，通常呈现在法官面前的矛盾是其他救济方式无法化解的“硬骨头”，当事人诉讼预期与法院裁决之间落差往往较大，当事人为此信访

① 毕芳芳：《司法裁判吸纳民意机制之构建》，靳学军主编：《基层司法观念的多维构建》，中国法制出版社2013年版，第165页。

② 涉诉信访经历了一个不断发展的过程。1953年4月最高人民法院召开第二届全国司法工作会议提出“各级人民法院，特别是基层人民法院，应当建立与加强人民接待室和值日审判工作，在院长的直接领导下，解答人民疑难、处理人民来信、代写诉状、代录口诉，并处理不甚复杂、无须很多调查即可解决的案件”。从那时起，各级人民法院先后成立了人民接待室，负责处理人民来信来访工作。1956年9月3日最高人民法院下发的《关于改进处理申诉工作和加强人民接待室工作的指示》，调整接待室的工作为负责催办、催执行和非诉讼来信。1979年将信访室改为信访处以处理日益增加的信访。1986年9月，最高人民法院成立告诉申诉审判庭，负责处理信访工作，将之纳入法院审判工作。1996年11月最高人民法院召开全国法院立案工作座谈会，正式提出立审分离，信访由立案庭处理。这一时期涉诉信访矛盾突出。相关内容参见吴正、冯英、杨勇军：《涉诉信访的规范及其化解探析》，载吴斌主编：《基层司法论丛》第2辑，法律出版社2014年版，第181页。

不断发生。在很长一段时间，政法机关的涉法信访总量中，70% 源于法院的涉诉信访，检察机关占 2%，公安机关占 28%。从最高人民法院近几年工作报告看，2011 年全国地方各级法院受理案件 1220.4 万件，接待群众信访 79 万次，总体趋势信访减少，而其中绝大多数信访均属有合理诉求的正常信访，无理缠讼的非正常信访总体比占不高，但化解难度较大。信访是公民的宪法性权利，但由于涉诉信访缺乏终结处理机制，法院有时不得不妥协。为此，2010 年 12 月 1 日，最高人民法院出台了《人民法院涉诉信访案件终结办法》，对此作出规定，凡终结的案件不再重复办理，当地法院应协助新的责任单位做好稳定和化解工作，规范信访行为。

H 县人民法院重视信访工作：

> 加强信访工作，改善群众来访接待环境，最大限度地为群众提供方便。从提高办案质量、抓好初信初访入手，加强信访法规宣传教育，在"事要解决、息诉罢访"上下功夫，从源头上减少信访，将矛盾化解在基层。

L 州检察机关为强化和规范信访工作顺利开展，维护社会稳定，确定信访工作领导挂帅，各下属检察院均成立信访工作领导小组，院党组书记、检察长亲自担任信访工作领导小组组长，信访工作形成全院一盘棋，保证了此项工作质量和工作水平：

> 严格执行《人民检察院信访工作规定》。坚持首办责任制，做到按时办结信访事项，及时答复信访人。实行专人接待，并向社会公布通信地址、举报网址、举报电话、接待时间和地点等相关事

项，为群众提供方便和提高信访效率。坚持带案下访工作制度，保证工作落实。特别针对疑难案件，实行带案下访制度，是及时解决案件的重要保证。实行检察长接待日和阅批重要来信制度，加强疑难案件解决力度。

人民陪审员制度不仅体现了人民主权和司法民主，事实上陪审员的工作也搭建起了公众判意或相关司法个案的民意进入法庭参与塑造审判过程和裁决结果的平台。陪审员参与司法活动，拉近了司法与民众的距离，将社会情绪或价值观融入个案处置中，对司法公信力或法律权威有正面提升功效。当然，这一效果的质量与人民陪审员选任制度有关，要确保“人民陪审员在身份层面上的市民性和社会层面上的广泛性”。① 人大代表和政协委员由于其表达的意见有广泛的社会基础和群众基础，加之其较强的搜集、归纳、提炼和表达民意能力，其所表达的民意对司法活动查清事实，公正处理案件有重要帮助。H 县人民法院坚持扩大司法民主，实行人民陪审员参与案件审理制度，认真做好人民陪审员选任、培训和管理工作，建立人民陪审员档案，扩大陪审员对法院工作的参与面和陪审员选任的覆盖面，拓展人民陪审员职能，让民众真正参与司法，充分体现司法民主，近年选任人民陪审员数十名，每年陪审员参与审理案件超过 100 件。2015 年普通程序审理案件 178 件，陪审员参审 177 件，参审率达 99.44%。

大力推进司法公开。加强审判流程公开、裁判文书公开、执行信息公开三大平台建设，全面推进立案、庭审、执行、听证、文书、审务公开；推行生效裁判文书上网工作，充分发挥裁判文书宣传法律知识、规

① 《吴中模式的三个支点》，《人民法院报》2010 年 5 月 16 日。

范公众行为、树立正确导向的功能，同时提高法官的业务素质和司法水平；运用网络、微博等平台及时向社会发布、公开审判执行信息，方便群众通过新媒体了解法院工作。还实施巡回调解，就地化解矛盾纠纷。B 县人民法院重视让司法接受群众监督：

> 始终秉持监督就是支持、监督就是爱护的工作理念。自觉将法院的工作置于党的领导和人大、政协监督之下，加大与“两代表一委员”及社会各界的联系，认真听取人民群众的意见和建议。对涉及全县社会稳定、经济发展、关乎民生的重大疑难复杂案件及时向党委、人大、政府请示报告。通过设置意见箱、官网、微博，公开举报电话、网站等多种途径，满足人民群众对司法审判的知情权、监督权。加强民意沟通，正确对待新闻媒体、社会舆论、网络舆情对法院工作的评价，自觉接受社会各界的监督。

H 县人民法院也着力法院文化建设。2010 年 8 月 5 日，最高人民法院出台《关于进一步加强人民法院文化建设的意见》，作出了建设法院的部署。“法院文化主要指以法官为主体的法院以及法院中审判辅助人员围绕着法律而产生的对法院各项活动的看法、态度、评价、信仰、价值、思维习惯等的观念形态所构成的心态结构，同时还包括法院的整体氛围和一定的司法行为模式所呈现出来的象征性标志。”法院所具有的文化特征会促使法官养成一种习性，积累某种知识，进而形成一种司法传统和风格。① 最高法院将之明确为“人民法院在长期审判实践和管理活动中逐步形成的共同的价值观念、行为方式、制度规范以及相关物质

① 吕芳：《法院文化核心要素研究——以法院文化为背景的考察》，《人民司法》2008 年第 13 期。

表现的总称，是中国特色社会主义先进文化的重要组成部分，是社会主义法治文化的重要内容”。① 一般认为法院文化可从精神文化、制度文化、行为文化、物质文化四个维度考察。② 西部民族地区司法机关普遍重视文化建设，不仅领导关注，还为此投入了人力和物力。H 县人民法院在法院文化建设方面，大力加强法院文化阵地建设，精心打造反映法院形象、法官风貌的文化专栏，营造特色鲜明的法院文化氛围，着力弘扬社会主义法治文化和法院文化。一方面是注重提高干警的言行文化修养，另一方面在法院公共空间打造文化活动设施，展示文化成果，营造文明优雅的法院公共文化气质，提升社会公众对司法机关文明公正的形象认知和信心。B 县人民法院也重视加强法院文化建设：

> 践行“文化育院”建院方针，以文化活动为载体，大兴调研宣传之风，营造奋发向上的工作氛围。全年，我院撰写、报送简报 89 期、论文 8 篇、案例分析 2 篇、调研文章 10 篇，提出法院工作思路 3 条，发布法院内外网信息 80 多条，县电视台新闻报道 16 次。信息宣传工作排名全州法院第一。组织开展“转变作风、司法为民”演讲比赛，积极参与慰问退休老干部、女干警健康辅导讲座、庆“五一”职工运动会、全县义务植树等活动，丰富和活跃了干警的文化生活，进一步增强了队伍的凝聚力和战斗力。

四、基层司法机关的物质保障和技术支撑

民族地区基层司法能力建设离不开物质技术支撑。H 县人民法院在

---

① 江必新:《彰显法院文化，弘扬法治精神》,《法制日报》2006 年 5 月 25 日。

② 刘斌:《论人民法院文化体系的建构》,《中国政法大学学报》2010 年第 4 期。

这方面获得了法院系统和地方党政的人力支持。H县是一个人口23万，面积1731.63平方千米，山地面积占99.3%，地方财政收入不过3亿元人民币的山区经济小县。该县为改善法院办公条件，建设了新的法院办公大楼。在西部民族地区，近年来司法机关的办公条件普遍大大改善，H县法院庄重大气的新办公楼是西部民族地区司法机关受到各方重视物质保障条件优化的缩影，也象征基层社会法治环境的改进。①

改革开放后很长时期，法院的经费主要由三部分组成：一是同级财政的经费指标；二是中央和省级政法转移支付资金；三是法院自身收入的诉讼费、罚没款返还作为经费的补充。不过，自2009年政法经费保障体制改革以后，随着深化“收支两条线”管理规定，开始实行收支脱钩，法院诉讼费、罚没款收入全部上缴国库，制度上法院不再有此类经费来源。从现状来看，人民法院的经费支出通过编制年度部门预算，由财政拨款予以保障。这些经费保障了基层司法机关基础设施和物质装备的建设、日常活动正常运行、职能活动的开展、司法为民举措的落实、便民设施的完善。

近几年，H县人民法院在编人员经费及办公、业务经费得到了较好保障。除了法院新办公大楼建设项目完成主体工程、室外附属工程、绿化和亮化工程、室内装修和弱电工程施工等工程外，还投资人民币100余万元改建一个下属人民法庭。此外，H县人民法院“智慧法院”信息化建设力度较大。为加强信息化在审判执行工作、司法公开和司法管理中的应用，推进审判体系和审判能力现代化，确保审判执行工作公开、公平、公正、高效，在上级法院的大力支持下，不断加强信息化建

① 这是西部民族地区司法机关办公条件极大改善的例证，B县人民法院2016年的报告中称：“通过国家投资和自筹资金，总投资2400余万元，一座面积达7020平方米、全省一流的藏区综合性审判大楼将于年底建成，进一步满足我县农牧民群众日益多元化的司法需求。”

设，加大资金投入力度，继续深入推进司法公开三大平台建设，努力提升信息化应用水平。H县人民法院强化信息技术在审判、执行、信访等工作中的应用，投资数十万元建成法院四级专网、视频会议系统和州第一个数字法庭。建设启用政务服务系统、新办公自动化系统，升级审判综合信息管理系统、审务通系统，使审判流程管理、公文流转、人事管理、即时信息传递、安全管理等基本实现网络信息化，部门间交流更加高效便捷，基本实现无纸化办公。还建设运用远程通信、远程开庭设备，启用电子签章系统，实现远程电子签章。投资建成远程视频提讯室1个、科技法庭3个。建成运行内网安全管理系统，进一步保障了网络安全。① 还投资人民币数十万元购置和更新办公设备，投资安装院机关安全监控系统、审判法庭安检门、庭审安全储物柜，保障机关办公和庭审安全。购置档案密集架，档案管理更加完善，被省档案局评为“五星级”档案室。

H县人民法院在经费使用方面，遵守着国家各级各部门的财经法规和法院系统财务管理规章制度。法院收入主要是财政拨款，支出审批程序严格，由各部门分管领导签字核准、财务分管领导审核、院长审批，严格执行“一支笔”审批制度。固定资产采购，大额资金支出等重大事项都通过行政班子全体会议通过，经费收支全部纳入院财务室统一核算。法院设立了专门的固定资产管理人员。在购置固定资产时，严格按照政府采购程序进行采购，建立健全资产的购置、验收、保管等内部程序，建立法院固定资产管理台账。会计对固定资产的购置、领用、处置、报废等凭证如实记账。法院收费管理情况严格执行收费管理制度，

① 西部民族地区司法机关信息化建设正在提速，大多数县级人民法院大体建设完成了局域网、监控系统、高清视频会议系统、远程视频接访系统、远程视频讯问室、法院综合信息管理系统、数字审委会系统、标准数字化法庭、庭审直播系统、庭审同声翻译系统、执行指挥中心平等一系列信息网络工程。

公开收费项目和收费标准，把收费项目、收费标准在收费室上墙。收费使用财政部门统一印制的收费票据，纳入财务室统一核算。涉案款物的管理情况涉案款物接收都有财政部门监制的收据、法院裁判文书以及物资清单，并有承办人、保管人和分管领导签字，涉案款纳入财务室同一收付，涉案物资由办公室统一移交同级财政部门处置。业务装备全部实行政府采购。按照预算和保障标准，装备资金全额下达到法院。根据业务需要决定装备采购项目，实行先申报，再批复，最后政府采购。自 2010 年之后共配置装备 137 组（件），价值 202.12 万元。这些规范和制度有利于基层司法机关物质技术支撑建设的有序推进，不断增强对西部民族地区乡土司法能力的信心。①

西部民族地区基层司法机关组织人事、政治思想、工作制度和物质技术支撑等司法能力建设方面，任务繁重，措施明确，也有一些成效。在组织建设方面，司法队伍的正规化专业化和职业化建设任重道远。与人民群众不断增长的诉讼服务需求和受理案件数量相比，司法机关尤其是基层法院的人员配备明显不太相称。积极的现象是，面对此局面，基层司法机关选择了追随不断升级的要求，强化现有队伍人员的政治素质和业务能力，充分开发既有司法干警的司法能力，以将中国基层司法品质维持在一个较高的水平上。西部民族地区基层司法机关始终把队伍

---

① 西部藏区一基层人民法院 2015 年报告称："五年来，在上级法院的大力支持下，我院不断加强信息化建设，加大资金投入力度，继续深入推进司法公开三大平台建设，努力提升信息化应用水平，加强信息化在审判执行工作、司法公开和司法管理中的应用，推进审判体系和审判能力现代化，确保审判执行工作公开、公平、公正、高效。五年来相继建设完成了局域网、监控系统、高清视频会议系统、远程视频接访系统、远程视频讯问室、法院综合信息管理系统、数字审委会系统、标准数字化法庭、庭审直播系统、庭审同声翻译系统、执行指挥中心平台系统等一系列信息网络工程，为信息化建设奠定了坚实的基础，促进了司法公开，提高了工作效率。"

建设作为一项重要工作来抓，将司法队伍的政治建设置于司法工作的核心，始终坚持党对司法工作的领导，坚决贯彻执行党的路线方针政策，主动向党委汇报司法机关工作情况。在工作制度建设方面，基层司法机关依据自身使命、禀赋条件，在诉讼管理、方便人民群众诉讼、涉诉信访、健全多元化纠纷解决机制、扩大司法民主、完善监督机制、机关文化等方面作了持续努力和优化。民族地区基层司法能力建设离不开物质技术支撑。从西部民族地区司法机关现状看，司法机关在编人员经费及办公、业务经费等获得了财政拨款予以保障。

第四章　西部地区的乡土巡回司法[①]

近几年来，在“能动司法”旗号下，中国基层司法机关以服务乡土社会为目标的大规模乡土巡回司法活动再度兴起[②]，西部地区乡土司法机关非常重视这一极具人民司法特色的制度建设和实践，巡回司法开展相当普遍，每一县级人民法院都配备了巡回司法车辆和相关装备，有的有较稳定的巡回司法团队，有的人民法院设立了如旅游法庭等专门巡回法庭进行巡回司法工作。从黄土高原的村庄到哀牢山寨子，从大凉山崎岖的山路到青藏牧区辽阔的草原，都可能看到印有人民法院标识的巡回司法车辆行驶在巡回司法的路上；在中国西部地区乡村的坝子上，在刚收割了庄稼的田间地头，在乡村学校的操场上，在村民的窑洞里，都可能看到巡回司法开庭。西部民族地区 C 县人民法院设立了专门巡回审判法庭以稳定的巡回司法团队常年进行巡回司法活动，形成了颇具特色的 C 县巡回司法“便民司法经验”，代表着西部地区巡回司法实践的新经

① 本章部分内容已以《中国式能动司法的关键拼图——以云南祥云“便民司法经验”为中心的分析》为题发表在《西南民族大学学报（哲学社会科学版）》2017 年第 1 期。

② 本章所讨论的服务乡土社会的乡土巡回法庭，不同于最高法院依据 2014 年 10 月十八届四中全会而建立的巡回法庭，两者的制度逻辑、功能均不同。

验。本章将在呈现C县巡回司法“便民司法经验”实践活动基础上，澄清乡土巡回司法的制度定位及设计原理，分析这一制度的基本功能，为乡土巡回司法活动的合法性建立一个解释框架，以方便人们对这一制度运行尤其是在西部地区乡土巡回司法活动实践现状的了解。

一、C县巡回法庭“便民司法经验”

2016年7月22日上午，C县人民法院巡回法庭在其辖区内一个小学操场上进行了巡回开庭，审理一件邻居间轻微伤害赔偿案件。此案原告是一名农村的中年女性，因琐事与邻居发生矛盾，在有身体接触的冲突中，被邻居兄妹多人非法侵害至身体轻微伤住院治疗，产生医疗、误工等损失，原告诉请法院判处被告赔偿其医疗、误工等费用人民币一万余元。双方都聘请了律师代理诉讼。当事人亲属、乡邻、当地群众以及专程观摩庭审的高校法学院校教师、C县当地媒体、协助审判工作的相关乡村干部、上级法院领导等近百人旁听了庭审。此案经将近三小时法庭调查、举证质证、法庭辩论、观看法制微电影、法庭组织的调解，当事人未能协商一致，法庭宣布休庭，择日宣判。除了正式开庭前原告老母亲数次试图冲进庭审警戒区被法警礼貌制止小插曲外，整个庭审程序规范、过程流畅，审判结果正常。没有意外，也没有奇迹。

一个平常的日子，一件平常的案件，一场平常的开庭。

然而，这场庭审却有不平常之处。与通常在法院审判法庭案件开庭最重要的区别是一个并不引人注意的细节：审判空间置换了，法庭将审判场所从法院转移到其辖区内一个小学操场上。庭审的形式变了，而形式是可以有独立价值的，不仅如此，庭审形式的改变，可能意味着相关司法理念、制度逻辑、价值取向、庭审组织、司法资源、审判功能和司法效果的改变。C县人民法院巡回法庭这场庭审所代表的司法工作模式，因司法机关主动承担当事人部分诉讼成本的转移、质朴本色的人民司法群众路线工作理念和方式、司法权外的权力资源和社会资源的投入等制度特性而区别于普通庭审，代表的是构成中国式能动司法的一项重要制度实践，象征着人民司法群众路线光荣传统在乡土巡回司法制度实践活动中得到保存和延续。

为了方便群众诉讼，减轻当事人诉累，增强司法能动性，及时有效化解各类矛盾纠纷，C县法院于2010年12月成立了专门的巡回法庭，使之成为一个专门进行巡回审判的独立机构。巡回法庭在全省基层法院系统率先引进巡回审判车，为巡回办案、宣传法制和送法下乡提供了便利。巡回审判车根据巡回审判的需要设计而成，车内设有审判员席、书记员席、原告、被告席，配有笔记本电脑、打印机等办公设施，实现电脑记录，当庭调解的案件可以当场制作、送达调解书。配置移动数字法庭系统、摄像机，实行同步录音录像及实时监控。巡回审判车成为移动的科技法庭，实现了诉讼服务和法制宣传功能的集合，可深入田间地头、偏远山区开展巡回审判工作。此外，为进一步方便巡回审判，传播法律声音，巡回法庭还配备户外LED显示屏、话筒、音箱、便携式桌椅、折叠帐篷等，可以在户外帐篷内开庭，可以将庭审实况通过LED显示屏播放，可以用LED显示屏播放法制宣传微电影。C县巡回法庭设计了巡回法庭的Logo，四个颜色的半圆绕着代表法院的天平循环，取意“巡回”，从内向外四个颜色，黄色代表大地、绿色代表田野、蓝色代表天空、红色代表太阳，整个图案寓意“巡回法官的足迹遍布彩云大地，公平正义的光芒照亮田间地头”。巡回法庭配置了便携式桌椅、笔记本电脑和LED显示器等，设备上都有巡回法庭标识和法院官方微博二维码，成为法院文化符号。

巡回法庭成立后，即着手“健全各项制度、规范审判流程、配强硬件设施、增强文化内核、创新管理模式、健全十项机制，形成了系统规范的审判模式”。经过持续的精心设计与建设，形成了理念明确、组织稳定、机制完整、运行顺畅的C县巡回法庭“便民司法经验”。

时任C县人民法院院长张宁解释了巡回法庭的设计原理，称其为“结合县情、地域特点、经济现实、人民司法需求而产生的一种审判方式”，巡回法庭的职能是“最大限度地方便人民诉讼，减轻当事人诉累，增强司法的能动性、主动性和服务性，及时有效地化解各类矛盾纠纷，让司法接地气、解民忧、惠民生，为人民群众提供优质高效的司法服务”。其制度设计基本逻辑是“把方便快捷留给群众，把艰难困苦留给法院”，“让公正更加高效”，“提升司法公信力和人民群众对司法的满意度”。

C县人民法院巡回法庭负责办理米甸镇、禾甸镇、普溯镇、东山乡的民商事案件，沙龙镇、祥城镇的部分民商事案件，辖区共有77个村委会（社区）。巡回法庭审理的主要是婚姻、家庭和继承纠纷、轻微伤害引起的权利义务较为明确的损害赔偿纠纷、相邻纠纷、健康权纠纷等。C县巡回法庭运用“田间”“帐篷”“车载”“农家小院”等方式送法上门。

为实现“巡回审判有特色、任务指标有突破、整体工作上档次”，C县巡回法庭成立后，组建了固定审判团队，配备干警8人。巡回法庭选配思想政治坚定、审判经验丰富、工作能力出色、工作技巧熟练、生活阅历丰富、熟悉C县县情、善做民众工作、有娴熟群众工作方法、技巧和足够经验的优秀法官。这些法官“既懂法律知识又兼具人情世故；既懂法言法语，又擅长辨法析理，在情理法的交融中，能够理清思路、明辨是非，用亲民行为、语言，赢得群众信赖，展示法院及法官形象”。①

> 巡回法庭以4名党性强、审判经验丰富、善于做群众工作，能团结干事，有吃苦耐劳精神的审判员为中心开展工作，并配置书记员、法警、专职驾驶员。在巡回法庭成立党支部，以党建带队建，以队建促审判，为巡回审判打下坚实的组织基础，巡回法庭的战斗力、凝聚力不断得到增强。通过加强思想政治教育，着重引导干警摆正两个关系：一是摆正审判工作与为人民服务的关系。要求干警忠于职守，行使好人民赋予的审判权，全心全意为人民服务，决不以权谋私，凌驾于人民群众之上。二是摆正个人利益和人民利益的关系，要求干警通过审判活动切实维护人民群众的合法权益，维护法律的尊严，为人民掌好权、用好权，争做“群众学习的一面旗帜，群众对照的一面镜子，凝聚群众的一块磁铁”。

C县巡回法庭重视巡回司法制度建设，实现制度管人、管事、管案。为此，制定了巡回法庭工作制度，确定巡回法庭工作的指导思想是“认真落实司法便民、利民措施，方便人民群众诉讼，切实保护当事人和人民群众的合法权益”。同时该工作制度规定了巡回法庭的工作职责、工作方式及业务范围，要求法官定期或按预约到巡回审判点办理预约收案、开庭、调解、执行等事项，接受群众法律咨询，宣传法律，努力做到“法官多往乡下跑，群众少往法院跑”。巡回法庭工作制度还明确规定了巡回法庭延伸工作职能是依托乡镇司法所、基层人民调解委员会等组织，建立调解联动机制和诉讼联络员机制，充分调动乡镇司法工作人

① 所引用C县人民法院巡回法庭材料来源于C县人民法院2017年编：《司法为民情洒阡陌——C县人民法院巡回法庭工作纪实》，文中此类引用不再另注。

员、村组干部参与案件调解、执行的积极性，加大纠纷化解力度。

C县法院在巡回审判过程中，积累和总结了十项工作机制。①2015年4月14日，C县法院所属中级人民法院鲍院长到C县法院调研，提出巡回法庭工作要实现“五个结合”，提升巡回审判工作质效，进一步明确了巡回审判的制度定位及工作思路。②

巡回法庭的基本职能是巡回审判，送法下乡。巡回审判车没有引进之前，C县法院巡回法庭的案件一般都选择在镇司法所或者一些有自动化办公设备的村委会开庭审理，一些行动不便的当事人还得想办法到镇上、村上参加诉讼，便民利民工作做得还不够到位。引进巡回审判车后，一方面更加坚定大力开展巡回审判工作，深入践行司法为民宗旨意识的信心和决心；另一方面进一步扩大宣传效果，让社会各界更加理解和支持法院工作。

2014年年初，巡回审判车开进了C县人民法院，正式成为巡回法庭的一员，成为巡回法庭干警巡回办案、宣传法制和送法下乡的好搭档。此后，巡回审判车开始陪伴巡回法庭走进了C县人民法院辖区村落，甚至开进了大山深处。

> 2014年1月9日，巡回法庭受理了一件普通的离婚案件，得知被告被开水烫伤，无法到法院应诉，法官决定亲自到被告家送达

---

① 包括巡回审理工作机制、片区法官工作机制、聘任诉讼联络员、法律服务日工作机制、庭前辅导工作机制、法官寄语工作机制、案后评议工作机制、远程视频开庭工作机制、预约立案工作机制、案件回访工作机制。

② 一是将巡回审判与司法便民、利民的工作理念充分结合。二是将巡回审判与法院同基层组织的联系充分结合。三是将巡回下乡办案与巡回法官同群众之间的对接、协调充分结合。会讲群众的故事，能做群众的工作。在充分的沟通交流中发现本真，相互影响、相互启发，让群众对法官的看法从认知上升为认同。四是将巡回审判与法治宣传工作充分结合。五是将巡回审判与信息化建设充分结合。

并调查了解情况。被告户籍所在地米甸镇插朗哨村委会位于C县与大姚县的交界，而他居住的世白么村则是插朗哨村委会所属的一个偏僻、落后的自然村，距村委会还有十多里山路。村妇女主任得知法官要亲自到世白么村找当事人，显得既震惊又感激，震惊的是法官为了这么一个小事情跑这么远；感激的是法官为了方便群众，亲自登门调查案情。妇女主任丢下手中的工作，当起了法官的向导，巡回审判车载着一行人向着大山深处的村庄驶去。虽然之前妇女主任已经给大家打了预防针："进世白么村的路很难走，坡陡、路窄。"但当车子在狭窄的山路上艰难行驶时，大家还是感到心惊胆战，有同事甚至一路惊呼不断。因为那不过是一条人工开凿的土路，路的一侧是深不见底的山箐，另一侧是陡峭的山墙，路的宽度刚好能容纳巡回审判车，碰到急弯，车子还得挂个倒挡。当地村民的交通工具主要以骡子、马为主，一路前行都没碰到对向来车，否则不知如何是好。巡回审判车沿着蜿蜒的山路向山上爬行，山脚下在祥姚公路上跑着的车辆都好像蚂蚁一样大小。不知道转了多少个弯，车子终于在一个小小的停车坪前停下来，一个依山而建的小村庄出现在大家的眼前。被告家在村子的最里头，大家还得继续攀爬，大约十多分钟，法官们终于来到了被告家中。被告的双脚的确被开水烫伤，并且已经化脓。经过一番了解，案情逐渐明晰：因为感情不和，原、被告已经分居多年，夫妻关系已经名存实亡。因为被告的伤情十分严重，即使再过十天半月都无法下山参加庭审，法官决定将现在居住在本村娘家的原告通知过来进行庭前调解。经过调解，原、被告就离婚达成了一致意见，法官利用巡回审判车携带的设备当场制作了调解书，当事人足不出户就解决了一场纠纷。

巡回法庭送法上门有时也的确方便查清案件事实，作出合理司法决定。

虽然做了一回被告，但米甸克昌村的李某明依然打心眼里感谢巡回法庭的法官。2011 年 1 月，李某明在自家老宅上拆旧建新时，石脚整体向外移了一部分，占用了部分巷道面积，使巷道变窄许多，影响了邻居的通行。镇村组干部多次进行协调处理，李某明就是不承认自己多占面积："我没有多占，再说我都已经立柱漂梁了，如果拆了，我的损失哪个负责？"邻居无奈只有提起诉讼。经过现场勘查，承办法官发现已经有足够的证据证实被告确实侵占了巷道面积，侵权行为是存在的，超出的部分依法应当拆除。但是，如果强拆，将给被告造成巨大的经济损失。被告已年过七旬，属于村里的贫困户，这次建房是购买旧木料建起的，即便如此，被告一家为了建房也几乎是倾其所有。到底要寻求一个怎样的平衡点，既能保障原告方的通行不受阻碍，又能减少被告的损失呢？通过测量，法官又发现被告所占的巷道东头已能满足群众通行，只是西头较窄一些，仅一米多，而西头巷道口恰巧有一个约 11 平方米的猪圈，法官就想能否找到猪圈的主人，帮助当事人协商归并一下，把猪圈拆除后拓宽巷道，这样原告的通行问题解决了，被告也不用拆石脚拆房子了。在法官的帮助下，被告与第三方达成了猪圈归并协议，通行问题得到圆满解决，原告也撤回起诉。当天同场参与调解的村干部由衷地说："感谢你们周末来帮助解决纠纷，这件事我们已经调解过好几次了都没有结果，你们真有办法，现在这个处理结果是最好的了。"

当然，乡土巡回司法的功能不只是方便群众诉讼或方便查清案件事实以利办案，这种走进群众的工作方式构成了当事人和法官关系的新维度，在现代性司法逻辑中产生出极为稀缺的资源，即法官对当事人的深刻情感以及基于这种情感而在案结事了中为世俗生活增添一点人性温度，在C县人民法院巡回法庭的工作中，这极平常：

> 3月27日，C县法院巡回法庭的法官们将审理一件离婚纠纷案件。一路上，道路弯转崎岖、尘土飞天，但最复杂的却是法官们的心情。原来在本案受理后，法官们即到被告家中，想进一步了解案情。可是，被告却始终目光呆滞，缄默不语。通过外围了解才知晓，被告曾在宾川鸡足山出家修行多年，后还俗结婚，得知丈夫要起诉离婚，她倍受打击，人也变得沉默了。面对这样的一个“特殊人”，急于求成显然不是明智的做法，法官们只能告辞，决定择期再调解。可是，随后几次的交流，依然陷入僵局，被告仍旧一言不发。抱着“让坚冰都融化”的耐心与决心，巡回法庭的法官们决定到被告家开庭审理。因为有了几次的接触，被告对法官们已经不陌生了，当天，她居然主动跟法官微笑了一下。一个浅浅的微笑，顿时燃起法官调解的信心。承办法官王向宝并没有马上进入正题，而是循序渐进，从生活小事谈起。随着交谈的深入，被告慢慢敞开心扉，话也多起来了。看到调解渐入佳境，法官把等候在门外的原告喊进来。双方一见面，各种相互数落、指责接踵而来，眼见冲突马上要激化，承办法官立即停止庭前调解，决定开庭审理。就在被告家院子里，一张茶几、几把木凳，组成了一个简易法庭。庭审并没有严格按照法律规定的程序按部就班进行，承办法官跟被告谈起佛学，法官和当事人聊得越来越投机，随行的法官们也纷纷加入到这

“佛学研究”中来。就这样，五个小时过去了，原、被告终于达成协议，被告同意解除这段名存实亡的婚姻，原告也同意给予被告一定的经济帮助，并当场履行。随后，法官还主动陪同被告到原告家中进行财产分割。就这样，凭借着强烈的司法良知、精湛的专业知识、丰富的审判经验、宽广的社会知识，巡回法庭的法官不仅解决了当事人的纷争，还赢得了群众的尊重与信赖。

当然，巡回法庭的干警以对司法正义的忠诚，带着对群众的深厚感情工作，过程艰辛，结果未必理想，有时虽有所获，也只能算是“惨胜”，这篇法官手记可以印证：

昨天下午刚上班，巡回法庭的向宝和龚师急匆匆地赶到我办公室，说有件离婚案件的当事人起了争执，男方要求女方返还巨额彩礼钱，女方坚持分文不还。并且，案子出现新情况，男方的起诉应当驳回。男方手持钢管守在大门外，声称不能解决问题，女方不还钱就要把女方家人打翻。现在女方家人已经被妥善安排在巡回法庭办公室，并已请求110出警援助。原来，作为家里长子嫡孙的杨某过了适婚年龄却迟迟没能找到对象，父母很是焦急。通过一番努力，终于找到了家住怒江州福贡县的言某。两人年龄相差两岁。于是，在见过几次面后，双方就办理了登记手续。眼看到长子终于可以成家了，杨某的父母感到十分欣慰，拿出多年来省吃俭用的积蓄张罗儿子的婚事，彩礼给得也十分阔绰干脆，前前后后开销的各种费用大概在十万元左右。谁想到，婚礼的鞭炮屑都还没来得及清扫，喜庆的唢呐声还在耳边萦绕，小两口就因为一件婚纱的事情争吵并大打出手，言某在婚礼的第二天就回了娘家，此时离结婚登记仅仅过了三个月，双方相处不超过一百天。言某回娘家后，杨某也没有去叫，双方没有任何的沟通联系。分居一个多月后，杨某向法院起诉。承办法官想尽各种办法，才与被告言某取得联系，言某在电话中表示自己也同意离婚，5月5日到法院领取应诉材料。考虑到被告路途遥远，承办法官决定把原告也通知过来，希望能通过庭前调解的方式解决纠纷，减少双方的往返费用。当天上午，双方当事人到了法院，双方一见面就开始争吵，内容只有一个，就是彩礼钱！争吵中，言某突然提到在分居后不久就发现自己已经怀孕，现在已经做了人流手术。这是一个非常关键的问题，承办法官赶紧落实，言某拿出来一份景洪某医院的B超化验单为证。化验单上载明言某有一2.4×1.0厘米的孕囊。按照法律规定，女方怀孕期间或终止妊娠后半年内，男方不得提起离婚诉讼。承办法官把了解到的情况及法律规定告知双方当事人，欲作出驳回起诉的裁定。原、被告听了以后都很着急，原告方提出自己的"合理"质疑：1. 被告家在福贡，为何跑到千里之外的景洪做B超；2. 被告自称已人工流产，相关证明何在；3. 被告的姐姐在景洪打工，现有孕在身，化验单虽然载有言某的姓名，是否为姐姐冒名顶替。针对原告的质疑，被告也提出自己的"合理"解释：1. 自己曾到景洪与姐姐小住；2. 自己采用的是药物流产，没有住院；3. 姐姐已孕六个月，化验单检测出的孕囊不可能是姐姐的。同时被告也表示，自己与原告已无法共同生活，希望法院尽量考虑一次性解决矛盾。情绪激动异常的原告甚至主观臆断地认为法官与被告勾结，要让他"人财两空"，所以才有了开头惊动"110"的一幕。法律是僵死的条条款款，审判实践中需要法官机智灵活地运用。就拿本案来说，双方的夫妻感情没有建立起来，现在双方都强烈要求解除婚姻关系，我们且不考虑被告是否怀孕也是扑朔迷离，即使真的怀孕流产，如果生搬硬套驳回男方的起诉让其待时限届满后再诉，或让女方又重新起诉，都是增加双方的诉讼成本，浪费了诉讼资源。现在双方争执的就是彩礼应否返还，返还多少的问题，因此，大家一致决定调解。五个小时过去了，双方终于达成协议。从上午到傍晚，从三楼到一楼，从办公室到大院里，从原告的全额返还、被告的坚决不还到达成协议，从双方的剑拔弩张到和平分手，调解工作才得以停歇。法律文书的制作、签收完毕，已然是晚上七点多。整个过程，巡回法庭的干警没有一个缺位，分头、交叉调解疏导，默契的配合如行云流水般，一份责任、一种精神、一片诚心，最终换得了矛盾纠纷的妥善化解。

C县人民法院巡回法庭的工作除了巡回审理案件，法制宣传也是其职能之一，巡回法庭对此工作倾注了巨大热情。为提升庭审效果，巡回法庭在庭审过程中把案件分为父子、夫妻、邻里、朋友、诚信篇章，选择历史上家喻户晓、广为传颂的故事和现实社会真实案例，自编、自导、自演了巡回法庭审判实务微电影，“以故事演绎的方式，视觉的冲击，音乐的回荡深化当事人对法律规则的理解”，平息因参与诉讼活动带来的紧张情绪，从而可以更理性地预判案件，为诉讼的最终解决准备了情绪和知识条件。

上午9点不到，村民就三五成群来到村委会，等待法官的到来。9点，县法院巡回法庭的法官准时到达预定场所。定位、搭帐篷、支LED屏、调试设备……所有工作都有条不紊地进行着。很快，活动场地布置完毕，帐篷下已坐满了闻讯赶来的村民。巡回法庭庭长李永恩向大家介绍法官此行的目的。这时，我们又迎来了两位特殊的观众：大理中院党组书记、院长鲍康，党组成员、政治部主任杨金文。面对上级领导和这么多的群众，主持法治宣传活动的胡诚法官毫不怯场，活动有条不紊地进行，有针对性地播放我院自编自导自演的法治宣传微电影。为使活动更加轻松、有趣，胡诚法官在主持过程中还穿插了与观众的互动，了解大家对微电影中的故事或案例的理解，了解大家在面对类似纠纷矛盾时的解决方式。观众约莫有三十来人，他们时而聚精会神，时而窃窃私语。当看到《父子篇》中未成年的女儿跟男友在光天化日之下卿卿我我，观众一阵叹息；当看到女儿蹑手蹑脚把鼠药倒入父亲水杯之中，观众当中发出几声惊叫……当听完主持人的进一步讲解，大家又是一阵叹息，一阵议论“养女不教父之过”，“要早点教育，人看从小，马看蹄爪，这么大的女娃娃，打她，她更不听啊”。互动过程中，观众争相发言，有位老大爷甚至从后排冲上来抢话筒：“片子里面的教育很深刻，我们学法，就是希望有这种法治宣传教育了，像今天放的这些电影，家庭不团结导致家破人亡，妻离子散。所以说，社会矛盾很多是家庭矛盾引起的，国家要建立法治社会，家庭也要团结和睦，小事不忍就会酿成大祸，忍得一时之气就能免得一辈子的灾害。”发言完毕，现场响起热烈的掌声。法治宣传结束后，庭审开始。虽然场地很简陋，但礼仪、规范却一样都没有少。庄严的国徽悬挂起来，清脆的法槌声也在山村里响起来，法官庭前准备扎实，庭审节奏把握得当。除了常规的开庭，巡回法庭还引入了科技手段，电脑记录不必多说，他们还大胆运用了庭审直播，整个庭审状况通过现场录像，数据传输到LED大屏幕上播放，旁听群众在二三十米开外就可观看法官审案。法庭调解阶段，法官播放了与案件审理有关联的《夫妻篇》，希望当事人能从中吸取教训，妥善处理纠纷。这样的法治宣传活动自巡回法庭成立起就陆续在开展，开展的形式也在不断创新。他们从一开始到集市发放诉讼宣传材料，到通知同类纠纷的当事人集中进行庭审宣教、集中学习，再到现在用微电影这种全新的方式来生动地展示：从一开始单一的说教，到后来的以案说法，再到现在的图文并茂。法治宣传的目的，是希望老百姓能通过学法、懂法，成为守法公民，产生矛盾能相互体谅、冷静思考，遇到纠纷能从合法渠道进行解决，把矛盾纠纷化解在萌芽，解决在基层。目前，巡回法庭已先后在米甸、普棚、东山、禾甸、下庄、鹿鸣、云南驿、祥城等乡镇开展过类似的活动。

C县巡回法庭的巡回审判实践运行顺畅，取得了预期实效，也获得了社会的认同与支持。巡回法庭的法官对此深有感触，写下了“心中有百姓，百姓能感知”的心路笔记。

早上八点不到，我跟巡回法庭的其他三名同事就驱车前往我县鹿鸣乡办案，此次主要是送达三件离婚案件，其中两件案件的被告是弥长村两个自然村的群众，原告在起诉时没有提供可供联系的电话号码，山区的自然村之间有的相差几里甚至十几里的山路，为了提高办事效率，昨天我就跟村上取得联系，请村干部帮忙通知两位被告第二天早上十点到村委会等我们。接电话的是一名姓李的男子（后来我才知道他就是村主任），知道我们的来电意图后，他很爽快地答应一定帮忙找到两名被告。汽车在山路上行驶，走了约一个小时，到了一个叫大坡的地方，车子突然停了下来。我抬头一看，前面停了很多重型汽车，车上装满了黑漆漆的沥青，远处不时传来机器的轰鸣声。走下去一问，才知道原来正在铺垫柏油路面，现在正在铺垫的地方离我们还有三四公里。此时，铺垫沥青的器械已经把整个路面都占据了，我们根本过不去，唯一的办法就是找个稍微宽敞的地方，把车停放好，等铺路的器械过去以后我们的汽车才能行驶。很不走运的是，我们现在所处的地方山高坡陡路窄，要想找一个宽点的地方实在太难了，车子往回开了两三公里，我们终于找到一个小土堆，驾车的李哥用了高超的车技把车倒了上去。铺路工人告诉我们，铺到我们停车的地方估计还要三个多小时，那么接下来的事情就是等待了。此时，我们才发现这里居然没有手机信号，无法与村上取得联系，也不知道他们有没有帮我们找到当事人。但不管怎么说，既然已经确定好今天下来送达，我们就不能中途折回去。3月，正是山花烂漫的时节。但想到可能已经在村上焦急等待我们的当事人，大家都没有心思去欣赏这份美景。等待的时光是最漫长的，头顶热辣辣的太阳，耳边回荡的是机器的轰鸣和汽车的喇叭声，空气中弥漫的都是沥青恼人的气味……“走走走，在这里等着也不是办法，咱们到山下看看花草，躲躲阴凉。”李哥提议道，于是我们就顺着一条小路来到了山下。也不知过了多久，突然听见山上有人在喊“法官”，我们赶紧折回山上。一个大汗淋漓的中年男子迎来上来：“我是弥长村的村主任，你们要通知的人我们已经叫他们在村上等着了，一直等不到你们，我按照昨天你们给我打电话的号码拨过去，无法接通，我一打听今早这条路在铺柏油，我想你们肯定是被堵在路上了，就出来看看。”是啊！昨天我是用手机给村上打电话的，手机没信号，当然无法接通了。村主任接着说：“我现在联系上一辆车来接你们，不过要委屈几位步行一段路。”于是，李哥安排我们三个跟着村主任先到村上办案，他原地等候，等可以通车了，他把车子再开进去。刚刚铺上的沥青还在翻腾着热气，灼热的地面几乎要把鞋底烧穿，走在前面带路的主任不时回过身来照看我们："再坚持一下，马上就到了。"不一会儿，我们就走到可以通车的地方，一辆白色面包车在那里等候，"几位法官请上车，我骑摩托车在后面跟着"。到了村上，把应诉材料发放给两被告，一看已经快下午一点了。我对主任说："主任，等一会儿我们李庭长过来，咱们一起去鹿鸣街上吃饭，今天真是感谢你了。""不用破费啦，昨天你们打了电话过来，我们就已准备好留你们吃顿饭了，这不，村上值班的几个干部都还在等你们"，主任接着说，"你们巡回法庭下乡办案，把法庭开到我们家门口，方便群众，这是我们山区老百姓福气啊！你看，今天路又不通，还让你们受饿了！"除了感动还是感动！刚参加工作的小史眼圈红了。吃过午饭，我们继续前行，到另外一个村委会送达。李哥语重心长地说："作为法官，你们要记住'心中有百姓，百姓心中就有你'。"有老百姓对我的这份信赖，这份支持，这份期待，我们没有道理不好好干好审判工作，没有道理不妥善解决好群众的纷争，一路上我都在这么想，我想我的同事也是这样想的。

C县巡回法庭的巡回审判灵活机动、亲民便民，变"等案上门"为"巡回立案"，变"坐堂问案"为"送法到村"，将法庭开进村委会、田间地头、厂矿企业甚至开进当事人家中，就地化解纠纷，不断充实拓展巡回审判的内涵和外延。建立巡回审判联系点，聘任诉讼联络员，下派片区法官，开展预约收案、巡回审判，适时案件回访，强化法治宣传。最大限度地方便群众、节约群众诉讼成本，真正做到让司法接地气、解民忧、惠民生，取得了良好的法律效果和社会效果，司法公信力、人民群众对司法工作的满意度不断提升。

据统计，C 县巡回法庭每年受理民商案件 240 余件，巡回率 100%，调解撤诉 80%，服判息诉 99%，占 2013 至 2015 年全院案件的 18%。

看起来这是一个不错的成绩。但如果仔细分析，或许仍低于普遍的预期。通常对巡回司法的肯定源于其较低的司法成本及对个案实效的提升，但实际情况出乎意外。

C 县的便民巡回司法实践中，有大量司法资源的投入。从投入总量看，专门机构的设置、巡回审判团队的配备、片区法官制、聘任诉讼联络员、后勤装备等，需为巡回法庭投入大量优质资源。同时，法院对巡回审判案件的个案投入也大大增加，无论是上门立案、开展法律咨询、法治宣传、案件回访、指导人民调解，还是设立法律服务日、开展庭前辅导、寄送法官寄语、案件回访等，都要消耗司法资源。不可忽略的还有，巡回司法制度运行中，有大量司法权之外各种权力资源和社会资源的投入，例如“维稳”的各类体制内外权力和社会资源。可见，巡回司法更多情况下是一种高成本司法活动。

在当下中国法学语境中，对司法资源属性的认知尚未有理性共识。其实，司法机关履行司法职能也必然受成本法则、总量法则和效益法则制约。首先，司法机关每项工作都要支付成本，都意味着司法资源的消耗，这是成本法则。同时，司法资源也受总量限制，司法机关工作的合理组织及其工作人员能力提升和高强度付出会增加这种资源的供应，但这一增加是有限的。此外，司法资源的配置要受效率法则支配，此项工作资源投入的增加，另外工作资源投入必然减少，为某一特定事项的资源投入须综合全局平衡。

仅以司法资源投入的效率评价 C 县人民法院巡回法庭的工作并不公平，尽管这是一个不可缺席的评判维度。巡回法庭的工作方便了群众，不过法院工作增加了，并没有明显降低司法成本，个案实效的提升的确惊艳，但似乎不算奇迹。美国法院全年受理上亿案件，其中大约只有不到 4% 的案件需法官完成初审并作出判罚，绝大多数案件通过调解和辩诉交易等而终结。[①] 据 2016 年《最高人民法院工作报告》，各级法院以调解方式处理了 498.1 万件案件。而《成都商报》2016 年报道，四川眉山探索诉非衔接多元化纠纷解决机制，在 2014 年以后 7 万多件矛盾纠纷中，95% 的纠纷案例通过诉非衔接得到解决[②]，虽统计口径或稍有偏差，但这一事实还是表明，即便在当下中国基层司法中，C 县巡回法庭优秀的个案实效并不是例外。

不过，C 县巡回法庭在个案实效方面取得的成绩还不是这一实践的主要价值所在。这里或许需要梳理一下 C 县巡回司法的制度逻辑。方便群众，送法上门、服务上门，一切以群众需要为出发点和落脚点，真正做到“法官多往乡下跑，群众少往法院跑”，这是当事人部分诉讼成本的转移问题，实际上是司法成本增加了；“让公正更加高效”，追求当事人服判息讼，强调的是个案实效这一反映司法质量的司法问题；“提升司法公信力和人民群众对司法的满意度”，目的是强化对权力的政治支持，本质是司法社会评价的政治问题。从司法成本与司法质量关系看，二者之间或许并无正相关。司法高成本未必意味着判决更公正，也不会因诉讼成本在当事人和法院之间转移导致个案裁决品质的根本改变。因此，司法的高投入与个案实效并无逻辑上的必然联系，C 县巡回法庭的情况实属正常。不过，对一个有久远传统和丰富实践的特殊司法制度，仅在司法框架内定义并以司法成本和个案实效为核心尺度，对巡回司法

① 张千帆：《如何设计司法》，《比较法研究》2016 年第 1 期。

② 《最高法推产眉山经验诉非衔接成纠纷前台解决》，《成都商报》2016 年 3 月 14 日。

功能进行评价难免有些片面。巡回司法活动中，诉讼成本的转移以及人民司法群众路线的独特工作方式，会形成远远超出个案实效的溢出效应，产生广泛的政治影响。因此，要全面解读巡回司法这一制度的合法性基础，自然应将视线转移到“提升司法公信力和人民群众对司法的满意度”、强化对权力的政治支持这一政治目标上来，在比司法框架内个案实效更广阔的政治平台上观察这种司法实践。巡回司法自身的历史发展似乎也可印证这一立场。

二、巡回司法的历史实践

巡回司法或巡回审判，通常指司法机关或司法官员离开司法机关常驻地，在其辖区内定期或不定期开庭审理案件的活动。中国当代司法制度中的巡回审判主要指人民法院特别是基层人民法庭，为方便群众诉法，根据当地实际情况，深入农村及交通不便等偏远地区，就地立案、就地开庭、当庭调解、当庭结案的一种审理方式。在世界法制史上，普通法系的巡回法官，中国历史上的钦差大臣巡视制度，中国革命史上著名的马锡五审判方式，20 世纪八九十年代中国法律生活中“送法下乡”活动，以及当下能动司法旗号下各类基层巡回审判活动，特别是以服务乡土社会为目标的乡土巡回司法活动，均是巡回司法不同的实践形态。

巡回司法的实践与司法一样古老，其类型样式十分丰富，而制度化的巡回司法可以追溯到英国普通法传统。早在诺曼底征服之前，英国国王就已经从其议会中派遣巡回审判法官。英国亨利一世（1100—1135）时期，国王派出皇家高级司法官员如首席政法官、司法大臣、坎特伯雷大主教等，前往各郡巡回开庭审案，按王室法院程序，就地调查审理案件，扩展国王司法版图，巩固国王统治，奠定了英国普通法的基础。亨利二世承继了这一传统。他改组了这一体制，将英格兰划分成几个巡回区，以便定期地巡回审判。巡回法庭可分为总理巡回法庭、民事巡回法庭、刑事巡回法庭。在1873年《司法法》规定中，巡回法官在普通法和衡平法方面的管辖权有所扩张，拥有高等法院法官的权力。① 英国法制史上，法官的巡回审判推动了普通法的形成和发展。因普通法源自各地的习惯，由巡回法官收集而来，并以判例为表现形式，故法官实际上是在创设法律；巡回审判中判例的适用需要解释，故法官事实上也是在解释法律；法官在巡回审判活动一般还负责普通法的执行。这样，英国的法官巡回审判活动中兼具三种身份：立法者、法律的解释者和法律的执行者。② 可见，普通法传统的巡回司法一开始就不只是追求个案实效的提升，而是被赋予了巩固权力和创新制度的职能。

中国传统社会中，无论从法制史还是政治史来看，尽管有一些与巡回司法类似实践，不过没有像普通法的巡回审判活动一样充分发育。巡回司法真正大规模进入中国社会，影响塑造中国人的法律生活与社会制度，这一历史进程还是在中国共产党领导现代中国革命过程中开启的。

在中国现代法制史上，以服务乡土社会为目标的巡回司法，从延安时代的马锡五审判方式开始，经历了曲折的发展，尽管一直没有真正中断过，但大规模的实践，在21世纪开始至今仍在持续发展的“能动司法”巡回审判活动兴起之前，高潮大体有两次：延安时代的马锡五审判方式与20世纪八九十年代的“送法下乡”。

林伯渠在1944年1月陕甘宁边区委员会第四次会议的《边区政府一年工作总结》中，提出了“马锡五同志的审判方式”概念。1945年

① 何勤华主编：《英国法律发达史》，法律出版社1999年版，第465页。

② 同上书，第25页。

12 月，陕甘宁边区司法工作会议的总结报告将马锡五审判方式归结为三项原则：深入农村调查研究；就地审判不拘形式；经过群众解决问题，即司法工作中的群众路线。① 马锡五审判方式成为中国共产党领导的抗日根据地司法战线一面旗帜，并迅速被陕甘宁边区和其他红色根据地司法机关复制，甚至引起国民党统治区某些人士的兴趣。② 马锡五审判方式的影响远远溢出司法领域，成为红色政权的重要制度符号之一。马锡五审判方式是红色政权重要的社会动员方式，它有效地传播了红色政权的政治理念，塑造了人民政权的全新政治形象，使贫困和被压迫的劳苦大众有了当家作主的自豪感，强化了对革命的认同，巩固了根据地的政治基础，对红色政权的发展和前途产生了正面的影响，有着非常有效的政治权威建设功能。马锡五审判方式的内在精神，至今仍在深刻塑造着中国的司法与政治。

中国现代法制史上的另一次以服务乡土社会为目标的巡回司法高潮，是发生在 20 世纪八九十年代的“送法下乡”运动。这场运动兴起的背景，是“为改革开放服务”“为经济建设保驾护航”的现实需要，也部分是对司法机关“文革”经历的矫正，同时还出于应对“国家权力在中国农村社会的孱弱”，“国家权力试图在其有效权力的边缘地带以司法方式建立和强化自己的权威”③ 的特殊制度安排。这一过程一直持续

---

① 1945 年 1 月 13 日的《解放日报》发表《新民主主义的司法工作》一文，将之总结为：“走出窑洞，到出事地点解决纠纷；深入群众，各方调查研究；坚持原则，掌握政策法令；请有威信的群众做说服解释工作；分析当事人心理，征询其意见，邀集有关人到场评理，共同断案；审案不拘时间地点，不影响群众生产；态度恳切，使双方乐于接受解决等 8 个方面。”1949 年 5 月，马锡五在延安大学与学生交流时总结为：“就地审判，不拘形式，深入调查研究，联系群众解决问题。”见张希坡：《马锡五审判方式》，法律出版社 2013 年版，第 188 页。

② 同上书，第 218 页。

③ 苏力：《送法下乡——中国基层司法制度研究》，北京大学出版社 2011 年版，第 23 页。

到 20 世纪 90 年代中期才明显消退。①“送法下乡”延续了马锡五审判方式的理念与工作方式，拓展了司法服务的社会空间，只是因为实践中对快速社会转型相关知识和制度准备不足，导致对司法公信力的过度消耗，加之 20 世纪 90 年代启动的司法专业化、对抗式庭审等司法改革大趋势，“送法下乡”慢慢退出中国司法的舞台中心。“送法下乡”服务乡土社会的巡回司法活动，激活了因“文革”中断的司法和法制的社会控制工具价值，乡土法官们在穷乡僻壤的忙碌，重建了法律、司法、法院形象，成为此后中国法治国家建设战略确立的重要社会前提之一。

巡回司法的历史表明，服务政治是这一特殊司法制度的核心目标，推动政治制度的发展，是巡回司法的基本功能、制度使命及最重要的合法性根据。

三、“能动司法”旗帜下的巡回审判

21 世纪头十年的后期，受“能动司法”理论影响，在中国法律生活中出现了不少能动司法制度探索典型，尤其以服务乡土社会为目标的乡土巡回司法逐渐活跃起来，一场新的承继马锡五审判方式的升级版“送法下乡”再次回到中国基层司法中。

能动司法本是从美国兴起的一场司法运动。在西方法学语境中，能动司法是对美国法院尤其是联邦最高法院在完结审查过程中所选择的积极制衡立法或行政作为的司法哲学的概称。能动司法认为，法律与政治是不可分或不可完全分开的，法院不可能脱离政治，甚至政治关切是司法决定的核心，主张法官的判决应该促进社会福利，法官应该利用司法

① 苏力:《送法下乡——中国基层司法制度研究》，北京大学出版社 2011 年版，第 25 页。

权能达到他们自己认为对社会有利的效果。[①] 关切政治服务社会的能动司法理念在西方也不是突然崛起。强调司法与政治的关联，与强调司法与政治的分立理论不是一个理论维度，更不是绝对对立的，它们共同构成了西方政治解释。萨拜因指出，在西方早期历史上，司法的功能从来都不只是对个案的处理。从古希腊始，城邦司法活动便是政治生活重要的一部分，陪审制是雅典城邦民主的基本制度之一。而“雅典的法院是整个民主制度的拱顶石”，除了在具体民刑案件上作出司法上的决定，更拥有政治权力，因为在城邦文化中，“法院是以全体人民的名义行事和作出决定的，与公民大会处于同等地位”，因为“陪审团就是全体人民”。[②] 因此，司法关切政治、服务社会也是西方政治史的一部分。不过，在现代西方社会环境中，能动司法偏重的是司法对政治的控制性影响，而非服务政治。

能动司法关切政治理念自然容易得到中国法律界的认同，并被迅速切换成司法服务政治的中国式能动司法。21 世纪初，山东东营法院提出“为大局司法、为人民司法”，并以此指导司法实践，是中国式能动司法的初期尝试。2009 年，时任最高人民法院院长王胜俊提出“发挥审判职能，强化能动司法”，将此范畴正式引入中国法治话语体系。2010 年 5 月 6 日，在江苏盐城召开了“人民法院能动司法论坛”讨论会，就发挥司法的主观能动性，积极主动为大局服务，为经济社会发展服务，有效运用司法服务性、主动性和高效性功能，应对国际金融危机、服务保增长、保民生、保稳定进行了热烈讨论。[③] 会议积极评价了地方司法机

① 刘练军：《司法的冒险：美国宪法审查中的司法能动》，《浙江社会科学》2010 年 4 月。

② 萨拜因：《政治学说史》，盛葵阳，崔妙因译，商务印书馆 1986 年版，第 31 页。

③ 会议由中国法学会审判理论研究会、最高人民法院、中国应用法系研究所、《人民法院报》社、江苏高级人民法院和《光明日报》联合召开，会议新闻可见《新华日报》2010 年 5 月 6 日。

关在此领域已作出的创新探索，确立起“能动司法”在中国司法中广泛实践的合法性。中国式能动司法发展目前有不少成就，基层方面主要有“东营经验”、“陇县模式”、“富县经验”、眉山诉非衔接多元化纠纷解决机制、C县“便民司法经验”等不同的实践形态，其中以服务乡土社会为目标的乡土巡回司法特别引人注目。既有中国式能动司法实践已勾勒出这一制度的基本特征：其核心价值是党的事业至上、人民利益至上、宪法法律至上；深入群众、依靠群众、服务群众这一人民司法群众路线是其工作理念；法律效果、政治效果与社会效果的统一是其基本的制度目标。这一司法制度结合传统中国的政务性司法政治关切文化，中国红色司法的人民利益和群众路线传统，当代中国司法是党的事业的司法性质，借鉴吸收西方法治实践的专业化、规范化司法技艺及注重程序的观念，是人类司法史和法治史的新实践。

“东营经验”在中国能动司法发展中意义特别。2008年9月26日，最高人民法院在山东东营召开全国法院学习宣传“东营经验”现场会推广东营市中级人民法院的先进经验，这次会上，最高人民法院常务副院长沈德咏将东营中院的先进经验概括为“六个始终”：一是始终把“政治建院”作为首要任务，切实把好法院工作的正确政治方向；二是始终把服务大局作为重要使命，努力促进经济社会主义又好又快发展；三是始终把群众满意作为目标追求，努力维护好人民群众权益；四是始终把公平正义作为主要价值追求，努力确保司法公正；五是始终把改革管理作为基本手段，努力增强法院工作的生机与活力；六是始终把队伍建设作为立院之本，为作好工作提供组织保障。① 山东东营中级人民法院院长王少南认为，“东营经验”的核心价值是党的事业至上、人民利益至

① 《最高法要求全国法院开展学习宣传“东营经验”活动》,《人民法院报》2008年9月28日。

上、宪法法律至上。这为确立中国式能动司法的核心价值，人民司法群众路线的工作理念，以及法律效果、政治效果与社会效果的统一基本的制度目标，奠定了思想、理论与政治基础，也为能动司法旗号下多样的升级版“送法下乡”实践建立起政治正确和制度探索空间。

中国式能动司法“陇县模式”为我们提供了一个以服务乡土社会为目标的新型巡回司法样本，它延续和发展了马锡五审判方式和“送法下乡”传统。陇县模式的主要内容是：目标四为民、理念四转变、方式四联动、审理四结合、机制四联动、保障四强化、监督四到位、效果四统一。① 这一“能动主义八四模式”得到了最高人民法院的高度肯定，称赞陇县模式以稳妥有力地化解社会矛盾、恢复社会和谐为目标，把坐堂问案与调查研究相结合，采取灵活多样、因案制宜的审判方式，达到定分止争、案结事了、促进社会和谐，以保障科学发展为目标，是巡回司法新的标杆，决定将其作为司法能动样板向全国推广。陕西富县“群众说事、法官说法”的“富县经验”②、眉山诉非衔接多元化纠纷解决机制等，也在不同角度发展了“陇县模式”乡土巡回司法制度。

C 县人民法院复制、整合升级了“陇县模式”、“富县经验”、眉山诉非衔接多元化纠纷解决机制等巡回司法实践的基本理念、制度与工作机

① “能动主义八四模式”具体内容有：“理念四转变：由真理至上向公平至上转变、由认训理念向实践理念转变、由辨法析理向案结事了转变、由法律智慧向司法智慧转变。方式四联动：上下、左右、内外和心物联动。审理四结合：法院审判与群众路线、司法政策与法律规则、庭外理案与开庭问案、法律认知与社会认可相结合。机制四联动：审理、审执、审立、审管能动。保障四强化：强化法官调查取证、法官主导庭审、法官修复社会关系、法官促进社会稳定和谐。监督四到位：质量考评、法纪监督、道德自律和责任查究到位。效果四统一：法律效果与维护执政地位统一、维护法律权威与促进经济发展统一、法律与人情统一、坚持法律与维护社会稳定统一。”参见杨建军、韩彦云：《陇县法院对能动司法的探索》,《法制与社会》2011 年 10 月。

② 《群众说事、法官说法在富县》,《陕西日报》2015 年 3 月 22 日。

制，在实践中探索创新，打造了C县“便民司法经验”这一巡回司法样式。其独立贡献主要有：设立专门巡回法庭对所辖片区案件全部巡回审理，创新巡回司法组织制度与工作机制；法官下乡排查摸底潜在纠纷，预约立案收案，扩张司法版图，增强司法服务的时效与实效；在庭审中置入法制微电影及法制故事分享环节，优化审判流程与庭审节奏，改善法庭气氛；开展庭前辅导、寄送法官寄语、案后评议等，既传播法律知识和法治理念，又与当事人沟通感情，建设法官与当事人新伦理；设立巡回法庭标识，注重法院文化表达；开展远程视频开庭、微信送达、当场电子签章等，充分利用当代科技升级巡回司法效能等。C县“便民司法经验”巩固和丰富了能动司法的乡土巡回审判实践，是与“陇县模式”、“富县经验”、眉山诉非衔接多元化纠纷解决机制同级别的乡土巡回司法样本之一。乡土巡回司法有区别于普通庭审的制度特性：司法机关主动承担当事人部分诉讼成本的转移，质朴本色的人民司法群众路线工作理念和方式，司法权外的权力资源和社会资源的投入，等等。

巡回司法服务政治，在马锡五审判方式和“送法下乡”的实践中都一定程度上获得了成功，不过，这不一定就能确保这场中国式能动司法旗帜下乡土巡回司法未来的成功，因而，展开其内在机理，将有助于增强坚持这一高成本司法实践的信心。

四、对C县“便民司法经验”的法理分析

C县“便民司法经验”代表的乡土巡回司法实践表明，它们能够承担起中国式能动司法发展赋予它的职责。

从乡土巡回司法性质来看，它是中国法治国家司法制度建设的一部分。中国现代法治国家建设历程，正式开启于1978年党的十一届三中

全会，会议确定了全国改革开放的格局。邓小平在会议上提出为保障人民民主，必须将民主制度化法律化。法制的工具价值受到重视并被正式确认。1996 年，江泽民提出实行依法治国保障国家长治久安，党的十五大正式把依法治国作为党领导人民治理国家的基本方略。1999 年通过的宪法修正案，规定中华人民共和国实行依法治国，建设社会主义法治国家。法治从思想变成文件，最终成为宪法原则。党的十七大报告，坚持依法治国基本方略，树立社会主义法治理念，实现国家各项工作法治化，保障公民合法权益。党的十八大进一步提出全面推进依法治国，加快建设社会主义法治国家。2014 年 10 月，十八届四中全会通过了《中共中央关于全面推进依法治国若干重大问题的决定》。这全面开启了中国法治国家建设进程。中国的法治事业，是人类法治文明的重要组成部分，既能体现文明的共性，也有自身特色。大陆法系是以立法为中心的法治，英美法系是以法官为中心的法治，中国正在建立的是以社会为中心的新型法治。中国式能动司法正是以社会为中心的新型法治的制度建设的一部分，而服务乡土社会的巡回审判制度，则是中国式能动司法的重要制度。

乡土巡回司法承继红色司法内在精神，使中国式能动司法站上了政治道德制高点。与人民群众的血肉联系和深厚感情，是红色政权核心政治资源，也是红色司法的鲜明特色。马锡五审判方式诠释了红色司法为了人民、依靠人民、服务人民的人民司法本质，吸引和巩固了对红色政权的政治支持。从“送法下乡”到当下乡土巡回司法，承继红色司法的内在精神并在实践中不断改进服务群众的方式。众多的乡土法官，常年奔波在草原山村、田间地头和农家院落，带着强烈的政治使命感和对乡亲纯洁的感情明理析法、开庭问案，展示了新一代法官形象，也展示了乡土巡回司法质朴本色的深入群众、依靠群众、服务群众的人民司法群众路线工作理念和方式。在上文C县巡回法庭开庭案例中，值勤的年轻法警在劝阻原告母亲试图进入庭审警戒区过程中，体现出良好个人修养和专业素质。这不只是他个人的品质，而是代表了新一代乡土法官群体和乡土司法品质的高度。

乡土巡回司法能适应乡土社会法律生活职权主义审判模式偏好，为老百姓撑起司法公平大伞。① 职权主义本是西方刑事司法中与当事人主义对应庭审模式的法学术语，尽管马锡五审判方式有部分的刑事司法内容，此轮面向乡土社会巡回司法内容一般都属民事司法，借用职权主义审判模式概念，是为了强调法官主导庭审查清案件事实对确保巡回司法质量的意义。其实，职权主义和当事人主义本身并没有价值等级差异，司法实践中其效果取决于社会环境。1988年召开的第14次全国法院工作会议决定对审判方式进行改革，加重当事人的举证责任，旨在提高司法效率、解决积案，2001年法院符号化改革中肩章、大盖帽被卸下，象征司法职业神圣与感化的"法袍""法槌"出现在法庭，都意在强化司法中立形象，扩张当事人主义司法版图。但这一尝试并未达到预期，说明职权主义审判模式在当下中国司法中仍有强大社会基础。从现状看，巡回司法案件中的当事人，往往并不具备足够的诉讼能力，法官主导庭审和查清案件事实，总体上仍符合当事人和社会通常期待。公丕祥认为，由于文化、经济、社会等因素，当事人诉讼能力可能差异巨大，在诉讼中地位悬殊，法官不能一味守中立。② 为此，法官须发挥司法能动性，"积极主动运用司法裁判权去调研、去调解、去裁判，以实现社

① 语出全国优秀法官龙进品。他表示乡土法官也许没有能力为乡亲们撑起一片天，但也要尽力撑起一把司法公正的伞。见《云南日报》2011年3月3日。

② 公丕祥：《当事人诉讼在诉讼地位悬殊法官不能一味守中立》，《法制日报》2009年8月12日。

会纠纷的和谐解决”。在马锡五审判方式中，深入农村、调查研究，是职权主义审判模式的体现。巡回司法“陇县模式”、“富县经验”、C县“便民司法经验”延续了这一传统，巡回法官都承担着查清案件事实的任务，有强烈的职权主义审判模式色彩。

乡土巡回司法有利于体现当代中国党领导司法的政治优势。中国共产党带领中国人民在革命和建设中取得了辉煌成就，建立了不朽功勋，在人民中有巨大威望，党领导司法，是中国司法的特色和政治优势。王胜俊提出“人民法院是中国共产党领导下的国家审判机关，是人民民主专政的重要部分”。① 大法官公丕祥也认为，司法作为党治国理政的一种方式，司法权是一种重要的执政权。② 每个政治共同体的内部结构与相互关系是大不相同的，在中国基层社会的政治语境中，过度强调司法权的独立地位，既无依据，也脱离实际。我们能看到的是地方党委统一领导下，司法机关得到社会广泛支持以完成案件处理的事实，这种支持有时甚至超出了司法机关的预期。由于审级制度，地方司法机关对案件裁决没有终局性，担忧地方政府因为对司法机关的支持而至“司法地方化”并无依据，加之共产党严格的案件干预登记制，这种消极层面的干预只能是例外，没有理由因为这种可能的例外而对地方司法机关与地方党委的关系作悲观预期。巡回司法历史上是党的司法事业的一部分，当下乡土巡回司法制度的运行中，在地方党委领导下，有大量司法权之外“维稳”权力资源和社会资源的投入。“陇县模式”、“富县经验”、C县“便民司法经验”实践的顺利开展，都离不开各级党委的有力领导与支持。

---

① 王胜俊：《能动司法是法院的必然选择》，中国人大网，2009年9月1日。

② 《当代中国司法必须走司法能动之路——访江苏省高级人民法院院长公丕祥》，《人民法院报》2009年9月16日。

乡土巡回司法还可助力乡土社会权力体系重建，提升社会治理的效率与质量，确保国家权力对基层社会秩序和社会生活的全面覆盖。当代中国社会改革开放带来的剧烈社会变革与转型，既有权力体系受到冲击，国家权力大幅退出基层社会。这释放了社会活力，促进了经济繁荣与社会发展，但也承担着秩序维护的空前压力。中国社会的现代转型是不可逆转的历史趋势，恢复改革开放前的权力体系和社会控制方式几无可能，但确保国家权力对基层社会的全面覆盖不仅是政治的必需，也是社会有效运行的保障。乡土巡回司法活动所处理的案件看起来一般案情都很简单，但这种活动的价值却未必简单。实质上，巡回审判意味着国家权力对基层社会民事纠纷和社会生活的积极介入。国家权力对基层社会的积极介入在政治上是有回报的。并且，即便效益低于预期，即所谓“权力失灵”，国家权力也不可轻易退出。现代世界各国治理实践表明，权力真空必然吸引各种政治势力竞争，其导致的政治失序会让社会陷入被动和失败。因此，负责任的政权必须确保国家权力对基层社会秩序和社会生活的全面覆盖，乡土巡回司法正是这样一个时代政治权威建设的重要制度之一。

乡土巡回司法实践表明，在乡土巡回司法中，法院主动承担通常司法中由当事人承担的司法成本，加之这一司法方式最能体现人民司法群众路线的特性，关注老百姓切身利益，深入群众依靠群众贴近群众办案，能在司法的个案实效外，产生巩固政治权力的溢出效应，推动中国式能动司法发展。巡回司法有明确系统的规则，源远流长的运行传统，有严密庄严的仪式和结构清晰的流程，不仅追求个案公正，树立起公力救济的可预期和有效性，同时作为极具公信力的权力符号和塑造政治权威平台，对社会修正预期、扩展政治权力的影响、吸引政治支持，树立起国家权力在基层社会绝对的地位，其效果是明显的。乡土巡回司法打通了司法服务群众的最后一公里，提升了“司法公信力和人民群众对司法的满意度”。乡土巡回司法活动表明，政治不只是发生在都城，乡村社会也有政治。巡回法庭走进乡村的每一步，都可能是国家权力在自己效力边缘的延伸和扩张；巡回法庭在田间地头的每一次公开司法，都在捍卫着司法的尊严和法律的权威；基层民众对巡回法庭的认同，事实上是政治权力获得更稳定的社会支持，乡土法官们送法上门，热情为乡亲服务，是乡村社会政治生态健康的象征。基层社会治理的法治化和治理质量的提升，离不开乡土巡回法庭的贡献。

五、结　语

C县“便民司法经验”代表的乡土巡回司法活动，有区别于普通司法的制度特性，司法机关主动承担当事人部分诉讼成本的转移，坚守质朴本色的人民司法群众路线工作理念和方式，还有大量维稳权力资源和社会资源的投入。这一制度的兴起和发展对接中国法治国家建设战略需要，承继红色司法内在精神、适应乡土社会法律生活职权主义审判模式偏好、展示中国当代司法制度既有政治优势、助力乡土社会权力体系重建，从而可不断改进司法质量，体现出中国式能动司法党的事业至上、人民利益至上、宪法法律至上的核心价值，深入群众、依靠群众、服务群众的人民司法群众路线工作理念，法律效果、政治效果与社会效果的统一的制度目标，产生巩固政治权力的溢出效应，更有效地服务政治、服务社会，提升司法公信力和人民群众对司法的满意度，是中国式能动司法的关键拼图。

适合的就是最好的。中国社会正在快速现代化，但这必然是一逐渐推进的过程，乡土中国也因此是长期的政治存在。C县“便民司法经验”

代表的乡土巡回司法活动，实践中还有很多实际问题需要面对，西部民族地区大多数基层法院并不具备C县人民法院所拥有的司法资源，来支撑巡回法庭以这种方式常年运行。尤其巡回法庭干警工作强度超出想象，动员足够干警从事这一工作难度会越来越大。在未来一段时间，乡土巡回司法会以适当方式和规模被坚持，西部民族地区大多数基层人民法院巡回司法的实践会处于稳定状态。作为国家权力在自身权力边缘地带重建影响的努力，乡民的国家想象及对政治共同体认同的政治溢出效应，尤其乡土法庭布置空白地区，巡回司法是国家司法权重要的载体和象征，这些均清楚提示，乡土巡回司法服务乡土中国社会，不仅值得坚守，并且无可替代，尽管它有着较高的成本。

第五章　事实真相与司法权威

尊重案件客观事实或案件真相是正义司法的基础和底线，法律正义总是与案件真相联系在一起。现实的法律生活中，这一原则面对的挑战和压力往往并不是案件事实被忽略或扭曲，而是由于客观原因或案件当事人主观原因，证据呈现无法还原和重建案件真相，法院又必须及时作出尽可能公正合理可行的裁判。在西部民族地区法律生活实际司法活动中，基层司法常常面对这种压力，法官们必须接受这种考验，在案件真相或许不太清晰的情况下，判断案件基本事实、控制审判过程和作出相对合理裁判，他们在这种考验中的表现会传递出素养、能力与智慧的某种品质位阶，在广泛意义上影响着公众对中国司法尤其是基层乡土司法的信任和信心，折射着当代中国司法、法治的权威与质量的基层水准。下面的真实案例，对此作出了丰富和生动的展示。呈现在法官面前的案件，有的因客观原因真相沉没，得通过确认法律事实代替真相探究，寻找裁判合法性根据；有的真相难以获得证据支持，需寻求法条依据，为案件处理打开空间；有的由于当事人隐瞒真相，又无法回避事实争议，法官只能将真相客观问题置换成法律推理的主观问题，通过自由心证建构案件真相，确立裁判基础。这从来都不容易，也难以尽善尽美，但却无法回避并必须逐步改进。

一、法律事实确认代替真相探究

法官们对自己办理的每一个案件，都希望能将其竖立在客观真相之上，这种铁案情结，既出于司法正义的要素构成、政治正确的压力，也符合追究真相的道德取向甚至审美惯性的需要，普遍而正常，但也却未必能如愿。在由于客观原因不能还原案件真相的情况下，法官工作的压力出来了，却也为法官的能力展示提供了平台。

> **案例一：**2012年4月23日，在某市挖色镇花椒箐、旗鼓山一带发生森林火灾，造成该市大城村民委员会等原告所有逾万亩林地过火烧毁。经评估鉴定，原告大城村民委员会在此次火灾事故中损失合计为人民币79万余元。经该市森林公安局等相关政府机关调查作出事故结论，认定是某高速路建设项目部在施工场地10 kV输电线路架设施工及供、用电过程中，供电方某市供电公司、输电线路架设施工方昆华公司、输电线路产权方某高速路建设项目部等相关的工作人员违反有关生产、作业安全管理规定，违规施工、违规供电、违规用电导致电力事故引发森林火灾。火灾发生后，原告大城村民委员会等曾多次与火灾责任各方进行协商，但一直没有明确的赔偿意见。为维护原告的合法权益，特向法院起诉诉请依法判令被告供电方某市供电公司、输电线路架设施工方昆华公司、输电线路产权方某高速路建设项目部赔偿原告林木经济损失人民币18万元并承担诉讼费用。

2014 年 5 月 29 日法院依法组成合议庭公开开庭进行了审理。

原告就其诉讼主张向法庭提交的证据一是该市森林公安部门委托相关有资质的机构所作出的“4・23”森林火灾森林资源损失鉴定结论，将其作为原告请求赔偿数额的依据。支持原告诉讼的核心证据是由该市森林公安局作出的“关于 4・23 挖色森林火灾案的调查报告”及当地工业和信息化局、安全生产监督局等政府机关作出的“4・23 挖色森林火灾事故调查报告”等文件，这些文件确定了起火原因及事故责任主体。相关机关认定，2012 年 4 月 23 日 14 时 49 分许，某高速路 7-2B 合同段拌和站用电 10 kV 输电线路绝缘铝纹线断裂，带电铝线裸露与外物发生瞬间接地产生的火花掉落地面，引燃枯枝干草，引发森林火灾。市供电公司未严格执行供电办理流程，在线路竣工验收发现线路问题后未督促用户整改，在发现用户未按要求及时整改并擅自接通电源的情况下，未采取制止措施，而对该线路建卡立户并收取电费，致使事故输电线路存在的安全隐患没有得到及时排除，对事故的发生亦存在一定过错。昆华公司作为线路施工方，在线路架设及变压器安装工程施工过程中，不按设计要求架设的导线断裂引发“4・23”挖色森林火灾，且该公司在线路未验收合格的情况下就在其维护管理的挖花线上接通电源，严重违反《中华人民共和国电力法》之规定，对事故的发生具有过错。高速路建设项目部作为事故线路的投资者，在施工方未按设计要求施工架设线路时未及时予以制止纠正，在线路架设完竣工验收不合格的情况下，没有按照要求及时整改擅自用电，而且在用电过程中，作为该线路的用户及产权人，未尽到法律法规规定的日常维护管理职责，对输电线路疏于管理，对此次火灾事故的发生具有主要过错。据此，相关机关认定此事故由某高速路建设项目部在施工场地 10 kV 输电线路架设施工及供、用电过程中，输电线路架设施工方昆华公司、供电方某市供电公司、输电线路产权方某高速路建设项目部等相关的工作人员违反有关生产、作业安全管理规定，违规施工、违规供电、违规用电所导致电力事故引发的森林火灾，导致此次森林火灾事故的发生，对事故发生均有过错，应共同承担赔偿责任。

供电公司对自己成为被告或许有些意外，不认同该市森林公安局等相关政府机关调查报告对此事故责任主体的认定。供电公司认为，本案属供用电事故引发的损害赔偿纠纷。依据现行《供电营业规则》第五条、第四十七条的规定，供电设施的运行维护管理范围，按产权归属确定；《供电营业规则》《电力供应与使用条例》亦规定用户专用的供电设施建成投产后，由用户维护管理或委托供电企业管理。因电力设施引起的侵权纠纷，按照电力设施的产权归属，结合管理维护责任的承担确定赔偿责任，即应由引发事故电力设施的产权人或承担管理维护责任的主体承担损害赔偿责任。

本案中，引发挖色镇“4・23”森林火灾的电力设施是某高速公路挖花专线拌和站用电 10 kV 输电线路。该输电线路是 2010 年 10 月由电力设施产权人某高速路建设项目部出资建设，由昆华公司依照某市电力设计院的设计方案施工架设。本案中，10 kV 事故线路的产权人、实际使用人是某高速路建设项目部。该线路日常运行维护的责任主体亦是某高速路建设项目部，其有责任有义务维护管理自己所有的输电线路，以确保线路的安全运营。电力设施的产权人并未委托供电公司对其所有的专用线路进行维护，因此供电公司不是本案中引发森林火灾的输电线路产权人，管理维护责任人，设计、施工主体，对此次森林火灾引发的损失不应承担责任。供电公司还指出，其对预防事故的发生履行了职责，没有任何过错。该高速公路建设属省州重点工程项目，按照各级党委、政府统一部署，根据高速公路建设指挥部的申请、依据该市供电局2010年1月7日《某市供电局关于某高速公路建设施工用电申请的复函》，由供电公司负责向该市行政区域内某高速公路凤仪、花椒箐等11个合同标段输送电力。据此，供电公司与包括某高速路7-2B项目部在内的多个用电单位之间建立了供用电合同关系，即电力买卖合同关系。供电公司是供电企业，并不是电力行业主管部门，也不是电力监管部门，更不是电力工程的质量检验、监督、管理部门。供电期间，供电公司尽到了安全供电的义务。为确保线路安全稳定运行，供电公司曾多次督促用电方做好线路及设备运行维护工作。2012年2月14日，供电公司向项目部送达了《某市供电有限公司关于客户加强产权线路运行维护的函》，2012年2月29日送达了《关于因山火导致电力供应中断的预警通知》，2012年3月8日送达了《关于凝冻天气及火灾导致电力供应中断的预警通知》，2012年4月19日送达了《关于自然灾害导致电力供应中断的预警通知》，明确要求线路产权单位必须加强对其产权线路的巡视维护，及时消除安全隐患，注意异常天气，加强安全防范措施，确保线路安全稳定运行。可见，作为供电方，供电公司已经严格履行了合同义务，对森林火灾的引发没有任何过错。供电公司的辩解有常理支持，用电客户因设施问题或设施维护问题或使用不当造成事故，其后果应自行承担。为此，供电公司提交了相关证据，包括关于某某高速公路施工用电（申请）函、《供电局关于某某高速公路施工用电申请的复函》，以证明该高速公路建设指挥部向供电局提出高速公路施工用电申请，供电局同意用电，并明确施工路线由客户投资，属于客户专用设备；高速公路花椒箐隧道10 kV电力工程施工合同书一份、自检报告一份，以证明事故输电线路由昆华公司负责施工建设；2015年5月高速路7-2B项目部与昆华公司共同出具《工程自检报告》，证实事故线路已经符合规程规范及设计要求；电公司关于客户加强产权线路运行维护函一份、客户产权线路发函统计表一份，以证明供电公司于2012年2月14日向该高速路7-2B项目部下达《供电公司关于客户加强产权线路运行维护的函》，要求项目部加强线路检查维护，及时消除安全隐患；《关于因山火导致电力供应中断的预警通知》一份、火灾及凝冻天气引发重要客户、大客户电力供应中断预警情况统计表，以证明2012年2月29日，供电公司向该高速路项目部下达了预警通知书，要求项目部加强线路检查维护，特别注意森林山火；《关于凝冻天气及火灾导致电力供应中断的预警通知》及送达统计表，以证明2012年3月8日供电公司要求高速路项目部密切关注气候变化，加强特殊气候区域的线路巡查；《关于自然灾害导致电力供应中断的预警通知》及送达统计表，以证明2012年4月19日下达通知书，明确要求路线产权单位加强对其产权路线的巡查维护，制定应急方案，确保路线安全稳定运行。

施工方昆华公司对自己成为本案被告同样感到疑惑，除了不认同该市森林公安局等相关政府机关调查报告对此事故责任主体的认定外，主要指证事故责任应由电力设施产权方和供电公司承担。昆华公司辩称，其持有从事电力安装工程相应的资质，是合法电力设施施工主体。承接该高速路7-2B项目部拌和站用电10 kV输电线路架设及变压器安装工程后，严格按照建设方的要求施工，工程结束验收合格交付建设方，建设方又按照法定程序请求供电公司进行验收并合格。火灾事故发生时，昆华公司早已完成施工并撤出现场，该设施已经交付给产权方正常使用一年半的时间，在此期间，该案另一被告供电公司向此电力设施产权方收取了电费。这表明施工方已完成施工义务，不应对设施运行中发生电力事故发生承担赔偿责任。昆华公司为自己在施工中将原来设计的钢芯铝绞线更换为JKLYJ-10kV-1 × 50的架空高压绝缘导线行为作了辩解。

昆华公司承认这一更换导线行为，但辩称这一更换行为是通过建设方批准的，且使用材料于 2012 年 5 月 9 日送省产品质量监督检验研究所检验，结论为合格。根据《高压客户业扩报装工程竣工验收管理办法》第五条的规定，工程结束后通过验收合格，投资方认可了昆华公司的所有工程及所用材料，因此即便该线路发生火灾事故与工程材料有关，也不应由其承担赔偿责任。昆华公司还强调自己不是事故发生所涉电力设施产权人，也并不负有相关设施维护义务。昆华公司辩称，根据《中华人民共和国电力法》第三条的规定，电力事业投资，实行谁投资，谁收益的原则，同时，电力部第八号《供电营业规定》第五十一条规定："在供电设施发生事故引起的法律责任，按供电设施产权归属确定，产权归属于谁，谁就承担其拥有的供电设施上发生事故引起的法律责任。"而根据《中华人民共和国电力法》第十九条规定，电力企业应当对电力设施定期进行检修和维护，保证其正常运行；《电力供应与使用条例》第十六条也规定，供电企业和用户对供电设施、受电设施进行建设和维护时，作业区域内的有关单位和个人应当予以协助，提供方便。也就是说，供电企业和用户对其所有或使用的供电线路有巡查维护、保养的义务，对存在的安全隐患应及时整改，对线路走廊内可能影响安全的因素进行清除，以保证线路的安全。昆华公司显然不是本案所涉及的路线的产权人，也不是巡查维护、保养的义务人。昆华公司声称，本案所涉及的路线的产权人和供电公司或许是该火灾事故责任人。该设施产权人高速路项目部及供电公司在昆华公司交付后使用线路过程中，擅自在施工方架设的变压器后延长了 400 多米的高压线，从而对电线杆拉力有影响，或为事故隐患。昆华公司还指出，根据《中华人民共和国电力法》第五十三条规定，电力管理部门应该按照国务院有关电力设施保护的规定，在电力设施保护区设立标志。本案中，在事发地附近有人员曾经居住的痕迹，在附近工棚里有行李，还有一些烟头随意扔在地上，当时相关部门曾拍照取证，供电公司未及时有效消除安全隐患，似有疏于管理过失，对造成的火灾事故应承担责任。为支持自己观点，昆华公司向法庭提交了相应证据，包括检验报告一份，以证明用于花椒箐隧道 10 kV 电力专线的架空绝缘电缆经云南省产品质量监督检验研究所鉴定为合格产品；中国南方电网高压用电业扩工程流程图，以证明昆华公司施工符合高压安装流程，该流程图还显示供电局在工程竣工后验收通过、工程中间检查，用户资料建档后才可收取电费；2011 年 3 月 21 日至 2011 年 4 月 2 日供电公司电费计算清单，以证明上述期间供电公司已正常向高速路项目部收取电费，相关电力设施已正常行；现场照片一张，以证明昆华公司按照规定安装的架空绝缘电缆的状况，等等。

让人意外的是，引发火灾事故的电力设施产权方高速路项目部也竟然完全不认同市森林公安局等相关政府机关调查报告结论，不接受报告对此事故责任主体的认定。高速路项目部辩称，相关机关作出的该事故调查报告对责任主体认定有误。因其只是拌和站用电 10 kV 输电线路租用者，不是事故的挖花 10 kV 输电线路产权人。根据相关约定，架设的输电线路在竣工验收完毕通电之日起，将该输电线路产权无偿移交给地方使用，地方负责对输电线路进行管理维护。根据中华人民共和国电力工业部《供电营业规则》第 46 条第 5 项规定“属于临时用电等其他性质的供电设施，原则上由产权所有者运行维护管理，或由双方协商确定，并签订协议”。故其没有义务对该线路进行管理维护。为此，高速路项目部提交了相关证据，包括“国家高速公路网横 12 杭州往瑞丽公路某联络线土建工程合同文件”一份、“某高速公路花椒箐隧道 10 kV 电力专线工程施工合同”一份，以证明为进行该高速施工用电，架设挖花专线及拌和站 10 kV 支线，该线路系由高速公路项目部出资、昆华公司为施工单位，该施工合同第六条明确，架设的输电线路在竣工验收完毕通电之日起，将该输电线路产权无偿移交地方使用，地方负责对输电线路进行管理维修，故拌和站 10 kV 输电线路的管理维护及产权属于地方政府。

高速路项目部在答辩中强调电力施工方和供电方应对此次事故承担责任并提出了具体理由。高速路项目部指出，此次森林火灾事故发生的直接原因是电力施工方违反国务院《建设工程质量管理条例》，未按该市电力设计院《某高速公路建设 7-2B 标段拌和站用电 10 kV 线路架设及变压器安装工程设计说明书》施工，未经建设和设计单位书面同意，擅自用 JKLYJ10kV-1×50 绝缘电缆线（无钢芯）代替了设计要求的 LGJ-50 钢芯铝纹线作导（输电）线，且在使用 JKLYJ-10kV-l×50 电缆线（无钢芯）线架设线路时，未按照《DL1T601-1996 架空绝缘配电线路设计技术规程》第 7.6 规定，架空绝缘线路的档距大于 50 m，致使该线路抗拉力强度下降，另一方面，长期处于高强度的应力和拉力之下，是这次事故的源头。高速路项目部还指出，被告供电公司在事故线路竣工验收时，未履行好职责，在明知线路不合格的情况下还继续供电，是引起这次火灾的主要原因。根据《中华人民共和国电力法》和《云南省供用电条例》的规定，供电企业与用户应当在供用电前以书面形式签订供用电合同，在供电合同中应明确供用电设施所有权或者使用权的确认、供用电设施产权分界点的划分、供用电设施的维护、管理及用户重要设备的保护，本案中供电公司没有尽到相应责任。并且，根据市森林公安局等相关政府机关调查报告认定，此次火灾起火点是在主线与变压器之间，此段用电线路的维护者应该是供电部门。为此，提供了该市工业和信息化局与市安全生产监督局事故调查报告一份、工程挂靠合同一份、电费计算清单一份等证据，以证明在拌和站 10 kV 输电线路架设过程中，承建方昆华公司擅自用绝缘电缆代替了钢芯铝绞线，违反了架空绝缘配电线路设计技术规程，且违法将资质出借给个人，应该对事故负有主要责任。供电公司在对拌和站 10 kV 输电线路验收中，没有严格按照相关程序对线路安装架设过程中存在的问题进行书面提出，也未督促架设方进行整改就擅自供电及收取电费，未尽到义务，应该对事故承担责任。

三被告还对该市森林公安局作出“4・23”森林火灾鉴定结论相关主体资格、程序及火灾损失确定等提出了质疑。被告提出，根据财政部和国家林业局的《森林资源资产评估管理暂行规定》，提出评估申请主体应当是森林占有单位或者所有权人，本案由森林公安局提出评估，不符合法律规定。而且，按照相关规定，关于火灾损失结论的鉴定应当是由依法设立的价格鉴定机构出具火灾直接财产损失鉴定意见。财政部和国家林业局的《森林资源资产评估管理暂行规定》第十二条明确规定“从事国有森林资源资产评估业务的资产评估机构，应具有财政部门颁发的资产评估资格，并有 2 名以上森林资源资产评估专家参加，方可开展国有森林资源资产评估业务”，而本案的鉴定结论不是森林资源资产评估业务的资产评估机构作出，鉴定机构和鉴定人员无相应资质。本案计算原告损失依据的鉴定结论没有鉴定评估机构的印章，鉴定评估人员没有鉴定资格证书。森林公安局的《鉴定结论通知书》又是在答辩人没有参与的情况下作出，剥夺了答辩人的申辩权利，不合程序。森林公安局作出的损失《鉴定结论通知书》未载明具体损失的明细说明。鉴定结论鉴定时没有考虑财产所剩残值，没有考虑过火后未烧死、重新生长林木因素，无形中扩大损失值。实际上为了减少原告的损失，答辩人积极组织参加扑救山火，也支付了相应的费用，且因此次停电也给项目带来约 115 万元的损失，结论未考虑这些因素。森林公安局报告称此次森林火灾过火面积 1.5 万余亩，但仅委托两名鉴定人员，利用三天时间，即完成工作、出具结论，不具客观准确性。

否认自己是一场灾害事故的责任主体或者通过推卸责任方式减轻自己的赔偿责任，既合逻辑，也合情理。若被告的抗辩仅停留在这一层面，对法官作出裁判，根本不会有压力。因为这些抗辩并未挑战本案的基本事实：电力设施事故引发火灾。涉及事故的供电方、施工方与产权方承担相应责任，既合逻辑，也合法理，法官可以从容裁判。

问题在于，电力设施事故引发火灾这一案件基石并不牢靠。

昆华公司已在答辩中指出了本案最大盲点：火灾真相。昆华公司认为，本市森林公安局对火灾事故的起火原因认定含糊不清。火灾事故发生后，通常应由消防部门出具火灾事故认定书。消防部门对起火原因描述多采用排除法。本案中，市森林公安局对起火直接原因的认定并无直接证据，仅凭现有的照片和书证，排除遗留火种、生产性用火或非生产性用火引起火灾的推理不够科学。事实上，此次火灾现场为开放式山地，火灾发生前后均有人为活动的痕迹，同时火灾本身就有可能导致可疑物质被完全烧毁而不留有残留物，因此不能完全认定为此次火灾与高压线路有关，更不能以此确定赔偿责任。昆华公司进而提出了引发火灾事故的另一可能：意外。昆华公司称其安装的线路及变压器，是根据电力行业标准进行架设及安装的，线路弧度是通过规定标准预留的。因事故发生当天事发地的风力约 11 级，过强的风力也可能导致电线断裂，不能排除不可抗力的因素造成的意外事故。

被告高速路项目部更明确否定市森林公安局对火灾事故与电力设施故障的判断和认定，辩称，本案起火原因不可能是本案所涉项目拌和站的电线落地引起，主要依据是火灾发生在本案所涉项目拌和站断电之前，火灾发生后电力设施仍在正常运行，起火的时间与电力设施故障发生时间不吻合。高速路项目部称，2012 年 4 月 23 日下午 14 时 37 分，项目部的员工发现施工现场拌和站对面半山腰有浓烟冒出，于 14 时 52 分、14 时 53 分左右多次拨打了 119 和 110 报警，119 及 110 的接线员均称之前已接到报警电话，当时项目拌和站正在搅拌混凝土，用电设备正常运转。在报警同时答辩人电工联系电力公司断电，直到 15 时 22 分左右，拌和设备才停止运转，由此可以看出起火差不多 30 分钟后拌和站才停电，故市森林公安局认定的起火原因不客观。市森林公安局依据的线路瞬间接地记录认定电线落地引起火灾原因亦不客观实际，实际上在火灾发生之前，该段线路多次发生瞬间接地的报警，原因是供电公司给项目部拌和站的电线设置的过电保护值过低，所以市森林公安局认定引起火灾原因是因绝缘皮拉裂、带电铝线裸露与外物发生瞬间接地（碰火）现象是没有任何依据的。项目部也提出，此次事故完全不能排除由其他原因引起，在起火区上风口 3 米处有一处草棚，里面及周围有大量丢弃的烟头，受灾森林没有设置防火隔离带，加上 2012 年 4 月 23 日当天风力接近 12 级飓风，完全不排除其他原因而引起火灾。

显然，昆华公司和高速路项目部对火灾原因的质疑需要认真评估与回应。

昆华公司和高速路项目部对市森林公安局火灾鉴定结论火灾原因认定的质疑，重要理据是缺乏直接证据证实事故起因，但昆华公司和高速路项目部对火灾可能由人为或自然原因引起更无法证实。本案中，火灾原因这一事实真相已经沉没，案件当事人、火灾事故调查机关甚至人民法院，都不可能重建火灾事故起火原因真相。在此问题上的纠结，不仅对真相发现没有帮助，而且会使司法裁判的基础无法固定。

审理本案的法官充分意识到将案件焦点引入火灾事故真相的争论，

对案件的最终处理并无积极价值，转而着重审查相关证据的证明力和有效性。这种处置合法而专业，既回避了不会有结果的火灾事故原因真相争执，又为案件裁判奠定了合法性，使案件处理可能也可控。

法庭确认了原告提交的相关机关对火灾事故原因和责任认定结论这一核心证据的合法性与效力。法庭认为，原告提交的证据系火灾发生后，政府职能部门对火灾事故起因，火灾事故经过及事故责任主体依职权所作的调查经过及调查结论，市森林公安局“处理意见告知书”及其“处理意见告知书（附卷）”均送达给了三个事故责任主体，在法律规定的期限内事故责任主体均未依法提出异议，故对此证据的真实性、合法性及关联性予以确认。

在确认本案核心证据后，相关裁判也就顺理成章。法院根据各方当事人举证、质证、认证，确认了本案的法律事实，并据此认为：公民、法人由于过错侵害国家、集体的财产，侵害他人财产、人身的，应当承担民事责任。没有过错，但法律规定应当承担民事责任的，应当承担民事责任。本案中被告昆华公司作为线路施工方，在线路架设及变压器安装工程施工过程中，违反了国务院《建设工程质量管理条例》，未按设计要求施工，擅自更改线路所用导线，且在使用 JKLYJ-10kV-1 × 50 电缆线（无钢芯）线架设线路时，违反《OL/T601-1996 架空绝缘配电线路设计技术规程》，所架设线路安全系数达不到《电网公司城农网 10 kV 及以下配电线路通用设计 V3.0（试行）》所规定安全系数要求，线路安全性、稳定性受到极大的影响，线路处于不安全状态。不按设计要求架设的导线断裂引发“4 · 23”挖色森林火灾事故。且该公司在线路未验收合格的情况下就在其维护管理的挖花线上接通电源，严重违反《中华人民共和国电力法》之规定，对事故的发生具有过错；被告高速路 7-2B 项目部作为事故线路的投资者，对建设方施工监督不到位，在施工方未按设计要求施工架设线路时未及时予以制止纠正，在线路架设竣工验收不合格的情况下，没有按照要求及时整改擅自用电，而且在用电过程中，作为该线路的用户及产权人，未尽到法律法规规定的日常维护管理职责，对输电线路疏于管理，对此次火灾事故的发生具有主要过错；被告市供电公司未严格执行供电办理流程，在线路竣工验收时虽提出了线路存在的问题，但未督促用户整改，在发现用户未按要求及时整改并擅自接通电源的情况下，未采取制止措施，而对该线路建卡立户并收取电费，致使事故输电线路存在的安全隐患没有得到及时排除，对事故的发生亦存在过错。上述三被告在生产、作业中违反有关安全管理的规定，导致此次森林火灾事故的发生，对事故发生均有过错，对原告方因此次森林火灾造成的损失应共同承担赔偿责任。根据被告的过错程度，确定由大丽高速路 7-2B 项目部承担事故 50% 的责任，昆华公司承担 30% 的责任，市供电公司承担 20% 的责任。据此，法庭作出了相应裁判。

本案裁判所依据的法律事实，与所谓客观真相可能并不等同，但这无损裁判的合法性与权威。本案的真相事实上无法重建，确认核心证据的合法性和效力是合法裁判的关键。本案中，法官并未否认被告关于火灾可能源于人为或意外的猜测，避免了卷入火灾事故起因的争议陷阱。法官深知，这种争议既不可能澄清事实，还会将案件导入错误方向。本案法官将相关机关火灾事故调查报告的合法性和效力作为裁判的基石，在这一案件环境中，既专业，又相对合理可接受。一场波及上万亩林木数个村庄几千村民的森林火灾，造成了巨大损失和广泛影响，相关政府机关对事故非常重视，其对火灾事故原因和责任的认定，除非有明确合法的相反证据，这些认定的合法性权威性与效力自应维护。本案中，市森林公安机关和相关政府机构，对事故作了全面调查，对此次火灾事故的起因与责任认定等，作出了合法、明确的结论，并将相关结论送达被告，并告知其异议权利。各被告在异议有效期内并未提出异议，可以在法律上确认相关部门火灾事故原因的认定具有效力，此次火灾由本案所涉电力设施故障引起就成为裁判所依的法律事实，为判决提供了坚实基础，尽管这一判决未必完美。

二、举证责任分配制度降低真相的意义

以事实为根据是司法的一般原则，实际法律生活中，困难在于这一事实并非唾手可得。除了客观原因真相沉没无法重建外，也有案件当事人出于自身利益最大化考量隐瞒真相，而相对当事人又无法提供合法证据支持自身诉讼主张。司法实践中，举证责任分配制度为法官们在这一类案件中处理争议提供了强大的制度支撑，熟练地运用这些规则，通过降低真相意义的方式减轻法官个案中真相探究的压力，可为司法裁判打开足够空间。

案例二：原告李兴某与被告李庆某系亲兄弟，2004 年至 2005 年间二人与另一亲兄弟李某甲合伙经营化肥生意。合伙解散后，经清算被告应向原告支付合伙清算款人民币 6.7 万元，2007 年 7 月 25 日被告为此向原告出具了借条。此外，2005 年 10 月 25 日被告向原告借款人民币 0.81 万元，被告为此向原告出具了欠条。上述两笔款项共计人民币 7.51 万元及利息经原告催收无果，特提起诉讼，请求法院判决被告偿还上述款项及利息。

初看起来，这不过是一个简单的债务纠纷，裁判环节应该很容易。问题是，原告向法庭展示的被告所出具借条上有一段蹊跷的说明文字，

被告据此声称已向原告归还人民币 6.7 万元，仅余人民币 0.81 万元未归还。案件事实因此混沌起来，简单的债务纠纷升级为疑难案件。

原告李兴某诉称，2004 年原、被告及李某甲三兄弟合伙做化肥生意，后于 2005 年 12 月合伙散伙。2007 年 7 月原、被告及李某甲对合伙进行了结算，合伙剩余存货化肥等归被告李庆某，被告向原告支付人民币 6.7 万元，2007 年 7 月 25 日被告李庆某为此向原告出具了借条。此前，2005 年 10 月 30 日被告曾向原告借款人民币 0.81 万元，被告也向原告写下一份欠条。上述款项合计 7.51 万元及利息经原告多次催要，被告均以无钱为由拒绝偿还。为维护合法权益，原告诉请法院判令被告李庆某立即偿还原告上述债务及该款项自 2007 年 8 月 1 日起至清偿之日止按中国建设银行住房公积金同期贷款利率计算的利息。为证明其主张，原告李兴某向法庭出示了欠条一份，以证明 2005 年 10 月 30 日被告向原告借款出具欠条情况；借条一份，以证明 2007 年 7 月经原、被告及李某甲结算，被告应支付原告合伙款 6.7 万元，为此，被告 2007 年 7 月 25 日向原告出具此凭据情况。

被告李庆某辩称，除与欠条对应人民币 0.81 万元外，借条对应所欠原告人民币 6.7 万元债务已清偿，并对借条内容人民币 6.7 万元构成、借条下段注释内容含义及由来作出了解释。被告称，2003 年原、被告及李某甲、吴某东合伙做化肥生意。2004 年散伙，同意被告接手所有合伙事务，经盘点将合伙中所剩化肥折价归被告，原告分得合伙款 2.2 万元。被告因无现金支付，给原告写了一张借条。2006 年被告为偿还银行贷款，再次向原告借款 4.5 万元。至此，被告共向原告借款 7.51 万元。2007 年 7 月 25 日，在被告经营的城南瑞锋农资经营部，经李某甲同场证明，原、被告商量将上述债务合并成一张条子。因原告未找到 0.81 万元条子，双方遂将 2.2 万元及 4.5 万元的条子合并，由被告重新向原告写了 6.7 万元的借条，并由李某甲当场签字，原先的 2.2 万元及 4.5 万元的两份条子则由被告当场撕毁。2009 年 12 月，被告凑了人民币 8 万元到原告家还款，将现金 6.7 万元交付原告，清偿了借条债务。为此，被告在原告借条下部加注："注以前一切单据（除 2005 年 10 月 30 日单据外）作废，0.81 万元大写捌仟壹佰元"，表示 6.7 万元已清偿，仅欠原告 0.81 万元。2013 年 12 月原告打电话要求被告还款，双方发生争议。综上，原告所诉 0.81 万元被告同意偿还原告，但借条的债务 6.7 万元被告已清偿原告。

被告李庆某为此提供证人李某甲（系原、被告亲兄弟）当庭证言及证明一份，内容为：2004 年散伙时，原告分得化肥存货款人民币 2.2 万元；2007 年 7 月 25 日原、被告协商后，将上述存货款人民币 2.2 万元与 2006 年被告向原告借款人民币 4.5 万元债务合并为 6.7 万元，同日被告向原告写了本案借条；该借条下面当时无附注文字；证人不清楚被告此后是否清偿了该债务。被告证据还有李某乙（系原、被告亲兄弟）证明一份，内容为：李某乙见过本案借条及欠条；2014 年 4 月 5 日原、被告纠纷调解中，在李兴某、李庆某及证人李某乙在场情况下，原告妻子王某琳承认 4.5 万元被告已偿还给原告。被告还提供了证人车某某证言，内容为：在祥城镇龙翔路公园厕所，其听到被告为钱的事与原告争吵，听到原告要求被告偿还两三万元即可。被告认为这些证据可证明被告已清偿借条债务人民币 6.7 万元。

双方的举证并未使案件事实明朗起来。

案件双方对借条所涉人民币 6.7 万元数额虽无争议，但对其内容构成却有不同解释。被告提出，借条债务 6.7 万元系被告应付原告的合伙款及 2006 年被告向原告借款两笔债务合并而成。原告对此并不认同，指出被告提供的证人李某甲陈述不实，合伙散伙时间是 2005 年 12

月，合伙结算是在 2007 年 7 月，因合伙中被告未出资，散伙时剩余化肥存货等归被告，故双方结算由被告支付原告合伙款 6.7 万元，并由被告写成借条。原告应得合伙款不是李某甲所述 2.2 万元，并且原告从未借给被告 4.5 万元，更不存在李某甲所述合并写成借条的事实。表面上看，这只是枝节，实际上是与借条下段内容逻辑上可能有关，也是本案蹊跷之处，是被告声称已归还此笔债款的合理解释重要依据。被告对归还人民币 6.7 万元细节的陈述似乎对借条内容构成的争议形成了合理解释。被告称，2009 年 12 月，被告凑了 8 万元到原告家还款。因原告当时未找到 0.81 万元的欠条，被告将现金 6.7 万元交付原告，清偿了借条债务。为此，才有了被告在原告借条下部的加注。此段陈述对借条下段注释内容的含义作出了适当解释，也与其坚持债务 6.7 万元系被告应付原告的合伙款及 2006 年被告向原告借款两笔债务合并而成立场一致。

本案原被告是亲兄弟，主要证人也与双方有血缘亲情，人民币 6.7 万元是否归还，当事人非常清楚，其中一定有人偏离了诚实信用的道德底线和法律原则。双方发生争执后，提供给法庭的证据却无法还原事实真相。法官当然可以对当事人作道德挽救，但其效果无法预知和控制，因此，更紧迫和可行的是在法律体系中构建裁判基础。

即便不是每一个法官都认为自己可像福尔摩斯一样能让所有案件真相大白，但也一定希望自己承办的案件事实清楚。本案当事人有人隐瞒了真相，既有相关证据又无法重建案件事实，离真相最远的法官要为拥有真相的双方当事人裁判争议，这是一个符合司法规律的诡异画面，承办法官自然有压力。幸运的是，举证责任分配制度可以帮助法官。

谁主张、谁举证，这是当地民事司法制度的基本原则之一。本案中，原告已就自己主张举证，借条对应人民币 6.7 万元债权是清楚的。被告提出，借条债务 6.7 万元系被告应付原告的合伙款及 2006 年被告向原告借款两笔债务合并而成。被告称，2009 年 12 月，将现金 6.7 万元交付原告，清偿了借条债务。为此，被告在原告借条下部作了加注。的确，此段陈述对借条下段内容的含义作出了适当解释。另外，被告提供的李某乙书证原告妻子王某琳承认 4.5 万元被告已偿还给原告以及证人车某某证言听到原告要求被告偿还两三万元即可两证人证言，似乎可证明已全部或部分清偿了债务，但两证言内容并不一致无法印证，且与自己 2009 年 12 月还债叙述冲突。被告的举证证明力明显不足，甚至有些自相矛盾，其提供的证据无法支撑其已归还借条所对应人民币 6.7 万元的主张。

基于这一立场，法庭对案件审理的重心就从查清事实真相转换为举证义务的释明，法庭审查和判决也就流畅了。法院查明，2005 年 10 月 30 日，被告向原告借款 0.81 万元，被告向原告出具欠条："欠条，今欠李兴某人民币 0.81 万元（捌仟壹佰元整），欠款人李庆某，2005.10.30，证明人李某甲。"另外，约 2003 年原、被告与李某甲、吴某东（案外人）曾合伙做化肥生意，散伙后该合伙事务由被告接手，合伙剩余化肥等存货折价归被告，约定由被告支付原告相应合伙款。为此，原、被告结算后，被告于 2007 年 7 月 25 日向原告出具一份借条，其内容上段为，"借条，今借李兴某人民币 6.7 万元大写陆万柒仟元整，利息以建行同期利息计算，利息时间从 2007 年 8 月 1 日起计算，借款人李庆某，证明人李某甲，07.7.25"，下段为，"注以前一切单据（除 05.10.30 单据外）作废，0.81 万元大写捌仟壹佰元"。此后，原告向被告索要上述债务未果，遂诉至本院。诉讼中，原告自愿放弃要求被告支付上述债务利息的诉讼请求。

法院认为，根据原、被告双方陈述，原、被告之间存在借贷及合伙款返还两种债务关系。双方对被告应支付原告的合伙款数额陈述虽不一致，但被告对借条记载的债务数额6.7万元并无异议。因此，法院确认被告差欠原告的债务数额为7.51万元（0.81万元＋6.7万元）。本案争议焦点是借条债务6.7万元被告是否已清偿的问题。依照法律规定，债务人对债务履行的事实依法负有举证责任。本案中，被告主张2009年12月其已偿付原告现金6.7万元，但对该主张，原告予以否认，被告未能举证证实，应由被告承担举证不能的法律后果。对被告提出的借条下段文字系被告2009年12月偿债后加注，能表明被告已清偿借条债务的辩解。法院认为，从文字上看，借条上、下段文字均为被告用蓝色圆珠笔书写，字迹色泽统一，无明显差异，难以确定下段文字的书写时间是在上段文字之后。且从内容上看，被告陈述其加注下段文字的目的，是为作废借条本身。但该下段文字的内容并未表明借条属于作废单据的范围，甚至未写明作废单据的时间起点。因此，被告的上述辩解，不足以认定被告已清偿借条债务。综上所述，对原告要求被告偿还借款、合伙款债务的诉讼请求，法院予以支持。经法院主持调解，双方当事人不能达成协议。经合议庭评议，根据本案事实，依照《中华人民共和国民法通则》第八十四条、第九十条、第一百零八条之规定，判决被告李庆某于判决生效之日起一个月内支付原告李兴某借款、合伙款合计7.51万元。

这一裁判对案件真相有所回避，没有查清借条内容的构成，对借条下段文字也无合理解释，是一合法但有遗憾的裁判。

三、自由心证重建案件事实真相

在有一类案件中，事实真相若隐若现，证据表达断断续续。在法律正义感召唤和驱使下，法官们会试图通过自由心证重建案件事实，以巩固裁判的事实基础。这一工作不仅可能考验法官自身的专业素质，有时也会使裁判者面临一定的道德风险。

案例三：原告雷某虹2011年10月12日，原告向某县银冠房地产开发有限公司订购两套商铺，并应房地产公司要求交纳了每套房屋会员费人民币5万元和定金人民币5万元。后经人介绍，原告将其中一套转让给被告杨某飞，约定被告向原告支付转让费人民币1.4万元以及原告已付该套房屋会员费人民币5万元。在2012年1月2日双方共同到房地产公司办理相关手续时，原告误将该套房屋人民币5万元定金收据交被告充抵购房款而未向被告收取此款项，至2013年1月原告始发现此疏忽，反复与被告交涉无果，向法院起诉请求判令被告归还此笔定金人民币5万元不当得利。

原告在诉状中陈述了案件形成的基本过程。2011年10月12日，原告向某县银冠房地产开发有限公司订购两套商铺，其中一套为23栋1号商铺，另一套为23栋2号商铺。并于当天从原告的农行银行卡向房地产公司提供的农行账户转入两套商铺的会员费人民币10万元（每套各5万元），房地产公司向原告开具了收据。2011年12月6日，原告又根据房地产公司的要求向同一账户转入两套商铺的购房定金人民币10万元（每套各5万元），房地产公司向原告开具了收据。2011年12月底，经原告丈夫的同事张某花介绍，原、被告达成铺面转让口头协议，约定原告将23栋2号商铺转让给被告，约定被告向原告支付现金人民币6.4万元（其中包含转让费人民币1.4万元，原告已付的会员费5万元）。2012年1月2日，被告在该县农行原告的办公室将人民币6.4万元现金支付给原告。2013年1月10日，原告在核对账务时发现由原告所支付23栋2号商铺的购房定金人民币5万元误入了被告2号商铺的首付款，被告并未向原告支付此笔款项。原告与丈夫多次向被告澄清并要求返还未果，特提起诉讼。

被告杨某飞对铺面转让费的细节描述与原告不一致，并否认原告所称误将该铺面定金交被告充抵购房款说法，称此笔款项已向原告支付。被告辩称，2011年12月27日被告经人介绍与原告丈夫柳某林达成铺面转让的口头协议，双方商定转让费为1万元，被告当时就将转让费1万元支付给柳某林，并约定向原告用现金支付已垫付的该铺面会员费人民币5万元。2012年1月2日被告与其姐姐杨某召在原告办公室将会员费对应人民币5万元现金支付给原告，后双方按约定一同到银冠房地产开发公司办理过户及签订合同手续。到房产公司售楼部后，原告把会员费收据和会员卡拿给被告姐姐杨某召。随后，被告到银行转款，被告姐姐杨某召与原告到售楼部二楼办理手续。在此过程中，原告拿出一张收据说每个商铺都交过定金，可以定金收据充抵购房款，被告姐姐杨某召即将5万元人民币支付给原告，原告将该收据交给杨某召。后被告将会员费收据、定金收据、农行转账业务回单一并交由房产公司的财务人员办理了相关购房手续。

原告为参与此案诉讼作了精心准备。

在发现自己误将定金收据交对方充抵购房款错误后，原告冷静判断了形势，并作了相应方案。原告首先寄望于对方足够诚实，和自己一样尚未意识到此中误解，经提醒澄清后归还此款。但对方若并未有预期的道德高度，意识到此事后又不愿归还，事情会比较波折。原告预期最坏的情况是，对方早已意识到此中误解，却在不合法的占有意图支配下准备了应对措施，此种情况下讨还此款会不可预期。

原告幸运的是，对方果然尚未意识到此中误会，但不幸的是，对方也果然没有应该的觉悟，不愿归还此款，并断断续续推出了一些理由。事态演变表明，原告为诉讼所作的应对方案有效塑造了案件走向与结果。

为挽救自己的损失，原告基于对人性不信任的预期设计了补救策略与方案。原告的基本策略是通过与对方及相关证人交涉还原事实，从而使此误会得以澄清，推动事情向对自己有利的方向发展。

原告无法预知对方是否已意识到此中误解，因此试探性请对方帮助回忆付款办手续细节。试探结果让原告喜出望外，对方对此误解根本没有意识，只强调了办理房产手续当天向原告支付会员费和转让费事实。这一情况对原告十分有利。不过，当原告向对方提及定金误解一事后，事情开始反转。在意识到此事性质及原告意图后，本案被告开始对保护自身利益作出努力。被告先是声称此款已交房地产公司，后又改口称其姐姐杨某召在办理房产手续当天已付原告，再后来发现所有解释都有漏洞，干脆放弃辩白，表示无法回忆细节，只坚持对方作为成年人将定金收据交予他人充抵购房款，应是已收取了对价。显然，被告的策略是坚持已将此款交付，若此立场难有证据支持，退守事实已难厘清，而真相沉没的利益归被告的通常诉讼理念会使被告在诉讼中处于有利地位。

本案诉讼中，让人感慨的不只是被告的道德水平，而是原告精心的诉讼准备。在与被告交涉此事之前，原告对被告各种可能的反应作了应对预案。为防止对方将事实模糊化的企图，原告对与被告交涉时，选择了电话通话形式，并对谈话作了录音，将被告在未意识到此误会时对本案关键事实的回述固定下来。为巩固这一有利态势，原告还获得了相关证人对事实的回忆等旁证，使真相明晰起来。

审理本案的法官综合判断了全案事实与证据，作出了坚定的选择，通过自由心证，支持原告的诉讼主张。

法院根据当事人陈述和相关的证据，确认了案件的基本事实与争议由来。法庭确认，2011 年 10 月 12 日原告向某县银冠房地产开发有限公司定购两套商铺，分别为 23 栋 1 号商铺、23 栋 2 号商铺，并于同日向该公司转入会员费人民币 10 万元（每套商铺各 5 万元）。2011 年 12 月 6 日原告向该公司转入购房定金 10 万元（每套商铺各 5 万元）。银冠公司分别向原告出具了会员费及定金收据。2011 年 12 月底，原告经张某花介绍与被告达成铺面转让口头协议，约定原告将 23 栋 2 号商铺转让给被告，由被告支付给原告转让费 1 万元，23 栋 2 号商铺购房款可享受优惠人民币 8000 元，由原、被告各享受 4000 元。2012 年 1 月 2 日原被告相约至房屋产公司办理相关手续。当日被告依据其农行转账业务回单、原告的会员费收据及定金收据各一份取得了银冠公司开具的付款金额为人民币 26 万余元某省销售不动产统一发票。原告交给银冠公司 23 栋 2 号商铺的会员费 5 万元、定金 5 万元作为被告的首付款入了被告的账。2013 年 1 月 10 日原告发现其所交的 23 栋 2 号商铺购房定金并未作为自己所购买的 23 栋 1 号商铺的首付款，而是误作为被告 23 栋 2 号商铺的首付款入了被告的账，但被告并未向原告支付过该笔款项，为此双方发生争议。

法院梳理了争议主要内容。原告依约向被告转让了 23 栋 2 号商铺，被告应支付相应的款项。原告为 23 栋 2 号商铺支付的会员费、定金作为被告的购房首付款入了被告的账，被告应支付给原告的款项为会员费人民币 5 万元、定金人民币 5 万元、转让费人民币 1 万元，该商铺优惠款人民币 4000 元，共计人民币 11.4 万元。原告认可收到被告的会员费 5 万元、转让费 1 万元，优惠款 4000 元，共计 6.4 万元。被告认为其已付给原告 11.4 万元，所以原告才将会员费及定金收据交给被告，房产公司才凭上述收据给被告出具首付款的正式发票。原告认为其虽然将会员费、定金收据交付给被告，但其只收到会员费，定金并未收到。

法院对争议事实作出了明确判断。法院指出，本案存在的争议为被告是否将定金 5 万元支付给原告。在案证据表明，2013 年 1 月 19 日原告丈夫柳某林与被告两次通电话时，被告陈述其交给原告的现金为 6.4 万元，另向房地产公司交纳了人民币 5 万元。当柳某林要求被告向房产公司追索此笔重复交纳款项时，被告又陈述不持有原告的定金条子。上述通话记录证实被告确认 2012 年 1 月 2 日办理房产相关手续当天交给原告现金为 6.4 万元的基本事实。并且，2013 年 1 月 20 日原告丈夫柳某林与被告姐姐杨某召通电话时，杨某召陈述其交了给银冠公司现金人民币 5 万元，被告的首付款由会员费人民币 5 万元、交纳银冠公司现金人民币 5 万元、被告通过银行转款人民币 16 万余元构成。杨某召在通话记录称被告首付款中的人民币 5 万元是交给银冠公司而并未向原告支付此笔款项。这一证据可证明被告方未向原告支付定金收据对应款项。此外，2013 年 1 月 19 日原告丈夫柳某林与此房屋转让介绍人张某花通电话时，张某花证实，被告交给原告的现金一共是人民币 6.4 万元。庭审中，张某花证实该信息来自被告姐姐杨某召。从上述通话记录中，被告、杨某召、张某花从不同方面互相印证被告支付给原告的现金为人民币 6.4 万元这一事实。因此，法院判定，被告尚欠原告定金收据对应人民币 5 万元。被告关于此笔款项已在房产公司支付给原告的答辩意见，其所举证据不能证实，法院不予采信。对原告要求被告支付定金人民币 5 万元的诉讼请求，法院予以支持。据此，法院判决被告杨某飞于本判决生效后十日内支付给原告雷某虹购房定金人民币 5 万元。

本案法官在没有直接证据的情况下，确认被告尚欠原告定金收据对应人民币 5 万元的事实，并据此作出被告向原告支付此款项裁决，肯定存在着一定的风险，但也别无选择。本案法官无法获得本章案例一火灾案中权威机关对事实认定的背书，也没有案例二债务纠纷中举证责任分配诉讼原则支持，法官只好通过自由心证为裁决确定事实基础。这对法官的考验不只是勇气，更重要的是对证据全面审查与系统清晰的推理。

本案原告是该县某金融机构从业人员，大专文化，被告是生活在该县城附近农村居民，小学文化。强调当事人身份与文化程度和歧视无关，目的是为分析解释当事人诉讼表现呈现更完整的背景。

原被告是经共同的熟人介绍达成此笔房产转让交易的，熟人的介入强化了双方的善意与信任，因此原告捏造事实意图讹诈被告钱款不合常理，应该是极低概率事件，可以排除。当然，原告也可能记忆错位，将被告已付款项事实弄错了。但理应收回会员费、定金、转让费共计人民币 11.4 万元，实际只收到人民币 6.4 万元，差额太大，很难记错。关键是无论是熟人介绍达成交易时，还是在房地产公司办理相关手续时，甚至在原告意识到此中误解向对方和相关证人求证时，各方都只认识到被告应向原告支付现金范围为会员费加转让费，没有关于向原告支付定金收据对应款项的相关讨论、交涉与支付情节，直到被告意识到此事与自己的利益冲突才开始尝试声称已支付此款项。因此，原告未收到与定金收条对应款项可能是真实的。

但这并不能保证法院就一定会支持原告的主张。如果被告一直连续声称已在办理转让房产相关手续当天已支付此款项，且原告无法提供有力的相反证据，或许此案只能归为疑案，进而变成悬案，法官可能选择风险更小的方案，不支持原告的诉讼主张，这无悖于法治和大局。本案对原告有利的诉讼结果，源于原告的努力，也源于原告的幸运。原告若遇上诚信的交易对方，诉讼本可避免；但原告还是可以庆幸自己遇到的是这样的对手，诉讼有机会胜出。在原告意识到定金收据误解与被告开始交涉时，发现被告同样对此重大误解毫无认知，当然更未作相应准备。在诚实提供了原告期待的事实叙述，被告突然发现自己因此处于不利地位后，本能地开始为自己辩解，只是这种辩解不仅事实陈述容易证伪，且前后矛盾，无法自圆其说。至于后来质疑对方取证合法性、用诱导问话指责，加上以记忆不清试图将案件导入悬案策略，已错过合适时机，不仅无法改变自己的诉讼态势，反而强化了法官作出对原告有利事实认定的决心。法官综合这些事实与证据，选择确认原告未收到与定金收条对应款项这一事实也就有足够理由。当然，若本案客观事实与法官裁决一致，即便败诉，被告的诉讼成本仍然可承受，裁决不会导致不可控的社会风险，法官的判定也就并非鲁莽之举。

实践中，也有一类案件，尽管事实真相缺乏直接证据，但案件发展过程中相关旁证可以支持法官确定案件关键事实。

> **案例四：**村民皇某丽搭用邻居肖某华电力设施，并向其支付搭用费人民币 1.2 万元。后因故终止搭用，肖某华不愿退还相关费用而形成诉讼。

村民为生产活动需相关电力设施，但电力部门规定与终端用户相关费用须由村民自行负担，为节省费用，就有了农用生产用电搭用关系，未申请用电的村民通过分摊部分费用与获准用电村民共用相关设施，电力部门是不准许此类电力设施搭用的。

原告皇某丽诉称，其与被告肖某华属于同村村民，双方承包经营的水田相近，被告在其田间设置变压器等作为生产抗旱用电设备。2013 年 10 月，原被告以口头形式约定，被告给原告搭伙用电，原告交给被告搭伙费人民币 1.2 万元，并按用电数交电费（包括变压器空载费）给被告，变压器及电源线维修费平均承担；由被告在原告田内距田埂约

50 厘米处栽一根电杆供原告用电，一旦因电力部门干涉或其他原因原告不能用电或双方不再合作等，由被告返还原告所交搭伙费并自行迁走栽在原告田内的电杆。后原告按约定交给被告搭伙费人民币 1.2 万元，被告在原告户田内栽上电杆。原告正常抽水用电，其间原告曾支付被告变压器维修费 400 元。2015 年 2 月 12 日，双方为抽水问题发生争议，被告于当天擅自将原告使用的电表拆除，并明确表示不再给原告用电。因农田灌溉迫在眉睫，原告多次与被告协商，商量未果后又请村组、村委会、派出所工作人员协调，协调过程中被告仅同意将人民币 1.2 万元搭伙费返还原告，但不愿意迁走电杆。原告认为，原被告间达成的用电协议属于双方的真实意思表示，被告擅自将原告的电表拆除，不再给原告用电，致使双方协议无法继续履行，而被告拒绝迁走电杆，妨碍原告经营水田。故起诉请求解除双方签订的搭伙用电合同，返还原告所交搭伙费 1.2 万元，迁走栽在原告承包田内的电杆。

被告肖某华辩称，2013 年 8 月 27 日，其因抗旱所需向电力公司申请架设线路抽水用电，同年 10 月，原告找被告商量要求搭伙，价格是每户需交搭伙费人民币 1.4 万元，因原告嫌价格高表示不搭伙。等被告家买好电杆、挖好电杆洞后原告又要求搭伙，而且要求把电杆栽在原告水田里方便其用电，并挖好电杆洞。当时被告明确告诉原告，如果以后出现纠纷，被告家所栽电杆一律不迁移。原告诉称交过给被告 1.2 万元搭伙费，纯属无中生有，当时原告家因买房需装修，跟被告商量搭伙费延付一年，但直到纠纷发生也没有付钱。同意解除双方签订的搭伙用电协议，但原告没有交搭伙费，且无收据，其诉称的人民币 1.2 万元不能返还；所栽电杆可以移走，但应由原告自行将电杆栽到被告户选好的位置。

综合双方诉讼主张，看来，解除搭伙用电合同和迁走电杆好处理，但是否支付了搭伙费成了本案事实关键。

原告就其诉讼主张向法院提交了南涧镇得胜村民委员会出具的“就皇某丽、肖某华两户用电纠纷一案调解说明书”复印件 1 份，用以证明当时被告同意返还原告所交搭伙费人民币 1.2 万元的事实；证人邱某萍、向某凤证言，用以证明被告肖某华还给原告搭伙费，原告带着人又将此款再交肖某华的事实。

被告否认村委会对双方纠纷调解过，不承认同意返还原告所交搭伙费人民币 1.2 万元的事实，也不认同证人邱某萍、向某凤相关证言的真实性。

法院确认以下法律事实：原被告两户属同村农户，双方承包的水田相邻。2013 年 8 月 27 日，被告肖某华与南涧供电有限公司签订供用电合同，合同约定“用电类别为农业生产用电，电费结算执行单一制电价，未经供电方同意，用电方不得自行接入其他电源或向第三方转供电力，合同有效期自 2013 年 8 月 27 日起至 2014 年 8 月 26 日止，期满后若用电方继续用电，且双方对合同无书面异议，则自动展期一年，展期不受次数限制”。合同签订后，被告户出资架设自供受电设施产权分界点起至用电处的输电线路，进行农田灌溉抽水用电。其间，因原告户也需农田灌溉抽水用电，经双方口头协商确定，原告户向被告户支付搭伙费，被告户改变原定架设路线（线路增长），将所架设输电线路经过原告户承包农田，在原告户田内取水井边田角栽一根电杆架设输电线，再引往被告户用电处；原告户在该电杆上接线加装电表搭伙用电。原告户向被告户支付搭伙费人民币 1.2 万元，自 2013 年 10 月开始搭伙用电，并按电表计量将电费交被告户，被告户收取后向南涧供电有限公司缴纳。2014 年 6 月，双方为抽水问题发生争执，被告户曾切断电源，并将搭伙费退还原告，后经协商原告户将退还的搭伙费交还被告户，恢复电路用电。2015 年 2 月 12 日，被告户再次为同样缘由切断电源，并拒绝恢复，不同意原告户继续搭伙用电，也不同意原告户关于退还搭伙费、迁走电杆的要求，引发纠纷。争议所涉栽在原告户承包田内的电杆现被告户仍在使用。另，原被告双方达成搭伙协议供电用电，未经供电企业南涧供电有限公司许可。

法院认为：当事人订立、履行合同，应当遵守法律、行政法规。原被告双方未经南涧供电有限公司许可而签订搭伙协议供电用电，属于未经供电企业许可而擅自引入、供出电源，双方行为违反了《中华人民共和国电力法》和国务院《电力供应与使用条例》关于用户用电不得有未经供电企业许可而擅自引入、供出电源等危害供电、用电安全，扰乱正常供电、用电秩序的行为之效力性强制性规定，根据《中华人民共和国合同法》第五十二条“违反国家法律、行政法规的强制性规定情形的合同无效”之规定和《最高人民法院关于适用〈中华人民共和国合同法〉若干问题的解释（二）》第十四条关于“合同法第五十二条第（五）项规定的‘强制性规定’，是指效力性强制性规定”之规定，原被告双方口头订立的搭伙用电协议无效。原被告双方对于搭伙用电协议无效均有过错，根据《中华人民共和国合同法》第五十八条“合同无效或者被撤销后，因该合同取得的财产，应当予以返还；不能返还或者没有必要返还的，应当折价补偿。有过错的一方应当赔偿对方因此所受到的损失，双方都有过错的，应当各自承担相应的责任”之规定，原告依据口头协议支付给被告户的搭伙费，被告应当予以返还，故对原告要求二被告返还搭伙费人民币 1.2 万元的诉请予以支持。被告在原告户取水井边田角栽电杆，是基于双方搭伙协议，根据现场状况，该电杆对原告虽有妨碍，但妨碍不大，且原告曾用电受益，而被告现仍需经此电杆用电，原告对所受妨碍应承担予以容忍的责任，故对原告要求二被告迁走电杆的诉请依法不予支持。据此，判决供电用电搭伙协议无效，应返还原告皇某丽搭伙费人民币 1.2 万元，驳回原告要求被告迁走争议所涉栽在原告户承包田内的电杆的诉讼请求。

本案的事实证成符合乡土社会生活逻辑。村民因无力自行负担生产用电设施费用，通过分担相关费用共同使用电力设施的现象在乡村十分普遍。原告支付费用尽管没有收条等直接证据，但乡村生活的一般惯例尤其邻居证言及乡村组织调解过程中各方陈述，已呈现了本案关键事实。对熟悉乡土社会生活规范并能有效展开调查的法官而言，确定案件真相并不算是严重考验。

在刑事司法实践中，也有直接证据有缺失，法院通过庭审实质化确定案件事实的情况。

案例五：被告人男，1984 年 11 月 7 日出生。2016 年 5 月 3 日因吸毒被公安局行政拘留 14 日。2016 年 12 月 29 日因涉嫌盗窃罪被刑事拘留，2017 年 1 月 10 日经检察院批准，同日由公安局依法执行逮捕。公诉机关指控，2016 年 12 月 28 日 18 时许，被告人用手扒窃曾某蓉上衣左手口袋的一部金色 VIVO 手机，在逃离现场时被群众当场抓获归案。经鉴定，被盗手机价值人民币 1200 元。公诉机关认为，被告人以非法占有为目的，采取秘密手段，扒窃他人财物，数额较大，其行为触犯了《中华人民共和国刑法》第二百六十四条之规定，应当以盗窃罪追究刑事责任。建议对其判处有期徒刑六至七个月，并处罚金。本案审理过程中，被告人对被指控的犯罪事实不予认可，并表示扣押决定书、扣押笔录、扣押清单上的捺印并非本人所指印。本案的侦破经过系两名协警见到被告人形迹可疑，跟踪被告人并在其实施盗窃后对其进行了抓捕。在抓捕过程中，被告将所盗手机丢弃，后该手机由案外人在地上捡到并归还被害人，而捡到手机的案外人并未找到，被告人对盗窃的事实一直拒不承认。

本案审理过程中，公诉机关申请抓捕被告人的两名协警人员出庭作证，对被告人实施盗窃的过程和抓捕过程作证。法庭对此案通过庭审实质化，锁定了被告人盗窃手机并在抓捕过程中丢弃，后被他人捡获并交被害人的事实，为此案裁判建立了事实基础。

四、真相追逐与及时裁判的平衡

案件事实真相是公正司法的基础，查清真相是司法活动的重要内容和基本环节，真相追逐也一直是高品质司法的永恒信仰。不过，这与司法及时裁判及时救济要求未必一致。协调与平衡真相追逐与案件的及时裁判及时救济，需要重建案件事实真相与司法活动、司法正义的理论结构。

显然，事实真相对公正司法有决定性影响，是公正裁判的前提，即所谓“无真相即无正义”。中国司法坚持“以事实为根据，法律为准绳”，对案件事实真相的探知，是当代中国司法活动的中心。这是哲学上唯物主义认识论、政治上实事求是原则的延伸，几十年来支配着中国司法文化特别是诉讼理论。对客观事实以及相应的实质正义的偏好，也构成了中国当代司法文化一大特色。

不过，愿望未必等同实践，查清案件真相并非唾手可得甚至可能无法实现。第一，案件的真相本身是不可还原和再现的，真相探知有技术不能的问题。第二，真相即便能被揭示，在逻辑上拼接，也意味着成本的付出，真相探知具有成本不能的问题。第三，真相的展开和认证过程要受时效的限制，不可能像历史学家一样把问题“交给时间去审判”，所以真相探知有时间不能的问题。第四，诉讼活动对真相的揭示是在对立双方之间展开的，必然呈现对立的方向，司法裁判要在证明力不同且相互矛盾的证据中作出判断，只能是一个自由心证过程，这个认识结果未必是客观的，所以真相探知必然有认识不能的问题。第五，真相探知或许可以从“绝对客观”向“相对客观”后退，甚至建立证据证明力的标准，但这在逻辑上又面临困境：“相对客观”如何能体现正义，又如何能确立司法的权威呢？① 因此真相探知又有逻辑不能的问题。由于面临着技术不能、成本不能、时间不能、认识不能和逻辑不能的困惑，以客观事实和实质正义为核心的司法文化就必然需要在理性主义传统之外的后现代思潮中找寻思想资源，在方法论层面从技术角度克服和超越既有局限。

根据后现代法学理论原理解释，司法裁决所依据的事实不一定是所谓的客观真实，或叫客观真相，它完全可能是在法院组织下，“根据证据法规则、法庭规则、判例汇编传统、辩护技巧、法官雄辩能力以及法律教育成规等诸如此类的事物而构设出来的，总之是社会的产物”。② 案件真相有如一文本，当事各方的证据则是对文本的解释，作为裁决依据的事实，自此从“文本”向“文本的解释”后退，也即“从客观真实观转向法律真实观”③ 这虽然并非当下具统治力的学说，但它的革命性影响已释放出来，将极大推动我们司法文化的变迁。首先，真相不再绝

① 张卫平：《证明标准建构的乌托邦》，《法学研究》2003 年第 4 期。

② 吉尔兹：《地方性知识：事实与法律的比较透视》，转引自梁治平：《法律的文化解释》，三联书店 1998 年版，第 130 页。

③ 汪建成、孙远：《刑事证据立法方向的转变》，《法学研究》2003 年第 5 期。

对了，如果因为没有证据输掉官司，或者因你提供的证据证明力相对弱势输掉官司，即使客观上你是有“理”的，你也不会再抱怨司法不公了，你终于会认识到在通过司法保护自己的权利方面，你本人也有责任。其次，真相探知也不再绝对了，立法将均衡地在各当事方之间分配举证责任，查清真相不再是诉讼活动的中心，并且也不再是法院的天然义务。裁判结果的可接受性将主要来源于程序的正当性而不是裁判事实的客观性。[①] 这样的安排不仅解放了法院，使司法权的消极、中立特性得以保持，而且有助于重新审视司法权威性的依据：不是因为正确所以司法拥有权威，而是因为司法拥有权威所以它正确。司法公正的概念、冤假错案的概念都需进一步反思，法院和法官的道德义务与形象必将重构。第三，诉讼博弈意识将开始形成。如果说真相只有一个文本，而运用证据规则建构起来的事实即对文本的解释则可能是多重的，所谓“公说公有理，婆说婆有理”。显然，提供证据能力较强的一方就有可能更多地影响法官裁决，当事人提供证据的能力及胜诉意志将越来越成为案件结果达成的重要因素。第四，司法公正的内涵逐步变迁。人们将更多地以程序正义的尺度而不是实质正义的尺度来评判司法，法院可以将自己的精力从对真相揭示的沉重负担中解放出来而致力于证据规则的完善、当事各方诉权均衡维持，以及提升驾驭反向证据的能力，等等。

现代文明世界法治实践在案件事实真相问题上仍然十分纠结，大陆法系的职权主义诉讼模式法庭追逐真相与英美诉讼传统司法竞技主义孰优孰劣难以判断。司法竞技主义或诉讼竞技主义是指当事人双方在规则范围内并在法官主持和节制下进行法庭争斗竞争[②]，在对抗制诉讼的每

---

① 易延友：《证据法学的理论基础》，《法学研究》2004 年第 1 期。

② 张建伟：《司法竞技主义——英美诉讼传统与中国庭审方式》，北京大学出版社 2005 年版，第 9 页。

个阶段和环节均可见到，尤其在美英法系民事诉讼中，这是普遍现象。在我国民事诉讼改革进程中，对抗式的审理模式逐渐因其形式上的公正及庭审节奏及结构的逻辑美感而被认同接纳甚或欣赏推崇。法官可因此减少外界对庭审的干预程度，调查取证、询问当事人和证人的必要性和压力可得到适当缓解。但当事人若不能有足够意愿和能力、知识、技巧在诉讼中进行有效攻防，诉讼平衡的外部形式也变得令人无法接受，因而这一“当事人主义诉讼模式”被认为走入了误区，大陆法系的职权主义诉讼模式的优势又被再度正视。总结起来，对抗制诉讼的消极方面主要有：一是不利于查明案件实质真实。因为出于胜诉动机，当事人倾向于展示有利于自己的证据，而不利于法庭发现案件全部的或重要的案件事实。而且，对抗制诉讼的裁判依赖于当事人在法庭展示的证据事实，事实上裁判的根基就不再是案件本身事实，而是辩护技巧的竞争，这会诱惑当事人和律师，引发当事人的道德危机。并且，当事人的诉讼竞技能力是其社会能力的延伸，裁判若受当事人的诉讼能力影响，也会强化既有的社会等级，有更多资源的一方在诉讼中会更有可能胜出。这样，司法就不仅没有解决问题，反而又制造了问题。①

在英美法系的对抗制诉讼中，法官更多关心的是诉讼规则的遵守而非案件本身的事实真相，这与中国司法文化和诉讼人群的知识与预期、行为模式均有所差异，通常，中国司法机关预期能最大限度地发现和尊重案件的客观真实，这是司法公正的基本内涵。同时，以投机或以社会资源占有的优势进而谋取诉讼不当优势，不只被认为是对个案公正的伤害，而且涉及政权合法性的重大政治原则，扶弱抑强的原则通常被看成

① 龙宗智：《试论我国刑事诉讼中的对抗制因素及其合理限度》，《江海学刊》1998年第2期。

社会公正的一部分。而当事人之间为使自身利益最大化而在诉讼中过多的资源投入以及激烈冲突对双方对立立场的强化，不仅不利于法官查明案件真相，也增加了法院裁决的可接受性难度。法官权力扩大在民事诉讼改革中是一个方向，合乎国际潮流。英国司法改革中，法院加强了对案件的程序管理权，法官对证据的主导和控制得到强化。[①] 法官在指导诉讼、塑造案件结果方面发挥着越来越重要的作用，当事人诉讼行为的竞技性色彩有所削弱。法官在法律运用和程序运行层面受当事人诉讼表现影响较小，但在查明案件事实过程中，当事人提交证据询问证人等方面的能力、技巧或表现，对法官判断案件事实有重要影响。若法官有充分的准备和分析判断能力，能洞悉诉讼过程中许多不正当举证与陈述，主导案件向发现真实的方向有序推进而不至于掉入一方当事人设置的事实或真相黑洞，则可为案件公正处理奠定基础。

《中华人民共和国民事诉讼法》第六十四条规定，“当事人及其诉讼代理人因客观原因不能自行收集的证据，或者人民法院认为审理案件需要的证据，人民法院应当调查收集”。为避免过多增加法院的讼累，《关于民事诉讼证据的若干规定》，对“人民法院认为审理案件需要的证据”限定在涉及可能有损国家利益、社会公共利益或者他人合法权益的事实以及与实体争议无关的程序事项。除此之外，人民法院应当依当事人申请决定，调查收集证据。由于法官负有确定案件事实并在此基础上作出裁决职责，适当承担调查取证在相当多案件中仍有必要。这可确保庭审查明案件事实的过程和结果尽量少地受辩论技巧、诉讼策略等的影响，并导致诉讼失衡致一方当事人因受诉讼能力制约或举证不能而使案件结

① 徐昕：《英国民事诉讼与民事司法改革》，中国政法大学出版社 2002 年版，第 29 页。

果显失公允。绝对化当事人的举证责任，不是司法改革的制度目标，也背离这一改革的核心价值。事实上，许多大陆法系风格的司法体系中，法官调查取证不仅被认为是重要的，并被认为是更可能推动案件真相的发现与还原，是一种可能更公正因而更有效率的诉讼制度的应有之义。法庭在庭审过程中，应发挥举证指导和释明方式维持程序正义与诉讼平衡。对当事人证据形式不合要求、证据不充分等应予以主动的告知解释说明，使当事人对此有充分的认知。对证明责任的分配，法官对负有证明责任的当事人应当充分完整地向当事人释明，使其明确了解自己的责任及其不履行责任的风险与法律后果。由于对控式诉讼模式中，当事人参与抗辩式证据调查能力有差异，法官要及时准确掌握诉讼状态，在必要时予以介入以主动向当事人、证人发问等方式，使案件事实的发现和还原流畅完整。此外，法官依法积极控判庭审进程，保障当事人的诉讼活动和整个的庭审过程的正常运行。法官在整个过程中，是主持者、主导者和终极裁判者，不能听任当事人或其代理人过度利用诉权或诉权滥用，证据调查、诉讼推进的方式节奏等都要处于法庭的控制之下。当然，法官根据具体情况予以诉讼能力较弱一方当事人一些必要指导，主要目的是确保案件真实事实的发现和还原，而并非通过个案对社会资源较少或社会地位较弱一方予以格外救济，自然也不会因此而牺牲个案原本的正义。为法官保留适当调查取证以及控制诉讼的权力，对当事人的诉讼竞技加以适当干预控制，最大限度发现和还原案件事实，仍是现阶段中国司法的常态。

本章的案例中，真相或者客观上难以证实，或者既有证据无法重建，裁决所依据的事实都不是通常的客观事实，但法官们综合判断了全案事实与证据，准确把握了案件焦点，设计了合理审判策略，作出了尽可能公正的裁决，总体上遵循了以事实为根据、以法律为准绳的司法原则。在案例一森林火灾事故案件中，法官将案件事实部分的审查重心聚焦在相关政府机关对火灾事故原因的认定上，通过对权威结论合法性确认为案件裁判建立了法律事实的强大基础，避免了卷入对火灾事故客观真相的争执。不可否认，塑造本判决结果的主观方面，确有服务大局的司法理念。森林火灾事故涉及众多群众利益，保护弱势群体是司法公正的应有之义。但决定本案结果的关键，仍然是对相关政府机关火灾事故鉴定结论的认定，也即是说，即使火灾客观真相永远消失，支撑法庭裁决的依旧是案件的法律事实。案例二兄弟借条债务争议与森林火灾事故在事实方面严重不同。此案中，原被告与法官相比，对争议事实的真相更为清楚，但恰恰又是法官来确认真相并作出裁决，因此，法官必须确定适当审理策略。法官不应当将审理的重心放在客观真相确认实质问题上，而应根据法律对举证责任规定着重审查双方证据证明力，通过程序性审理绕过真相审查直通判决。本案并未直接回应借条对应款项是否归还，只是因为被告举证不能而支持了原告主张。这一判决当事人可能不满意，但对这一结果最不满意的是本案法官。因为直到本案二审终结，一审裁判被支持并被执行，作出本案裁决的法官仍无法确认自己的裁决是否支持了诚实。本章案例三定金收据对应款项是否支付案中，表面上看法官采用了更积极的审判策略，明显支持原告对案件事实的主张，但这一选择有强大证据支撑。这一强烈影响法官对案件事实判断的证据就是原告向法庭提交的录音证据。对于未经对方同意的录音录像证据合法性问题，在当代中国法律生活中一直有争议。在最高人民法院 1995 年《关于未经对方当事人同意私自录制其谈话取得的资料不能作为证据使用的批复》中，法庭不承认此类证据的合法资格。不过，这一情况有重大改变。2002 年 4 月 1 日开始实施的最高人民法院《关于民事诉讼证据的若干规定》第 68 条规定，除了以侵害他人合法权益或违反法律禁止性规定的方法取得的证据外，其他情形不得视为非法证据，此类证据一般具备合法性。本案法官确认了录音证据的证据效力，奠定了本案裁判的事实基础。本案被告极力想推翻这一证据，除了对原告作道德批判外，在本案后来上诉过程中一度申请对录音证据作真实性鉴定。在法官反复告知此证据的合法性后，被告放弃了鉴定申请，二审也维持了一审判决。

为法官公正裁判建立可实践基础是法治国家工程重要的一部分。曾经一度我们把“感情确已破裂”作为法官判决离婚的标准，这一规则的荒谬不仅在于其难以把握，而且此类主观尺度根本就不应成为法律规则。这一类标准在当下中国法律生活中或已不多见，但过度的客观真相追逐仍会困扰司法。法官们在客观真相、法律事实与事理人情、社会环境之间平衡的努力，对司法品质的影响应当是正面的，需要支持，也值得期待。

第六章　法律规则与司法裁判

当代司法裁判正当性评判基本尺度是与法律规则的一致性，即司法须以法律为准绳。实践中对此问题造成困扰的可能不是裁判者有意挑战法律规则权威，而是法律规则自身的供应问题。当个案裁判所需依据的法律规则出现空位、容易忽略混淆或者只是赋予了裁量空间时，裁判就不再是一件简单的工作。法律规范的完善是动态的，裁判依据的法律永远处于不确定状态，锁定、澄清与释明裁判所依据的法律规范，就是日常司法的常态。合格的司法，要求法官熟悉规则及其原理，能综合案件的各方面要素，为每一个案件确定裁判的法律依据。司法实践中，有几类情形检验着法官的法律规则理解和应用能力。一种是可适用当下案件的明确无争议法条空位，裁判需为案件裁判选择适当规范为当下案件建立法律依据。另一种情况是，可能适用于当下的法律规则容易忽略或混淆，法官需要谨慎识别和选择。还有更普遍的情形是法律赋予了裁判空间，但须由法官在个案中具体适用，法官得负责任地运用自由裁量权，使案件裁判的结果既能体现法律的公平正义，又最大程度回应各方当事人的利益关切，降低诉讼的消极影响。下面的案例都来源于西部民族地区司法实践，这些案例呈现的，既有裁判者的专业素质和审判能力，也折射出日常基层司法的真实状态与环境。

一、法条空位时的规则确定

将法律规则适用于具体案件，是司法的基本内容。不过，并不是每个案件都有明确无争议的法条可直接沿用，在出现这种法条空位时，法官必须根据法律规范的价值体系与内在逻辑，确定适当法条以裁判具体案件。

案例一：原告杨某鹤、李某玉、赵某成均系某市第二人民医院退休医生，1990 年至 1993 年陆续退休后分别开办个体诊所。1994 年 6 月起，原告退休前所属单位市第二人民医院以各种理由部分或全部扣发了三原告 1996 年至 2006 年期间的退休金及劳保待遇人民币 48 万余元。经与被告反复交涉及寻求其他路径救济无果后，向法院提起诉讼，请求法院判令被告向原告支付扣发的退休金及劳保待遇相应款项。

法院于 2010 年 10 月 22 日立案后，依法组成合议庭适用普通程序公开开庭进行了审理此案。

原告诉称：三原告均为被告市第二人民医院的执业医师，原告杨某鹤于 1992 年 3 月 28 日退休，工作年限为 39 年；原告李某玉于 1990 年 9 月 1 日退休，工作年限为 33 年；原告赵某成于 1993 年 6 月 29 日退休，工作年限为 35 年。原告退休后，经被告同意，按法定程序申办开设了私人诊所，由市卫生局分别颁发了开业执照。后被告认为三原告开业行医与医院争夺病源，影响了医院的正常收入，于 1994 年 10 月至

1996 年 4 月扣发了三原告 90% 的退休金及劳保待遇，自 1996 年 5 月至 2006 年 11 月扣发原告杨某鹤、赵某成全部退休金及劳保待遇，自 1996 年 5 月至 2006 年 1 月扣发原告李某玉全部退休金及劳保待遇。三原告曾通过申请人事仲裁、行政诉讼等多种方式主张自己的权利无果，特提起诉讼。

被告辩称：该医院属差额拨款单位，在职职工工资和退休人员退休费主要靠医院经营收入自行负担。退休医师由于在医院长期工作，形成了较高声誉并积累了深厚的病人资源，退休医师自行开业分流病人资源，对医院造成了恶劣影响。该省卫生厅针对上述情况，为减少不利影响，于 1990 年下发 505 号文件《社会办医暂行管理办法补充规定》，规定退休医师在开业期间，其原所在单位可暂停发给退休工资。1995 年 521 号文件《关于医务人员退离休后开诊问题的复函》重审了上述规定。1996 年的 218 号文件《关于加强非全民医疗机构审批管理工作的通知》停止了执行该规定，但规定了离退休医务人员主办或者参与其他医疗机构工作的，须征得原单位的同意。根据这些主管机关文件规定，医院院办 21 号文件《关于下发我院对退离休医务人员从事个体行医的管理规定》，对退休医师个体开业行医进行了相关规定，三原告均表态同意该规定但表示要继续个体开业。医院根据该规定从 1994 年 10 月 1 日起按年度财政拨款的全院职工人均数额标准向三人发放退休费 66.6 元 / 月和医药费 200 元 / 年。1996 年 4 月，医院下发 07 号文件《关于我院医务人员退离休后行医管理补充规定》，停发三原告全部退休费。李某玉、杨某鹤分别于 2006 年 1 月、11 月关闭诊所并向医院报告，医院按规定开始向三人发放退休费。医院认为，依据政策法规规定和医院职代会讨论决定，不发退休费并不违法。

本案原告在基层卫生单位工作数十年，退休后开办一个小诊所，意在专业上“发挥余热”的同时，能增加一些收入，这是20世纪末期的中国基层众多退休医务人员的梦想。鉴于当事人“国家干部”身份，这一愿望的实现在当时并不容易。本案被告在原告诊所开业后即逐渐减少直至停发了原告的退休金和福利待遇。尽管后来几位原告据理力争，尝试了多种救济方式，向卫生主管机构提出控告、申请仲裁、行政诉讼等，但一直未获实质回应。

不过，本案被告也有苦衷。作为一个财政部分拨款单位，其运行费用包括发放退休金，主要靠医院筹措，但基层卫生机构设施及其他条件限制，运行经费一直比较紧张。所以，当上级主管机关规定退休医师在开业期间，其原所在单位可暂停发给退休工资时，被告对原告开办诊所是乐观其成的。为规范此类事项，被告还出台了相应规定。尽管上级主管机关1996年的218号文件停止了执行暂停发给退休工资规定，但被告仍以该规定中离退休医务人员主办或者参与其他医疗机构工作的须征得原单位的同意条款，继续扣发原告退休金及劳保待遇，认为这是其“同意”这一权力的对价。被告认为，原告知道医院的相关规定，与医院有“同意”其个人诊所继续开业的默契。原告在关闭个人诊所后追讨期间被告扣发的退休金及劳保待遇做法，不仅违背了医院的相关规定，也破坏了被告“同意”原告继续开办诊所的共识与默契。

本案法官需要特别在意的不是原告的无奈与被告的苦衷，而是为案件的裁判寻找合适的法律依据。原告退休时身份是“国家干部”，现行法律并没有可直接沿用的条款适用本案争议处置。近几十年中国社会和法制快速发展之下，成长并不均衡。事业单位退休人员再就业、退休金发放等制度不断改革，相关法律规范也在不断完善过程中，出现此种情况也并不意外。本案中，原告退休金及劳保待遇是受法律保护的，被告单位内部规定及上级主管机关的规定都不能与此相悖，何况1996年该主管机关已对原规定作了纠正。原告在特定环境中对被告扣发退休金和劳保待遇的接受不能理解为真实意思表示，即便原告当时对此认同，也非不可逆转的权利处分，有随时对此重新主张的权利。因此，法官认为，应直接以拖欠劳动报酬争议的普通民事纠纷处理。

由于卫生系统内此类情况并非个例，裁判可能产生较大社会影响，为使相关单位对此影响有所准备，减缓可能的冲击，法院在裁判前与卫生主管部门等相关单位作了反复而充分的释法明理。法院在判决书中确认因劳动工资报酬的支付发生的争议，属民法调整的范围。法院认定，被告市第二人民医院依据省卫生厅 505 号文件、市第二人民医院 021 号文件、市第二人民医院院 07 号文件，扣发原告杨某鹤、李某玉、赵某成的退休金，其目的是限制离退休人员从医，与我国现行的法律、法规相悖，因而构成民事侵权，应承担全部民事责任。原告的诉讼请求于法有据，应予支持。据此，法院判决支持了原告诉讼请求。

二、容易被忽略和混淆的法律规则适用

司法实践中，以法律为准绳并不是一件简单的事，有些情况下，可能适用于当下的法律规则容易忽略或混淆，或者需要释明含义，这种时候就会考验法官的专业素养，法官必须运用专业判断力，谨慎识别和选择执行相关法律规则。在西部民族地区法律生活中，民事、刑事司法中，这种考验随时可见。

案例二： 2013 年 3 月间，被告人吴某英路过南涧县宝华镇小阿柱河边时发现地里有罂粟，并摘了罂粟包拿回家中。2013 年 10 月，被告人吴某英将罂粟子与蚕豆、大麦相混杂种植在自家的豌豆

地里。2014 年 4 月 15 日，公安机关依法予以铲除，经清点，被告人吴某英种植的毒品原植物罂粟可疑物共计 1450 株，并予以扣押。经鉴定，该植物确定为罂粟科罂粟属的罂粟。此案后由检察机关以非法种植毒品原植物罪提起公诉。

此案庭审中，被告辩称，不知道种植罂粟犯法，种植目的是用其为人畜治病，没犯罪动机。如何判断和评价被告的辩解呢？法官并不否认被告辩解的诚实。法官知道，很多时候，我国边远山区的农民，特别是文化程度低的农民，他们从世代生活经验中知道罂粟可以给牛、猪治病，人咳嗽时服用可以镇咳，胃痛了可以止痛，罂粟杆、叶也是治疗一些家畜、家禽的饲料，对罂粟是毒品原材料并不十分清楚，也对它的社会危害性并不知晓，以此目的种植罂粟并不会造成太大的社会危害性。本案中，吴某英就是怀着为牛治病的目的种植的，因为没有任何证据表明，她有为制造毒品提供原料或持有毒品的事实。她本人文化程度较低，对罂粟的社会危害和可能产生的后果可能并不十分清楚，其辩解部分成立。

从非法种植毒品原植物罪的相关法律规范看，我国在 1979 年的刑法中并未规定制裁这种行为的单独罪种。直到 1986 年颁布实施的《中华人民共和国治安管理处罚条例》第 31 条才规定，非法种植毒品原植物构成犯罪的，依法追究刑事责任。刑事法律规范中最早对此作出规定的是全国人大《关于禁毒的决定》，其中规定了非法种植毒品原植物罪，1997 年刑法中对该罪给予了确立。毒品原植物是制造毒品的源泉，非法种植毒品原植物是导致其他毒品犯罪的主要物质基础。要从根本上惩罚犯罪，必须惩治非法种植毒品原植物的犯罪。根据我国刑法和现有理论的通说，所谓非法种植毒品原植物罪，就是指明知是罂粟、大麻等毒品原植物而非法种植且数量较大，或者经公安机关处理后又种植或者抗拒铲除的行为。行为人具有非法种植毒品原植物的行为，并且情节严重，构成非法种植毒品原植物罪。

本案被告非法种植 1450 株毒品原植物罂粟，属刑法第 351 条第 1 款规定的情节严重行为，构成非法种植毒品原植物罪无疑。的确，我国禁毒法规将非法种植毒品原植物行为规定为违法犯罪行为，是出于对毒品原植物种植严格管理的客观要求。种植此类物品数量较大的，即构成犯罪，而不要求有特定的犯罪目的，只要行为人明知是毒品原植物而仍然故意非法种植即可构成，至于行为人是出于观赏目的，还是出于出售牟利目的，抑或制取毒品的目的等，并不影响罪名成立。然而，也应看到，我国关于非法种植毒品原植物罪的规定，有一个基本目的，就是要打击为毒品麻醉品制造提供原料，也就是说其主要目的是打击以制造毒品为目的的种植毒品原植物犯罪。从本案被告犯罪的主观犯意看，不能认定其有制造毒品或为他人制造毒品提供原材料犯意，其行为社会危害性相对较小，应对此情况在量刑中体现。法院最后认为，被告人吴某英违反国家毒品管理法规，非法种植毒品原植物罂粟 1450 株，其行为已触犯《中华人民共和国刑法》第三百五十一条第一款之规定，构成非法种植毒品原植物罪。公诉机关指控的罪名成立，予以支持。被告人吴某英归案后能如实供述犯罪事实，根据《中华人民共和国刑法》第六十七条第三款之规定，可以从轻处罚。公安机关扣押在案的 1450 株毒品原植物罂粟，依法予以没收。公诉机关的量刑建议适当，予以采纳。据此，根据被告人的犯罪事实、犯罪性质、情节和对社会的危害程度，依照《中华人民共和国刑法》之规定，判决被告人吴某英犯非法种植毒品原植物罪，判处有期徒刑二年，缓刑三年并处罚金人民币 5000 元。

本案中，法庭并未否认被告的辩解。法院准确把握了非法种植毒品原植物罪的构成要件，综合考虑了本案的各要素，作出的裁判既维护了法律尊严，向社会传递了对毒品犯罪零容忍的坚定立场，又考虑了被告主观恶性较小，对其从轻量刑，体现了法治文明的气度与风貌。

案例三： 小河镇A煤矿长期向B砖厂供应煤炭，2011年10月10日双方就煤炭款进行结算，其结果为B砖厂尚欠小河镇A煤矿煤炭款人民币19万元，B砖厂为此向小河镇A煤矿出具欠条一张。之后，虽经反复催促，此笔欠款一直未支付，小河镇A煤矿于是向法院提起诉讼，请求法院判令B砖厂支付所欠煤炭款项。

原告小河镇A煤矿诉称：被告因生产经营所需向原告购买煤炭，双方于2011年10月10日就煤炭款进行结算，其结果为被告欠原告煤炭款人民币19万元。被告因当时无现金支付，故向原告出具欠条一张。之后，虽然被告数次承诺付款，但还是未能实际支付分文。原告派员在2013年初找到被告当时法定代表人江某松，其承诺在2013年年底支付，且在该欠条上签字批注。但此后被告却一直拖欠该款未付。

被告B砖厂辩称：（1）原告所诉欠款，被告不知情。B砖厂原为江某松所有，江某松在2011年将砖厂转让给了现投资人杜某刚，双方于2011年11月30日对工厂进行了转移交接，其中不含案涉债务款项，所以对欠款是否真实存在被告不能确认。（2）原告提交的欠条是2011年10月10日，即便欠款存在，至今也超过诉讼时效期间。综上，请求驳回原告的诉讼请求。

法院审理查明：被告B砖厂系个人独资企业，其投资人原为第三人江某松，2013年1月以后变更为杜某刚。原告于2011年10月以前，根据与第三人达成的口头协议，长期向被告供应煤炭。双方在口头协议中对货款的支付期限未作明确约定。2011 年 10 月 10 日，经原告与第三人结算，确认尚有煤炭款人民币 19 万元未付。第三人为此以被告名义向原告出具了一张未载明付款期限的欠款为据，欠条同时加盖了被告印章。此后，因被告未支付该款，原告曾于 2013 年初向第三人催收，但至今仍未获清偿。

一审认为，本案第三人在作为被告投资人期间，因被告企业经营需要而向原告购买煤炭，欠付货款未付的事实清楚。被告依法应负清偿该欠款的义务，该清偿义务不因被告投资人的变更而免除。由于原、被告在口头买卖协议中对货款的支付期限未作明确约定，双方结算后出具的欠条也未载明付款时间，被告称原告起诉已过诉讼时效期间的抗辩意见，不符合法律规定，法院不予采纳。据此判决被告 B 砖厂向原告小河镇 A 煤矿支付欠款人民币 19 万元。

初看起来，一审判决看似没有问题，其中却包含着重大法律规则理解错误。的确，一审法院已查明 B 砖厂系个人独资企业，却忽略了对个人独资企业法律性质的仔细考查，使裁判失去了合法支撑。

一审宣判后，被告 B 砖厂提出上诉。二审查明的事实与一审查明的事实一致。二审认为，根据《中华人民共和国独资企业法》第二条“个人独资企业，是指依照《中华人民共和国独资企业法》在中国境内设立，由一个自然人投资，财产为投资人个人所有，投资人以其个人财产对企业债务承担无限连带责任的经营实体”，第十八条“个人独资企业投资人在申请企业设立登记时明确以其家庭共有财产作为个人出资的，应当依法以家庭共有财产对企业债务承担无限连带责任”的规定，个人独资企业是以投资人或投资人家庭共有财产出资的、对外以投资人或投资人家庭共有财产承担无限责任的经营实体，因此，个人独资企业不具有企业法人资格，故个人独资企业对外的债务应当由投资人独立承担无限连带责任。本案中，2011 年 10 月 10 日，经小河镇 A 煤矿和 B 砖厂的投资人江某松结算，并确认尚有煤炭款人民币 19 万元未付。江某松以 B 砖厂名义向埝塘湾煤矿出具了欠据，并加盖了 B 砖厂印章，但这不影响江某松作为个人独资企业投资人对该债务承担无限责任。因此，虽然江某松将松福砖厂转让给杜某刚，且杜某刚仍以“松福页岩砖厂”名义进行经营，但小河镇 A 煤矿、江某松、杜某刚并未达成转移上述债务的协议，该债务仍属小河镇 A 煤矿和江某松作为投资人之间的债权债务关系。据此，小河镇 A 煤矿主张现在杜某刚作为投资人的 B 砖厂承担原江某松作为投资人的原 B 砖厂的债务无事实和法律上的依据，不应予以支持。据此，撤销原判，判决驳回原告的诉讼请求。

一审未考虑到第三人江某松应对其投资的个人独资企业承担无限连带责任，有重大法律规则理解错误，适用法律错误。二审认为原审判决认定事实清楚，对原被告及第三人之间的债权债务认可，但认为一审法院适用法律错误，个人独资企业不具有企业法人资格，其在转让时并未对该笔债务进行转移，因此在转让前的债务承担应由原投资人承担无限连带责任，故原告主张由现投资人投资的该企业承担原投资人投资的原企业债务不予支持。本案一审法官的疏忽在法律实务中十分常见。法律规则看似明了，其中有许多内涵只有在体系逻辑中才能准确理解适用。因此，所有法律人都应对法律体系的博大精深心存敬畏。

三、司法实践中的自由裁量权运用

德沃金认为，自由裁量权是指“执法者拥有不受审查的作出决定的最终权力”。[①] 司法是依据法律规范处理具体案件的活动，法官在法律框架内的自由裁量权运用质量，不仅左右着个案当事人权益实现，也锁定了一个社会司法品质的下限，正直而专业的法官团队的努力会提升公众对司法乃至政权的认同和支持。下面案例来自西部民族地区法官依法行使自由裁量权的状态。

案例四：2013 年 11 月 30 日晚，村民冯某东、李某月邀约未成年人董某浩、董某林吃烧烤，聚餐时均饮酒。其间村民黄某震将其送还董某林母亲陈某平二轮摩托车交董某林。聚餐结束后，董某林驾驶该摩托车搭乘董某浩离开，在途中发生交通事故，董某浩当场身亡。董某浩父董某华、母张某莲向法院提起诉讼，要求被告董某林、聚餐邀约人冯某东、李某月、将摩托车交董某林控制的黄某震等赔偿死亡赔偿金等人民币 49 万元。

原告诉状中陈述了案件基本事实。2013 年 11 月 30 日晚，被告冯某东等人到董某营邀约董某浩到旧站吃烧烤，并用微型车将董某浩接走，董某林也一同去。吃烧烤时，董某浩、董某林均饮酒，其间，董某林母亲陈某平叫被告黄某震将涉案的二轮摩托送到烧烤处让董某林骑回家，并将车钥匙交给董某林。烧烤结束后，董某林驾驶摩托车邀董某浩同乘，其余人员没有出面阻止，23 时许，董某林驾驶该摩托行驶至沪瑞线 K3090 + 400 米处时，与右侧行道树发生相撞，造成车辆受损，乘车人董某浩当场死亡的特大交通事故，事故经交警认定，认为董某浩、董某林两人驾乘关系证据不足，故因无法查获道路交通事故事实，无法认

① 参见张文显：《二十世纪西方法哲学思潮研究》，法律出版社 1998 年版，第 626 页。

定事故责任。董某浩、董某林均系未成年人。原告认为，董某林驾驶摩托车事实清楚，其无证驾驶，导致事故发生，作为车主（监护人）故意将摩托车交给未成年人驾驶，对事故发生有重大过错，应承担事故全部责任，另几个被告也应依法承担相应责任。故起诉要求判令被告赔偿给原告儿子死亡的死亡赔偿金、丧葬费、精神抚慰金合计人民币 49 万元。

本案事故发生的基本环节是清晰的，在与成年熟人聚餐后，两个饮酒后的未成年人驾驶摩托车离开，途中发生交通事故致一驾乘人员死亡。不过，由于事故幸存的董某林声称事故发生时摩托车由董某浩驾驶，交警部门因此认定无法确定驾乘关系，这意味着，在事实层面，事故发生时摩托车驾驶人这一问题看似无解。然而，这一疑问总体上并不对裁判者构成困扰，交警部门无法确定驾乘关系的认定就是裁判可依托的法律事实，法院自然也不必对此再作探究。本案裁判者的挑战是，如何确定和合理分配相关各方责任。

尽管事故幸存者董某林辩称，自己并未驾驶事故摩托车，交警也未认定事故发生时的驾车人，而董某浩无驾驶资格且酒后驾车，事故责任应由死者承担。但交警部门的事故认定恰恰已锁定了董某林法律责任，其对交警部门认定的误读并不影响法官在此作出判断。但要认定聚餐邀约人冯某东、李某月和归还摩托车的黄某震应对事故发生承担民事责任，却大大超出了当事人的认知。裁判者所拥有的注意义务理论并不能直接构成对当事人疑惑的驳回，必要的说理和适当的裁判就不只是法官的道德义务而是基本职责。

本案法官确认了案件基本事实，审理查明：本案事故死者董某浩与董某林系堂兄弟。2013 年 11 月 30 日，被告冯某东受被告李某月的安排用微型车将董某浩接到旧站吃烧烤，董某林亦随董某浩同行。在吃烧烤的过程中，董某林、董某浩均饮酒，其间，被告黄某震将向陈某平（董某林母亲）借的摩托车及钥匙交给董某林后离开。吃烧烤结束后，董某林、董某浩驾驶该摩托车于23时25分许在沪瑞线K3090＋400米处发生交通事故，造成董某浩死亡、董某林受伤、摩托车受损的交通事故，因驾乘关系不明，交警未作事故责任认定。另查明，肇事摩托车系被告陈某平所有，肇事当天系陈某平借给有驾驶资格的被告黄某震使用。

法院认定了案件性质，指出，本案事故的发生虽系交通事故，但驾车人系未成年人，且在案证据亦不能确定驾驶人的情况下，应根据各方原因力大小来确定相关人员责任，故本案定为生命权纠纷更符合案件实际。法院清晰阐释了确定相关人员的责任问题的法理及依据。法院指出，根据法律规定，多人分别实施的数个行为间接结合发生同一损害后果的，应当根据原因力大小各自承担相应的赔偿责任。本案的主要原因是未成年人酒后驾车肇事，作为驾驶人首先应承担责任，因驾乘关系不明，不能确定事故责任，应适用公平责任，又因董某浩董某林均系未成年人，故二人应承担的责任依法由其父母承担；原告董某华、张某莲及被告董某贵、陈某平作为两未成年人的监护人，未尽到相应的监护职责，亦应承担相应责任，且责任相当。其次，被告黄某震将摩托车交给未成年人，放任未成年人掌控摩托车是导致事故发生的又一原因，其亦应承担相应责任。被告冯某东、李某月作为邀约人，在吃烧烤结束后明知两未成年人饮酒而没有将他们安全送回家，而是放任他们驾驶摩托车，是导致事故发生的另一原因，也应承担相应责任。在具体的责任划分上，本院结合案件实际酌情确定由董某浩、董某林的父母各承担35%的责任，被告黄某震、冯某东、李某月各承担10%的责任。法院依照《中华人民共和国侵权责任法》第十六条、第二十二条、第三十二条，最高人民法院《关于审理人身损害赔偿案件适用法律若干问题的解释》

第三条第二款、第十七条、第十八条、第二十七条、第二十九条，最高人民法院《关于确定民事侵权精神损害赔偿责任若干问题的解释》第八条之规定，作出了判决。

判决看起来小心翼翼，但这种谨慎是必要的。

对董某林可能需要承担一定程度的法律责任，当事人或有预期，而法院判决黄某震、冯某东、李某月承担赔偿责任，不仅当事人难以理解，而且其周围的乡土社会也感到惊讶，这一结果大大超乎他们关于责任的既有知识体系。这种情况并不影响法官对当事人责任的认定，却构成了谨慎裁判的必要性根据。梳理问题脉络，注意义务的法理及扩张适用，对乡土社会的法律生活而言，仍然有异质性。法院当然可以坚定推动这一理论的司法版图，但适当回应乡土熟人社会根置于传统的生活方式、价值观念和秩序体系，是对法官职业能力和素质的考验。注意义务理论扩大了侵权法保护的权利范围，本意是通过对传统民事责任归责原则的创新解释应对工业化以来社会发展的需要，主要是强化特定当事人的义务。本案中聚餐召集人冯某东、李某月在注意义务框架中，属于负有注意义务的特定当事人，但其邀约聚餐不仅具有善意，也通常不会被认为是为了追求自身利益，这与注意义务理论应该适用的大多数情形有所不同。事实上，中国司法实践中类似裁判的广泛适用，还是近些年的事。考虑到现代法制发展趋势，通过裁判参与社会观念习俗的变迁和塑造是司法能动性的体现，本案以注意义务归责确定冯某东、李某月、黄某震承担一定民事赔偿责任符合法理与相关规范，裁判总体上是合适的。现代法制的归责逻辑对乡土社会既有秩序、责任观念和行为体系有所刺激，而一个有责任感的司法裁判在此过程中一定会注意对乡土熟人社会善良互助的伦理生态的尊重。

案例五：个体司机杨某德与养鸡场老板虞某辉夫妇系朋友。2011年11月26日，杨某德在该养鸡场闲玩时，主动帮助养鸡场工人操作拌料机器，不料发生意外导致其伤残。事故发生后，虞某辉方支付了先期治疗费用人民币7万元，现因续医疗等费用无法达成一致，杨某德于是提起诉讼，请求法院判令虞某辉夫妇向其支付医疗费、残疾赔偿金、被抚养人生活费等人民币29万元。

原告在诉状中陈述了案件基本事实。杨某德称，其与被告虞某辉夫妇系多年的朋友，两家人经常走往。后来被告虞某辉在某县下庄镇沐滂村建盖了一个养鸡场，原告也经常到被告家养鸡场附近拉煤炭，偶尔会到被告家闲玩。2011年11月26日11点左右，原告再次到被告家附近拉煤炭，等待装煤炭期间，原告到被告家养鸡场吃了饭后，被告虞某辉让原告和他一起搬机器。后因虞某辉要去接儿子，让原告等他回来以后再搬。原告就在该养鸡场等待。在此期间，被告养鸡场要进行拌喂鸡的饲料作业，因拌饲料的机器的进料口距离地面约1.5米，必须一个人站在进料口附近的铁板边倒料，当场操作人手较少。为帮助此拌料作业，原告杨家德出于好意，提出帮被告家倒料，被告邹某艳表示同意。原告帮忙倒了两桶沙子后准备从作业平台下来，不想被告家的拌料机还有另外一个通风口用白布口袋罩着，原告没有看到，脚下一滑，左脚陷入通风口，被机器搅伤。原告受伤后被送往州人民医院住院治疗，经该院诊断为：（1）左股骨开放性骨折；（2）左胫腓骨开放性骨折；（3）左侧踝关节骨折并脱位等。原告在该院住院55天后出院。原告出院后继续在一乡村诊所诊治，伤势一直没有痊愈，2013年11月6日再次到州人民医院治疗20天，并在该院进行左下肢毁损伤术后（俗称截肢），后又到县人民医院住院治疗12天。出院后经鉴定其后续换假肢的费用为8万元，伤残等级为六级。原告因帮工导致受伤后，多次与被告协商赔偿事宜，被告家仅垫付了第一次住院治疗的费用，就不再垫付原告任何损失。原告无奈，特提起诉讼，要求被告赔偿原告医疗费、住院伙食补助费、营养费、护理费、误工费、鉴定费、安装假肢费、残疾赔偿金、被抚养人生活费、交通费、精神抚慰金等共计人民币 29 万元。

被告虞某辉、邹某艳对案件事实细节的陈述略有不同。被告称，原告与被告相互认识。被告在下庄镇沐滂村从事养殖，原告经常到沐滂村煤山拉煤炭，偶尔会到被告养鸡场喝水闲玩。2011 年 11 月 26 日 11 时左右，原告又到养鸡场等装煤，被告一家及小工早饭已经吃完，原告说没有吃饭，被告邹某艳于是去给原告煮饭，此时虞某辉因要去接孩子，跟原告告别一声就走了。原告吃完饭后，邹某艳正在厨房收碗洗刷，只听到养鸡场房子的某处有人在叫喊，邹某艳立即赶往叫喊地，看到原告时，原告已经受伤。虞某辉回家看到原告受伤后，也没问原因，立即报了 120，把原告送到县人民医院医治，后原告又被送到州医院治疗。整个过程，虞某辉为原告垫付了相关费用。原告入院治疗后，虞某辉又多次背着妻子邹某艳为原告垫交医疗费用，共计为原告支付了医疗等费用人民币 7.3 万元。被告并未邀请或安排原告参与养鸡场作业，也不清楚原告受伤缘由。至于原告称邀请原告搬机器一事，虞某辉称无此事实，被告养鸡场生产一切正常，无需搬弄什么机器。被告还否认了邹某艳同意原告参与拌料作业说法，称原告受伤前后等整个过程，邹某艳一直在厨房洗碗，原告所诉有悖生活常理。

当事人对案件细节的叙述有所不同甚至有些矛盾，这应在意料之中。总体上看，既有案件事实呈现已足够支撑裁判者确定案件性质、认定和分配相关当事人法律责任。

这是一个区别于意外事件、一般工伤、见义勇为的不幸事故。第一，此事件并非意外事件，它发生在原告参与被告养鸡场正常的拌料作业过程中，是劳动活动中发生的意外伤害，原告的损失理应获得补偿。第二，当事人之间并没有正式雇佣关系，原告有关被告邹某艳安排、邀请或同意其参与拌料作业也无法证明。但原告参与相关作业时，该养鸡场有工人在场，至少该工人知情并默许了原告的善意帮助。因此，被告方对此意外的后果承担法律责任，应是有法可依。第三，尽管原告参与拌料作业是为了增进被告的利益，但原告的行为并不符合见义勇为特征，因为当时这种利益并没有面临现实和紧急的危险，原告对此意外的后果也应承担一定责任。本案的原告是不幸的，好意帮忙，不料酿成大祸，自己残疾，朋友遭殃。原告受伤后，为减轻被告经济压力，医疗尚未完成便出院到小诊所进行后续医治，导致伤情恶化，截肢残疾，丧失劳动力，一家人陷入无助与绝望。对被告而言，也是一场意外灾难。被告虞某辉背着妻子垫付医疗费情节，反映了被告的善意和担当。当原告伤情恶化截肢后，被告已发现自己无力负担。对一个乡村养鸡场小老板而言，这一后果已超出其承受极限，是倾家荡产的大祸。此刻，当事人的善良诚实被巨大的金钱压力严重挤压，丧失了主动解决的能力，只能求助于国家司法。法院的裁判既不可能救济当事人的苦难，也挽救不了他们在这一灾难中失去的友谊，但至少可让双方平静地承受这一既定事实。基于这些考量，法官对案件的性质、责任认定、责任分配和庭审过程中释法明理有了系统安排。

本案裁判中，法院认定此案适用帮工相关法律规定。法院宣示了相关法律规定，引用最高人民法院《关于审理人身损害赔偿案件适用法律若干问题的解释》第十四条第一款规定："帮工人因帮工活动遭受人身损害的，被帮工人应当承担赔偿责任。"指出，本案中，原告杨某德在被告鸡场拌料房帮忙倒料被拌料机搅伤是事实，该拌料机距离地面高度在 1 米以上，且当时被告家正在拌料过程中，无论是原告主动帮忙还是被告邀请原告帮忙，均不影响双方帮工关系的成立。被告虞某辉、邹某艳应当承担赔偿责任。法院又指出，原告杨某德在一个高速运转的机器旁帮忙，应当预见或注意到其潜在的危险性而没有加以防范，致使其左脚被机器搅伤并住院截肢，其本身有较大的过错，应当减轻被告的赔偿责任。法院最终裁判，结合案件事实，对原告的损失由被告虞某辉、邹某艳承担 70% 的赔偿责任，原告杨某德自行承担 30% 的赔偿责任较为适宜。根据审理查明的事实及法院确认的证据，原告杨某德符合法律规定的损失为医疗费、住院伙食补助费、营养费、护理费、误工费、鉴定费、安装假肢费、残疾赔偿金、被抚养人生活费、交通费、精神抚慰金等共计人民币 32.6 万元。法院审判委员会讨论决定，判决如下：被告虞某辉、邹某艳在本判决生效之日起十五日内赔偿原告杨某德医疗费、误工费、护理费、残疾赔偿金等合计人民币 22 万元。

案例六： 未成年人杨某浩在邻居未成年人陈某磊家玩耍时右眼受伤致残，因医疗、护理等费用双方家庭无法协商一致，杨某浩监护人于是向法院提起诉讼，要求陈某磊监护人赔偿医疗费、护理费等合计人民币 8 万元。

基本案情：原告杨某浩家和被告陈某磊家居住在同一个院子，平时生活中两家经常来往。2011 年 2 月 17 日，双方家长均外出做生意，原告由其奶奶看管。其间，原告到被告家共同玩耍，玩耍中原告右眼受伤，经省红十字会医院诊断为“右眼球挫伤，前房积血”。同年 2 月 19 日至 3 月 1 日原告先后到州人民医院、省红十字会医院住院治疗，由被告监护人陪同原告治疗并支付了相关医疗费。出院后原告到省红十字会医院复查了四次，支付医疗费用人民币 733 元。市法医院司法鉴定中心 2012 年 2 月 17 日鉴定，原告的伤构成九级伤残。原告方称其受伤系被告陈某磊用玩具枪不慎伤害所致，由此造成的损失被告负有赔偿责任，故诉请判令被告赔偿医疗、护理等各项费用合计人民币 8 万元。原告提供了相应证据。被告方认为，杨某浩与陈某磊共同玩耍是事实，但不知道杨某浩何时受伤、如何受伤。多次向孩子追问，孩子均明确表示不知道原告何时受伤、如何受伤。在原告治疗过程中，被告方陪同并垫付医疗等费用是基于双方是邻居关系和对孩子健康状况负责，是在事实不明的情况下所作的无因行为。杨某浩受伤，应该由有监护义务的人承担责任，而被告方并没有接受原告任何一方的请求代为看护孩子。被告方不应承担赔偿责任，故原告诉讼请求不能成立。

法院审理后认为：原告杨某浩和被告陈某磊在被告家玩耍时眼睛受伤，因无法查清其受伤原因及各方过错情况，故只能确定原告杨某浩和被告陈某磊对损害的发生均无过错。因原告杨某浩和被告陈某磊在被告家一起玩耍过程中眼睛受伤的事实客观存在，且已给其造成较大损失，根据《中华人民共和国民法通则》第一百三十二条“当事人对造成损害都没有过错，可以根据实际情况，由当事人分担民事责任”的规定，应适用公平原则，由原告方和被告方分担民事责任。原告杨某浩受伤后，被告方积极配合治疗并垫付医疗费的行为应予肯定，但不能免除其余责任。根据本案实际，被告方承担损失的数额可参照原告总损失的 50% 予以确定。根据证据，原告损失可参照《最高人民法院关于审理人身损害赔偿案件适用法律若干问题的解释》的规定予以确定，为人民币 8 万元。被告方已垫付的费用，因其拒绝提供单据或陈述具体数额，故无法计入原告的总损失。据此，根据前述责任分担原则，扣除被告已垫付的部分外，确定被告方赔偿原告人民币 3.5 万元。判决由被告方在扣除已垫付的医疗费用后，再赔偿原告杨某浩医疗费、护理费、住院伙食补助费、交通费、鉴定费、残疾赔偿金、后续治疗费等各项损失合计人民币3.5万元。

原被告均不服提起上诉。中级人民法院经审理认为：杨某浩在和陈某磊在陈某磊家玩耍时眼睛受伤的事实客观存在，但因双方均不能提供相关证据证实杨某浩受伤原因及各方过错责任，故只能确定杨某浩和陈某磊对损害的发生均无过错。原审根据《中华人民共和国民法通则》第一百三十二条“当事人对造成损害都没有过错，可以根据实际情况，由当事人分担民事责任”的规定，适用公平原则由双方分担民事责任并无不当。原审判决认定事实清楚，适用法律正确，判决恰当，审判程序合法，本院予以维持。据此，依照《中华人民共和国民事诉讼法》第一百五十三条第一款第（一）项之规定，判决驳回上诉，维持原判。

审理此案的女法官为此发表了审后感言：

> 本案中，原告提供不了被与其一起玩耍的陈某磊致伤的证据，根据民诉法的规定，当事人对自己的主张，有责任提供证据，若严格执行只能驳回原告之诉请。虽然严格执法、忠诚于法律是每位法官的职业准则，但是本案严格执行法律似乎与法律的正义、客观目的相悖，因杨某浩和陈某磊均系未成年人，事发时又无其他人在场，无法排除陈某磊致伤杨某浩的可能性，而根据《中华人民共和国侵权责任法》之规定，被告承担责任确实要有被告有过错的证据。法院根本职能在于解决争议，法官总是踩着正义的轮踏来解决争议的，考虑到原告的损失较大以及社会效果方面，承办法官根据公平原则作出了判决，力争做到让正义和法律能有某种结合。另，被告事先垫付过医疗费是双方无争议的事实，但数额无法确定（原

告不知晓，被告拒绝陈述和提供证据），根据实际情况，承办法官适用了自由裁量权，内心已将被告垫付的医疗费作了评判，故才作出此判决。

案例七：2011年5月，杨某贵租赁钱某华停车场部分场地经营餐厅，租期至2016年5月25日止，约定租金为每年人民币10.8万元，违约金人民币10万元。2015年5月，杨某贵提前退出租约，归还了场地，但对合同解除善后未协商一致，钱某华于是提起诉讼追讨合同剩余期间租金及违约金，杨某贵则对合同期间钱某华违约行为提出反诉。

法院于2015年6月8日立案受理，2015年7月27日被告杨某贵向法院提出反诉，2015年8月21日法院依法适用普通程序对本反诉公开开庭进行了合并审理。

钱某华诉称，其在祥城镇祥临路东侧经营祥瑞停车场。2011年5月18日，杨某贵因经营临沧高快客运班车，需设立就餐服务点而与原告签订《场地转租协议》，合同约定了各方权利义务。合同签订后，双方如约履行。2015年5月，杨某贵单方退出合同，未履行支付2015年5月25日起至2016年5月25日止的租金义务，经双方多次协商解决未果。钱某华认为双方租赁协议合法有效，杨某贵的行为已构成单方违约，应承担违约责任，向原告支付约定违约金10万元，并支付2015年5月25日起至2016年5月25日的租金人民币10.8万元。

杨某贵则称，之所以提前退出合同，是因为对方在双方租赁合同履行中有单方违约行为在先，并非常仔细地将之作了罗列：包括单方改变属租赁物之一的厕所，于2012年7月将原厕所拆除；在租期内，未经同意于2013年10月在租用的场地上堆放矿石，占用出租的场地面积约100平方米且长期堆放，其违约行为导致租赁的场地面积不再符合合同约定；新建厕所占用租赁场地面积37.35平方米，导致承租面积缩小；新建厕所蹲坑减少，且未与城市排污管网相连，污水不能排除，其单方提供的该厕所不能使用；超过电力公司及自来水公司收费标准收取被告水费、电费；违约收取停车费；合同履行过程中，违反约定在水箱自行接水管供其祥瑞旅馆洗涤用水；餐厅和整个停车场的排水沟原与城市排水系统相连，但自2012年7月份起，排水沟被填埋，污水无法外排，被告多次要求协调解决排水问题，但其置之不理；新厕所与石棉瓦房相连，化粪池在房屋窗子下面，导致无法使用租赁物；未按合同约定履行清扫义务；未承担合同约定的厕所用电费；在合同约定时间段外占用租用场地，等等。基于钱某华方上述先行违约情形，提前解除合同不属于违约，不应支付违约金。且违约金约定数额过大，不应支持。杨某贵并提请反诉，要求依法解除2015年5月25日起至2016年5月25日止的转租协议；判令反诉钱某华支付违约金人民币10万元；返还违约收取的水费、电费、停车费共计人民币13.8033万元。

钱某华回应杨某贵的反诉称：租赁物是其向第三方租赁的，把厕所拆旧重建是应第三方的要求拆除，且在拆除时已和杨某贵打过招呼。拆旧新建的厕所只是位置有所变动，其面积设施与原建筑一样，2012年7月改建后正常使用至2015年，对方此前并未提出过异议。杨某贵租用场地本就有部分为双方公用，不存在占用其租赁场地堆放矿石之说。厕所的面积是在东边房屋之外，不属于合同之内的。至于排污，该厕所设计本身就是按照冲水厕所设计的。水电费电力公司认的是总表，总表之下有分表，但是总表的数字与分表相加的不符合，对于超出来的，大家协商后是分摊，杨某贵之前也没有提出异议。收取停车费问题，当时签订合同时口头同意每天为杨某贵方用餐车辆提供免费停车十六七车次，后来实际停车数量增多，之后双方协商超出部分停车应向钱某华交停车费。水箱问题，绝大多数水箱都是杨某贵方在使用，且其状态在签订合同时就存在，当时其未有异议。污水排放问题不符合事实。卫生问题，钱某华方一直都在清扫。解除合同需要双方协商一致，钱某华方不同意解除。

法院审理确认了本案基本事实。杨某贵因经营客运班车就餐服务点，需要相关场地，于2011年5月18日与钱某华协商达成场地转租协议。协议中钱某华为甲方、杨某贵为乙方，协议约定：租用场地位于祥城镇城西祥宁路东侧，甲方向城西四组租用十年现经营着的“祥瑞停产场”内；乙方向甲方租用场地面积为东西方向长30.5米，南北方向长约45米，乙方建房面积外的空场地，甲乙双方共用，但在每天中午11点至下午19点以前这个时间由乙方使用，另外南边大门以内封闭通道面积54平方米；乙方拟建餐饮服务简易房屋于租用场地内南边；乙方建房位置北边场地由甲方提供给乙方停放进场就餐的客运车辆，使用时间为每天中午11点至下午19点以前，特殊情况下如春运加班，或客车途中因故晚点延时使用外，其他时段均属甲方使用，同时乙方不得安排车辆停放，如有停放均按甲方收费收取停车费，在乙方使用时段内甲方不得安排车辆停放，务必确保双方进场就餐客货车停放及出入畅通；甲方向乙方提供停车场内北边的三间石棉瓦平房，电费乙方自负；甲方给乙方提供现有水电设施，即甲方祥瑞旅馆房顶的8立方米储水塔一个单独使用，不完善的给水管道及供电线路，由甲乙双方配合处理，处理费用及租用期间所耗水电费均由乙方据实承担支付；停车场内的公共厕所乙方管理，甲乙双方共用，由乙方投资修缮改造为收费公厕，旅客入厕由乙方收取费用，甲方住宿停车人员入厕免收费用。该公厕的修缮费，日常清洗用水费、管理人员工资均由乙方承担支付。甲方有监督权利，厕所用电不再另安电表，其电费甲方承担不变；租用时间为五年，2011年5月25日起至2016年5月25日止，在租赁期五年内每年租金人民币10.8万元不变。乙方应按时向甲方如数缴纳租金，甲方不得向乙方增加租金及其他附加费；租金支付办法，每年缴纳一次；乙方餐厅周围及正前面客车停放处的环境卫生甲乙双方齐抓共管，按甲、乙双方各自使用时段及具体情况区分清扫责任为，每天上午10点前由甲方清扫一次，每天下午19点前由乙方清扫一次；若任何一方违约，另一方有权向司法机关提起诉讼，违约方必须无条件承担守约方的一切损失责任，此外赔偿守约方10万元违约金。

合同签订后钱某华将租赁场地交由杨某贵管理使用。杨某贵接管后盖了简易餐厅，对厕所的墙体进行了粉刷，修缮过冲水水箱，将通往厕所的路面用水泥加宽，加盖亭子对厕所进行收费。2011年5月至2015年5月期间，杨某贵按期交付了相应租金并正常使用相关场地。在此期间，钱某华以水电表实际数额加收部分分摊损耗的方式向被告收取水电费，并向杨某贵收取了部分19点以后的停车费。2015年5月，双方曾协商解除合同事宜，杨某贵将相关动产搬走后，于2015年5月17日将租赁场地钥匙交予钱某华。后钱某华以杨某贵未按期交付2015年5月至2016年5月期间的租金构成违约为由诉至法院请求解决，法院受理后杨某贵提起反诉。

法院认为，本案争议焦点为双方所签订的租赁协议是否应予解除、在合同履行过程中是否存在违约行为。关于协议解除问题，协议签订后钱某华将租赁场地交由杨某贵使用，前期杨某贵按合同约定交付了租金。双方2015年5月协商解除合同事宜期间，杨某贵将相关物品搬走后，于2015年5月17日将场地房屋钥匙交予钱某华，将租赁场地退还，钱某华接受了房屋钥匙，表明双方已事实上解除了原来所签订的租赁协议中尚未履行部分。现杨某贵反诉要求解除双方所签协议尚未履行部分的诉请，符合法律规定，法院予以支持。钱某华要求支付 2015 年 5 月 25 日至 2016 年 5 月 25 日的租金的诉请，因双方租赁合同已解除，根据《中华人民共和国合同法》规定合同解除后，尚未履行的，终止履行，故该项诉请法院不予支持。

法院认为，对要求支付违约金问题，本案中因杨某贵方在合同期限内提出解除合同，存在违约行为，应承担相应违约责任。根据最高人民法院关于适用《中华人民共和国合同法》若干问题的解释（二）第二十九条规定，当事人主张约定的违约金过高请求予以适当减少的，人民法院应当以实际损失为基础，兼顾合同的履行情况、当事人的过错程度以及预期利益等综合因素，根据公平原则和诚实信用原则予以衡量，并作出裁决。根据本案查明的案件事实、双方约定的租金情况，法院酌情认定由杨某贵支付违约金人民币 3.5 万元。

关于杨某贵反诉要求支付违约金及返还违约收取的水费、电费、停车费等问题，法院认为证据不足，不予支持。据此，判决解除双方场地转租协议未履行部分；杨某贵向钱某华支付违约金人民币 3.5 万元；驳回双方其他诉讼请求。

案例八：2012 年 8 月 26 日，被告人李某武趁本村李某香家中无人之机，翻窗进入屋内，盗走李某香放在箱子内的现金 4416 元；2012 年 8 月 29 日 9 时许，被告人李某武到富家村，趁李某洪家中无人之机，翻窗进入屋内，盗走李某洪放在箱子内的现金 8835 元。后公安机关追回人民币 300 元，发还李某洪。经鉴定，被告人李某武患中度精神发育迟滞，作案时意识清晰，未在精神病性症状的驱使下作案，其实质性的辨认能力和控制能力削弱，对作案具有限制责任能力。

本案盗窃事实没有争议，案件焦点在于，被告人李某武患中度精神发育迟滞，作案时意识是否清晰，是否在精神病性症状的驱使下作案，能否辨别钱的数额。法院经审理认为：被告人李某武以非法占有为目的，秘密窃取他人人民币13251元，数额较大，其行为已触犯《中华人民共和国刑法》第二百六十四条之规定，构成盗窃罪。被告人李某武于1995年4月30日出生在某县南涧镇复兴村民委员会大佛山厂农村家庭，其父因毒品犯罪在十余年前被判刑（仍在服刑），家中仅有母亲为主要劳动力来抚养其和哥哥。李某武因患中度精神发育迟滞，无法接受学校正常教育，仅学习两年后辍学在家，虽能跟随母亲从事简单的劳动，但从小缺乏父亲的关爱和教育，经常独自外出，家人无法找到，其实质性的辨认和控制能力较弱，属智力二级残疾。生理和心理尚未成熟，其实质性的辨认能力和控制能力削弱，是走上犯罪道路的主要原因。法院依照《中华人民共和国刑法》规定，判决被告人李某武犯盗窃罪，判处有期徒刑一年，缓刑一年零六个月（缓刑考验期限，从判决确定之日起计算），并处罚金人民币1000元（限判决生效后一个月内缴纳）。

该案主审法官解释了作出此判决的理由：

《中华人民共和国刑法》第二百六十四条规定，“盗窃罪是指以非法占有为目的，秘密窃取公私财物，数额较大或者多次盗窃公私财物的行为”。这是最古老的侵犯财产犯罪。盗窃等多发性侵财犯罪案件中存在以下问题。一是犯罪分子呈现低龄化趋势。在盗窃、抢夺、抢劫等多发性侵财犯罪中未成年人的比例占据了很大一部分，由于家长外出打工将孩子留在老家忽略了孩子的教育，而未成年人的辨认能力差，很容易就走上了违法犯罪的道路。二是多为结伙作案、流窜作案、作案人员外来化尤为明显。一些长期流荡在社会上的闲散人员，没有正当的生活来源，将盗窃、抢劫作为一种职业，长期流窜各地，连续非法作案获取钱财。三是侵害目标广泛，销赃渠道具有一定隐蔽性。犯罪分子流窜作案之后返回原籍或者再到他地进行销赃，有的直接到废品回收站变卖，很难从表面查出。建议家长首先要关注孩子的成长和教育问题，不能任其发展。社会公众加强自己的法律意识，不贪小便宜，不购买赃物。具体到本案，被告人系未成年人且属智力二级残疾，比较特殊，其父在服刑，家中仅有母亲为主要劳动力来抚养其和哥哥，被告人的盗窃行为主要原因是自我对行为及事件实质性的辨认能力差、行为控制能力弱，家庭及亲友的管教虽有心，但不能达到全面控制的作用。作为家属绝对不能放弃对于未成年人的教育，还是要让被告人做一些力所能及的劳动，从实践中来帮助被告人。本案也是结合案件实际情况，考虑到被告人系未成年人且属智力二级残疾，无法辨别盗窃数额，家庭情况也比较特殊，本着对未成年人“教育、感化、挽救”的方针才作出判决。

四、司法必须为每一个案件建立答案

国家立法无法覆盖所有争议，但司法必须为每一个案件建立答案，这是法律人必须经常面对的事实。实行立案登记制后，基层司法机关尤其西部民族地区乡土司法机关这方面承受着空前压力。问题的出路有二：一方面是增加规则供应，赋予以习惯法为主体的“活法”与国家制定法同等的法的主体地位，扩张司法之“法”版图；另一方面是通过自由裁量权框架和路径，提升优化法官司法能力，回应社会对法律正义的需要。

法的基本功能是建立起社会生活的确定预期，实现秩序、权利与效率的法制正义。国家立法规范着主要的和基本的社会关系，为社会维持和发展供应权利、秩序和效率的正义。国家法之所以有不同寻常的威力，与它的统一性属性有关。因在特定法制体系里的一致性，国家法为法律共同体建立起了确定的预期和标准的行为准则，减少了此法域内各参与主体的交易成本，实现维持、调整和推动社会发展的正功能。国家法规范的基础性、统一性、明晰性、稳定性与强制性，在现代社会治理中呈现出巨大的效能优势。

但在一个复杂的多元社会中，多元规范或多元秩序是客观存在的基本事实，国家法从来就不是孤立的。法的历史发展中，尽管国家法的出现及繁荣是法制史极为重要的篇章，但它不是人类法律生活的全部，形形色色的以习惯法为主体的“活法”（living law）和国家法共同构成了法制史。

“活法”是法治之法（law under the rule of law）的重要部分，它是实在法（positive law）分裂为创制之法和“活法”的法治理论发展时期的产物。① 活法理论丰富了法治之法，开启了法治新的进路，推动了对法治理论认识的递进和颇具多样性、丰富性的法治实践。“活法”大体可表述为“习惯法”“民间法”“民族精神”“法官意志”“法律的非正式渊源”，或被后现代法学解构后成为失去确定性、统一性、整体性、权

① 参见陈卯轩主编：《法律的局限与超越》，四川人民出版社 2003 年版，第 129 页。

威性的“地方性知识”等。“活法”尽管并无统一的定义，但它主要是指与实在法的法律规范相对的以习惯法为主体非正式规则系统，并被认为是“真正的法律”。法治之法的制度升级缺少“活法”的介入，恐怕是难以成功的。习惯法作为人们之间交往和交换基础的公认的惯例，是“一种反复出现的、个人和群体之间相互作用的模式，形式上只是一些含蓄的行为标准而不是公式化的行为规则”，① 与国家立法在形式上的确有很大差别。习惯法根源于社会文化的深层，是历史法学认定的真正的法律。萨维尼认为，“法律并无什么可得自我圆融自洽的存在，相反，其本质乃为人类生活本身”，② 习惯法的合法性来源于其根深蒂固的抹不掉的社会存在。作为一套规则体系和纠纷解决机制，习惯法的运行有强大的秩序功能、价值效应及普遍的影响力，习惯法的存在对国家法制秩序有正功能，也因而一直是塑造社会秩序的重要机制，它们与国家法一起共同为社会供应秩序、权利与效率，一起守卫社会的制度正义。

以习惯法为主体的“活法”的内容主要源于道德知识，并具地方性。麦金太尔主张，道德知识是以传统的方式生长和传承着的地方性知识。道德知识是不可编码的非科学的知识，以谱系的方式存在和发展，没有一种无谱系生成的一般道德。“不同民族，不同群体，不同阶层，其所形成并信奉的道德伦理都从属于他们各自不同的生活方式、生活环境和生活目标。因此在道德实在论的意义上说，任何一种道德知识或者道德观念首先都必定是地方性的，本土的甚或是部落式的。儿童首先是从其父母身上和家庭生活中习得原初的道德知识，而不是从书本中获得

① R.M. 昂格尔：《现代社会中的法律》，吴玉章、周汉华译，译林出版社 2001 年版，第 46 页。

② 弗里德里希·卡尔·冯·萨维尼：《论立法与法学的当代使命》，中国法制出版社 2001 年版，第 24 页。

其道德知识的。"① 在"活法"的语境中，法律的制度升级导入了对法律文本的"道德解读"，这将连接起法律的制度与法治的核心价值，德沃金认为这是"我们的历史对政治理论的一个最重要的贡献"。② 对法治来说，构成其基石的，也许并不主要是明晰的法律文本，而是不大明晰的需要予以解读的"活法"体现的价值。"活法"将道德解读引入对法律规范的运用，推动了法治之法的形成，使之实现从法制之法向法治之法的升级。

法制史上，以习惯法为主体的"活法"在大陆法系和英美法系命运迥然相异。根源于理性主义的大陆法系传统法治叙事中，一般不认同习惯法的主体资格。随着大陆法系国家立法的发展，"事实上不论在哪个国家，从人们的所作所为看，法律好像已变成法的唯一或几乎唯一的渊源"。③ 法治在大陆法系传统中被设计成一种以国家法规范为中心的法典的法治；法治、依法治国一类表述中的"法"，指的只是国家立法形成的国家法规范，它既是法治之法的唯一形式，也基本上是司法所依据的仅有的法律渊源。由于大陆法系拒绝习惯法的主体身份，习惯法成为没有实效的死法。与大陆法系中习惯法的命运一波三折不同，英美法系传统的法律生活是以司法为中心的法官的法治，一直为习惯法保留重要位置，赋予其与国家制定法同等的法的主体地位，习惯法长期是司法活动依据的法律渊源，可直接在司法环节融入国家法制而资源化，是有实效的活法。英美法系法官们应通过"法律发现"④ 寻找"活法"以弥补成文法律的空白，消解了成文法律的僵硬性，可确保法治的持续的制度

① 转引自万俊人：《道德谱系与知识镜像》，《读书》2004 年第 4 期。
② 德沃金：《自由的法》，刘丽君译，上海人民出版社 2001 年版，第 7 页。
③ 勒内·达维德：《当代主要法律体系》，漆竹生译，上海译文出版社 1984 年版，第 122 页。
④ 陈金刚：《司法过程中的法律发现》，《中国法学》2002 年第 1 期。

供应。英美法系这一实践，可为大陆法系法文化提供借鉴。

为习惯法建立主体地位，拓展法的外延，扩张司法之“法”版图，只是当代司法为每一个案件建立答案工作的一部分。完成这一工作，还须通过自由裁量权框架和路径，优化法官司法能力，以确保个案裁决质量，在每一个个案中实现法律正义，进而提升司法公信力及法治品质。

司法是国家系统适用法律的活动。司法的过程首先要去发现法律，不论这种法律是已被“立”为国家法的法，还是在大陆法系中原来不被认为是法的以习惯法为主体的“活法”，而“活法”道德知识和地方性的特性会加大这一发现法律工作的难度。发现具体案件可适用法律或“活法”后，法官还将综合案件全面情况，选择适当方式将各相关司法要素运用于当下案件裁判的塑造，作出正式司法结论。在这一过程中，法官必然要运用自由裁量权，以完成司法过程。一般而言，大陆法系以立法为中心，强调法院依法裁判，法官只能在正式国家法规则内作出决定，面对法律空白或法律冲突时，法官自由裁量空间较小，作出司法决定往往比较困难。而随着现代法制的发展，英美法系以活法为中心的法制实践优势获得了大陆法系法域的广泛认同，使法官的自由裁量外延从实在法范围延伸到制度法的空白和冲突区域也渐成趋势。

法官自由裁量权是法官或审判机关在处理案件过程中，依据法律的原则规则，运用自身的经验和法律良知，充分地发挥主观能动性进行逻辑推理，对案件事实进行相对自由的判断，并对法律进行自由的选择，从而作出合理准确判决的权力。① 在具体案件中运用自由裁量权是法官不能逃避的义务。德沃金将法官自由裁量权分为三类：一是执行者必须运用判断力去适用标准的情形。二是指执法者拥有不受审查的作出决

① 沈志先主编：《法官自由裁量精义》，法律出版社 2011 年版，第 6 页。

定的最终权力。这两种叫弱式自由裁量。第三种自由裁量权则指执法者不受权威设定标准限制的权力。这属强式自由裁量。德沃金接受弱式自由裁量的存在，指出强式自由裁量则会损害民主与法治。因为他认为，“法律不仅指规则，除了规则还有原则、政策和其他标准。当法官处理无明确规则的疑难案件时，他们必须遵守原则、政策或其他标准。这里根本不存在没有适当的权威设定的标准问题，因而也不存在自由裁量的权力”。① 当然，德沃金的强势自由裁量也有人支持。美国行政法教授戴维斯就说：“在世界史上没有任何一个法律制度无自由裁量权。为了实现个体的正义，为了实现创设性正义，为了实现还无人知道去制定规则的新纲领以及为了实现某些方面不能够变为规则的老纲领，自由裁量都是不可缺少的。取消自由裁量会危害政治秩序，会抑制个体正义。在我看来，那些禁止非以事先宣布的规则为基础的政治强制的人们误解了法律和政治的原理。”② 有人甚至主张给执法者以背离约束规则的更大的自由裁量权空间。莫尔蒂默和卡底什说：“传统的法治模式没有为官员提供偏离法定的强制性权限规则的行为理由。但是，我们要强调指出，传统的法治模式并不一定是法律制度发挥功能的理想模式；它部分地误读了在我们的法律制度中官员的角色和义务；因而它不能适当地说明作为一个法律制度去发挥功能意味着什么。虽然我们承认，在美国的法律制度中，依照法治模式构造的角色确实存在，但我们认为，美国的法律制度也包括某些公认的角色，这些角色容许偏离的自由裁量，即容许一个官员的裁决权的行使偏离对其权力的明确限制。”③ 这可能算是最明确

① 参见沈志先主编：《法官自由裁量精义》，法律出版社 2011 年版，第 6 页。张文显：《二十世纪西方法哲学思潮研究》，法律出版社 1998 年版，第 626 页。

② 转引自张文显：《二十世纪西方法哲学思潮研究》，法律出版社 1998 年版，第 627 页。

③ 张文显：《二十世纪西方法哲学思潮研究》，法律出版社 1998 年版，第 628 页。

地矮化“本本上的法律”，甚至法本身的主张了。在自然法学瓦解基础上发展起来的法学理论大多对执法者抱有极大的信心。“利益法理学力图舍弃那种主张在审理案件时适用严格法律规则的逻辑建构论，而代之以对具体案件中的重大特定‘利益’进行直接评估。”① 这可看成是主张给予法官以行政官员同样的自由裁量空间。而自由法学派的目标则在于尽可能地将法官从既有规则的束缚下解放出来，并赞同法官主要根据其正义感去审理个别案件。庞德提出了判断法官自由裁量权限度的新思路。他指出，重要的是发掘和认识文明的法律的先决条件。“世界上没有永恒的法律，但有一个永恒的目标，这就是最大限度地发展人类的力量。我们必须力争将一定时间与地点中的法律变成通向一定时间与地点中的目标的工具，而且我们应当通过系统地阐述我们所知道的文明的法律先决条件来完成此项任务。获得这些法律先决条件之后，立法人员便可更改旧条规，创造新条规，以适应这些法律先决条件。法官们便可按照它们去解释法典，解释传统的法律材料。法学家们便可据此去组织和评判立法机构和法院的工作。”② 所谓“法律先决条件”，就是活法，或是自然法，甚至正义本身，而其内容本身是有足够明确的形式的。它是对自由裁量权进行评判的更高的标准，更为根本的是非尺度。对实际司法而言，自由裁量权并不神秘，只需要有这种理念：决定案件真正合法性的“不是那些我认为正确的东西，而是那些我有理由认为其他有正常智力和良心的人都可能会合情理地认为是正确的东西”。③

中国传统社会的法律生活中，国家制定法有一定的发展，但受追求结果和谐的司法理念支配，并没有典型大陆法系的国家法文本膜拜

① 哈耶克：《自由秩序原理》，上册，邓正来译，三联书店 1997 年版，第 248 页。
② 庞德：《法律史解释》，曹玉堂等译，华夏出版社 1989 年版，第 145 页。
③ 卡多佐：《司法过程的性质》，苏力译，商务印书馆 1998 年版，第 54 页。

的历史包袱，而不拘细节的司法风格也有助于开放习惯法塑造司法裁决的空间。中国数千年文明史的法律生活，以习惯法为主体的“活法”与国家法或者相互配合，或者彼此竞争，但并没有经历类似大陆法系中国家法对法的概念垄断，习惯法的主体性即便不凸显，却从未真正丧失过主体性。近代以来大陆法系对中国社会法律生活的冲击，时间并不长，就算国家法膜拜近代以来占据话语强势地位，在国家权力控制较弱的社会生活中，习惯法仍顽强地活着。习惯法在供应社会生活的秩序需要方面作用难以替代，其存在是长期和既定的事实。随社会治理理念和方式的转换，习惯法中一些有历史和文化根基的部分，在中国社会当下法律生活中逐渐复苏与重新活跃。为此，有必要顺应法制发展趋势，重申和凸显习惯法的主体性，将活跃的习惯法有效融入国家法制。

经过近代以来的现代化努力，中国社会国家法规范的建设高潮似已过去，法治发展的重点移向司法环节，可借鉴英美法系的法律生活经验，利用司法改革契机，拓展习惯法资源化的司法路径。当下中国的司法改革，除了提升适用国家法的技艺质量，更重要的是需在司法平台整合国家法规范、党和国家政策以及以习惯法为主体的活法。习惯法是社会多元诉求的载体，司法活动应有意愿和机制让其参与司法裁决结果的塑造，并最大可能地将习惯法提升裁决实效的能力资源化。英美法系的法律生活在习惯法资源化的司法路径拓展方面，已有较多积累可资借鉴。为此，可逐步探索在司法活动中的创新改革，比如搭建陪审制和协商司法平台、推动能动司法扩大法官自由裁量空间、用恢复性司法以及和谐司法理念指导和评价司法裁判。要推动从司法裁决的规范渊源、司法组织构架与流程、司法活动的形式规范与程序要求、司法裁决形成机制到司法裁决实现路径及司法实效与效果控制，从刑事、行政到民事司法的所有司法类型，从诉前调解到法律实现的全过程，从司法观念到实践的所有方面的多要素、各环节的创新改革。在这种改革中，应正视并尊重习惯法的主体性存在，积极拓展习惯法通过司法融入国家法制的空间。

我国诉讼制度为法官自由裁量留下了一定空间，如案件级别管辖制度中对有“重大影响的案件”的认定以及对案件证据的审查等。法官自由裁量权是一种发生在诉讼活动中的司法权行使行为。其内容是将法律规则与法律事实相结合的逻辑推理活动，目的是实现司法公正和法律正义，法官自由裁量权的行使必须受既有事实和法律规则的制约。最高人民法院在第三个五年改革纲要中提出了要规范法官的自由裁量权。目前的规制主要表现在：合议庭作为审判组织对法官个人自由裁量权形成了制约，对法官行使自由裁量权的过程也作了规范，对法官裁量过程和结果有监督制约，并对审判过程文书的公开也形成了有力监督。法官行使自由裁量权应遵循以下原则：合法性原则、合理性原则、合程序性原则。最高人民法院《民诉证据规定》第六十四条规定：“审判人员应当依照法定程序，全面客观地审核证据，依据法律的规定，遵循法官职业道德，运用逻辑推理和日常生活经验，对证据有无证明力和证明力大小独立进行判断，并公开判断的理由和结果。”最高人民法院《关于民事诉讼证据的若干规定》第七条规定：人民法院可以根据公平原则和诚实信用原则，综合其他因素，裁量举证责任的分配。第六十八条确立了非法证据排除规则，其他证据的合法性属法官裁量范围。其第七十三条确立了“证明力”的证明标准，一方当事人的证据证明力明显大于另一方，法官可对此作出事实认定。其实，对法官自由裁量权的过度担忧是不必要的，尤其在中国法律生活中，法官并不拥有德沃金所谓强式自由裁量权，即便行使弱式自由裁量权仍要受到政治、法律和社会的约束。

中国的法院和法官，必须对面前的所有案件作出回应，立案登记制后，法官要为每一个案件建立答案。至于依据的规范是国家法还是活法，公众往往并不关心，而大家在意的，是案件处理是否符合公认的公正。西部民族地区乡土的法官们，一直在这方面进行努力，但这显然不是一个可以轻易实现的小目标。

第七章　政务型司法

政务型司法[①]是中国传统法律文化的重要特性，其标志性制度风格是以政治视角确定司法管辖及处理争议。一方面扩大司法权管辖范围，又尽力防止争执发展成诉讼；另一方面在案件裁决时避免过度强调法律，又在法律决定之外追踪案件的实质解决。政务型司法文化传统对当代中国乡土司法的影响是明显的。

政务型司法以政治思维确定司法管辖。乡土司法实践中，法官下乡排查摸底潜在纠纷，预约立案收案，以现代性文化司法标准看，都是扩张司法管辖的行为。政务型司法又尽力防止争执发展成诉讼。由于无讼文化的影响，中国传统司法非常重视对纠纷的调解，以尽量减少诉讼。布莱克在观察日本法律最小化现象时注意到，“由于法律与其他形式社会控制之间存在着一种互为消长的关系，法律最小化间接地加强了传统亲民制权威统治系统”。日本社会强调声誉的重要地位，“面子”作为一

① 政务型司法是中国法制史学术范畴，四川大学里赞教授解释清末民初时期基层司法性质时明确和正式使用了这一概念，以区别现代三权分立框架下的司法活动。进一步了解请参阅里赞：《晚清州县诉讼中的审断问题——侧重四川南部县的实践》，法律出版社 2010 年版，第 27 页；刘昕杰：《实用型司法：近代中国基层民事审判传统》，《四川大学学报》，2011 年 2 月。

种社会控制手段，在日本，丧失了声誉就意味着失去了别人的信任和与他人合作的机会，这会招致人们的排斥，这是一种个人的来自社会的灾难，因此“法律最小化增强了日本社会的内聚力”。① 日本法文化的这一特性与中国法文化十分相似，有深厚的社会根基。乡土司法以调解为主要工作方式，适合当下中国乡土社会实际。

政务型司法以政治思维处理争议，一般都强调情理在塑造司法决定中的作用，希望当事人意识到承担司法后果不仅是因为违法，且主要是因为情理过错。“法律不仅仅是规则和逻辑，它也有人性。离开了社会语境，法律将是不可理解的。” ② 乡土司法中，法官在庭前、庭审过程和庭审后，都会向当事人辨法析理，既传播法律知识和法治理念，又维护道德伦理，在司法定分止争外，推动社会精神文明进步。

政务型司法以政治效果评价司法，在分清是非、公正司法外，还要案结事了，追求法律效果、政治效果与社会效果的统一。

中国乡土司法整体上强烈的政务性色彩这一特性不仅突破了僵死的既有法治理论，一定程度上也区别于通常的当代司法形象。在实践层面，中国乡土社会的政务型司法基本特征可透过四个层面观察：一是在司法权与别的国家权力关系上，司法活动并不局限在司法领域；二是在司法目标设定方面，在法律规范和法律秩序之间，追求法律尊严与法律效果统一；三是在司法工作的形式层面，被动、消极、中立的庄严司法与田间地头的讲理析法并存；四是在司法效率方面，乡土法官对案件受理、判决、执行一直负责制往往比相应分工的制度安排更普遍也更有效率。

① 布莱克：《社会学视野中的司法》，郭星华等译，法律出版社 2002 年版，第 92 页。

② 同上书，第 1 页。

现代司法将法官设定为消极中立的裁判者，他只需服从于案件事实和法律。但社会实践远比理论逻辑丰富多彩。中国当代法律生活中，有些司法活动具有政务性，尤其是涉及家庭、邻里纠纷案件时，裁判者的工作内容不是查清事实或法律适用，而是进入当事人的情绪和立场中，为当事人供应陪伴和同情，这与其说是司法活动，毋宁说是民政事务。这种情形在西部民族地区乡土司法中时有所见。这类案件司法自身无法单独处理，需要借助司法之外社会资源优化裁判及裁判实现。政务性司法在中国有久远的传统、深厚的社会根基，这是中国司法的特色，也是中国司法的制度优势。

还有一类案件事实简单，标的数额较小，但争议双方立场对立较深，处置时须十分审慎。

一、诉讼是当事人的求助策略

乡土司法常常遇到事实简单清晰，法律规范明确具体，裁判法论容易作出，但审理过程并不轻松，裁判实现艰难的案件。当事人的诉讼目的可能并非期待法院支持其请求，并不是希望对方向自己给付，也不是要求惩罚对方，而是通过这种方式吸引对自己生活困境的社会关注，在一个公权力平台释放负面情绪，诉讼成了当事人的求助策略。中国司法的政治属性决定了司法的社会责任，司法为民理念需要法院对当事人的困境予以回应，以国家司法权的公信力为当事人寻求其他社会救济提供必要性和正当性背书。这种案件事实认定和法律适用看似简单，但仍全面考验着法官的政治素质和裁判能力。

案例一：原告陈某曦与被告童某红原系夫妻，婚后育有一子陈某芒。后因婚生子残疾等家庭生活原因，夫妻关系恶化，1999 年法院判决双方离婚，其子由原告抚养。现原告以无力承担抚养责任为由，请求法院判令被告抚养婚生子陈某芒。

案件基本事实非常简单清晰。原告与被告原系夫妻，双方婚生子陈某芒因患脑膜炎致残，属一级智力残疾人，属于该县南涧街社区居民委员会社区“低保”人员。1999 年 6 月 18 日，法院民事判决准予原被告离婚，陈某芒由原告抚养，被告不给付抚养费。2005 年陈某曦起诉要求被告承担法定抚养义务，法院判决被告负担陈某芒抚养费每月人民币 300 元，自判决生效之日起至 18 周岁止，限于每月 25 日前支付，陈某曦不服该判决提出上诉，同年州中级人民法院民事判决驳回其上诉，维持原判。2009 年 3 月间，原告将陈某芒送入省城美好时光敬老院接受有偿养护，经济压力加大。2010 年 2 月，某律师事务所受托向被告发出律师函，要求被告每月支付人民币 500 元的“基本抚养费用”，未果。陈某曦以原告为法定代理人于 2010 年 5 月向法院提起要求增加抚养费之诉讼，法院于 2010 年 10 月作出民事判决被告每月支付人民币 500 元抚养费，陈某曦不服判决提起上诉，州中级人民法院于 2011 年 2 月作出民事判决，判令被告自 2010 年 6 月起，每月 25 日前按月支付陈某芒抚养费人民币 760 元至陈某芒死亡之月止。抚养费之诉仍在上诉期间，原告又向法院提起此变更抚养关系之诉。

原告陈述了提起变更抚养关系之诉的基本理由。原告认为，由于被告的过错，导致婚生子陈某芒残疾，残疾类别为智力，残疾等级为智力一级，残疾标准为智力水平重度，适应水平为极度缺陷。1999 年 6 月 18 日，上诉人与被上诉人经大理白族自治州中级人民法院判决离婚，陈某芒由上诉人抚养，没有判被上诉人的抚养责任。自 1999 年至今，被上诉人没有承担法定的抚养义务。陈某芒先后于2005年、2010年两次提起诉讼，请求被上诉人承担法定义务，经县人民法院两次判决由被上诉人每月承担抚养费300元、500元，数额太低严重不公。陈某芒在进入养老院之前，原告曾多次跟被告联系过，被告装不知道，未予支持。原告长期从事科研工作（主要是中医和计算机软件），很多年前就已处于负收入状态，负债累累。被告不但单位有房，还有数百平方米的私人别墅，有较好的经济条件。根据《最高人民法院关于人民法院审理离婚案件处理子女抚养问题的若干具体意见》的规定，离婚后，一方要求变更子女抚养关系且有其他正当理由需要变更的，可予变更，故应将陈某芒的抚养权变更为被告，由被告承担婚生子陈某芒的抚养义务。

被告童某红答辩称：1999年离婚判决下达后，被告把在昆明开的电脑公司和昆明江岸小区以6000元一年租的一套住房及所有生活用品、被告母亲出钱购买的电力公司院内住房一套、被上诉人在县镇中学的所有嫁妆、生活用品交给了陈某曦，作为陈某芒的抚养费，履行了判决义务。2005年法院作出给付抚养费判决后，被告依法承担法定责任。被告身患甲亢，并发症白癜风，且被告的丈夫因患慢性乙肝、肝硬化晚期，并发肝性脑病，医生建议换肝，需要巨额医疗费用，被告已力不从心。陈某芒的抚养权交给原告，被告依法院判决支付抚养费，陈某芒才有出路。

现行法律对原被告抚养婚生子陈某芒的规定是明确的。据《中华人民共和国婚姻法》第二十一条“父母对子女有抚养教育的义务”的规定和第三十六条“离婚后，父母对子女仍有抚养和教育的权利和义务”的规定，原被告对双方婚生男孩陈某芒均有抚养和教育的权利和义务。而关于抚养关系的变更，《最高人民法院关于人民法院审理离婚案件处理子女抚养问题的若干具体意见》第十六条作出了司法解释。“一方要求变更子女抚养关系，有下列情形之一的，应予支持。（1）与子女共同生活的一方因患严重疾病或因伤残无力继续抚养子女的；（2）与子女共同生活的一方不尽抚养义务或有虐待子女行为，或其与子女共同生活对子女身心健康确有不利影响的；（3）十周岁以上未成年子女，愿随另一方生活，该方又有抚养能力的；（4）有其他正当理由需要变更的。”

这场不幸婚姻引起了数场诉讼，不仅当事人身心俱疲，法院也感到极大压力。原告自称“无居、无产、无业”，且“负债累累”无力再直接抚养残疾儿子，被告也称身患重病负担沉重，对抚养儿子有心无力。现行法律处理父母离婚后子女抚养问题的基本逻辑是：父母都有抚养子女义务，离婚判决子女抚养问题以对子女有利为基本原则；若抚养关系已确定，则审查是否具备变更子女抚养关系的法定条件。即是说，在法理上，本案法官只需确定是否具备变更陈某芒抚养关系的法定条件，无需实质上审查陈某芒由谁直接抚养更恰当这一实质问题。只不过，在基层的法律生活中，法官们面对此类案件不可能绕过这一环节。

本院法官综合判断原被告身体、经济、家庭等情况，没有发现变更抚养关系对婚生子陈某芒会更有利的事实。原告是陈某芒生父，1999年原被告离婚后，婚生子陈某芒直由原告抚养，生母2005年后才根据法院判决支付一定的抚养费。原告的抚养行为反映出其不仅有责任感，父子也有一定的感情。后由于原告经济压力、再婚，加之长期照料残疾儿子，产生了焦虑，先是要求被告支付抚养费，现又要求变更抚养关系。这既可能是不堪重负寻找摆脱的真实意愿，也可能是施加压力争取法院判决被告支付更多抚养费的话语策略，或者兼而有之。而法院要支持原告变更抚养关系请求，最起码的事实应是被告比原告生活状态更好。但法院查明的事实是，被告夫妻均患有严重疾病，经济状态也并不明显优于原告。至此，法官对陈某芒由哪一方抚养对其更有利作出了判断，裁判的逻辑和事实基础也更扎实了。

判决书申明了父母双方抚养子女的法定责任，阐述了变更抚养关系的法定条件，特别指出原告提出变更抚养关系，而根据《中华人民共和国民事诉讼法》第六十四条第一款“当事人对自己提出的主张，有责任提供证据”，以及《最高人民法院关于民事诉讼证据的若干规定》第二条第一款“当事人对自己提出的诉讼请求所依据的事实或者反驳对方诉讼请求所依据的事实有责任提供证据加以证明”的规定，原告主张存在应予变更抚养关系的情形，应当就此提供有效证据加以证明。法院审查认为，现原告提供的有效证据不足以证明其所主张的事实，而被告提供的有效证据证明其抚养条件并不如原告所述之优胜，根据《最高人民法院关于民事诉讼证据的若干规定》第二条“没有证据或者证据不足以证明当事人的事实主张的，由负有举证责任的当事人承担不利后果”之规定，原告应承担举证不能的责任，故对其诉讼请求依法不予支持。

案例二：原告李某德系某县民族乡村民，因患慢性传染性疾病丧失劳动力且生活不能自理。由于原告父亲已亡，母亲年老，现由其弟李某贵扶养。因李某贵生活困难，无力单独承担扶养责任，特请求法院判令其弟妹李某严、李某荣、李某贵、李某菊共同支付扶养费及分担其他扶养义务。

即便在西部山区，原告的困难处境仍然并不多见。

原告生于1962年，一直未婚，系水泄乡阿林村低保户，经水泄乡卫生院诊断，患有慢性传染性疾病，生活不能自理，需人监护。几年前，原告生病，手脚一层层起皮开裂。生病初期，原告曾到过当地防疫站求医，医生建议其住院治疗。原告可能由于家庭困难，担心无力负担医疗费用，加之性格内向，以其弟弟说法“有点怪”，所以只买了点药，未作正规治疗。后来病情加重，手失去活动能力，大小便都需人帮助才能完成。由于担心疾病传染，其弟李某贵在离住处半公里的承包地内搭了一个简易塑料小棚子供其居住，一日两餐由被告李某贵做好后由其母亲送往。原告提起诉讼的主要原因是其患病后，一直由其弟李某贵扶养，由于李某贵还承担赡养老母亲的义务，难堪重负，兄妹间为此多次协商，也经基层组织调解，均未达成结果，只好提起诉讼，请求法院判令各被告分担扶养责任。

本案原被告五兄妹均在农村务农，经济条件都并不宽裕，不仅如此，各自还有无法或不便更多承担扶养义务的现实困难。

被告李某严家庭成员有五人，以耕种田地为生。李某严年纪 50 余岁，在农村已算老人，现靠儿女赡养，表示愿每年承担原告人民币 1000 元的扶养费。但声称原告与其性格脾气不合，不愿与其居住生活。

被告李某荣家庭成员有四人，两个小孩均在上学，以打零工及耕种田地为生，负担很重。不过仍表示愿意把仅有的一棵核桃树的收益权交由原告享有。另表示由于其现在居住在妻子的娘家，所以原告不方便与其居住生活。

被告李某贵的家庭成员有被告李某贵及其母亲，以耕种田地为生。近几年，原告一直由被告李某贵扶养，原、被告母亲也由被告李某贵赡养。现负责照顾原告生活的李某贵反复声明，因原告现身患严重传染疾病，起居生活完全需人照顾，但由于其同时承担着赡养母亲责任，已无力再承担对原告的照看义务。而且由于照料原告，所开的小卖部因缺乏料理而倒闭，说了几门亲事均因负担对原告的照料而失败，致使其 39 岁仍未能娶妻成家。为此，要求兄弟姊妹轮流扶养原告。表示不论原告与谁居住，愿意每月支付原告 150 元的扶养费。

被告李某菊的家庭成员有四人，两个小孩均在上学，以耕种田地为生。李某菊表示需照顾年幼孩子，难以承担对原告的扶养义务，因丈夫当年生病做手术，没能力向原告支付扶养费。

法院确认，原告身患疾病，生活不能自理，需要人监护，而四被告作为其亲兄妹，在原告无其他亲属且自身又无经济来源的情况下有扶养的义务，故对原告诉请被扶养的请求，法院予以支持。而确定抚养方式和抚养费数额，应以被请求方具备扶养能力为要件，扶养费的金额应以公平合理为原则，法院须结合当地生活实际支出及被告经济能力酌情考虑。被告李某严与其儿子、儿媳居住生活，且年过半百，不宜由其照顾原告生活起居，但其愿意每年支付人民币 1000 元扶养费，法院予以支持。被告李某荣尚有两个小孩正在上学，法院认为其每年支付原告人民币 1000 元扶养费较为适宜，但因为其居住在其岳母家，故原告不宜与其居住生活。被告李某菊已出嫁，考虑到农村风俗习惯及其家庭情况，法院认为原告不宜与其居住生活，由其每年支付原告人民币 500 元扶养费。被告李某贵与其母亲居住生活，并系单身，法院认为由其照顾原告生活起居最为适宜，其扶养费用则不另行给付。

法院在判决中还作了法制宣传教育，阐释了法律精神，说明了判决理由。判决称，家庭成员间应当敬老爱幼，互相帮助，维护平等、和睦、文明的家庭关系。李某德患有慢性传染性疾病，生活不能自理，需要人照管。本案中，李某德的父亲已去世，母亲有 80 多岁，已年迈，无力尽抚养责任。李某德无经济来源，生活不能自理，作为其兄、弟、妹应当给予李某德必要的帮助。鉴于李某德近几年受李某贵的照管，判决由李某贵照顾原告李某德的生活起居，并由李某严、李某荣每年各向原告支付抚养费人民币 1000 元，李某菊每年向原告支付扶养费人民币 500 元。法院还依法减收了案件受理费，由应收人民币 100 元，实际减半收取人民币 50 元。

这些案件事实简单、法律规范明确，但作出裁判却未必简单，问题可能不是裁判容易出错，而是可能无论如何裁判都不会正式犯错。案件中的当事人可能很难对法院的裁判满意，但对裁判最不满意的应是作出裁判的法官，因为他不能确定，自己为案件做的那些工作，是否对案件中需要帮助的当事人带来了正面的改变，而通常乡土熟人社会中，法院对这些事情的介入，对困境中当事人寻求救济是可能有益的。司法过程中职能之外的道德关怀，并非法官个人多愁善感，而是一个健康的法制体系应有的品格和温度。法官在办理案件过程中，就案件事实向有关机关和社会查实求证，同时释法明理，营造围绕案件的道德正当氛围，客观上对困境中的当事人吸引社会关注，对其摆脱消极处境有所帮助。这类案件有一个值得注意的现象，当事人可能对一审法官的工作是肯定的，也对上诉改判不抱期望，但通常还是要提起上诉，走完诉讼审级。需要尊重当事人的这一选择，因为上诉行为也许对当事人还有另外的意义。案件只要还在诉讼过程中，当事人就还有改变困境的希望，即便最终败诉，接受这一结果的心理准备也得到了强化。一定意义上，诉讼资源的消耗事实上代表着公权力对困境中当事人的同情、陪伴和支持。不接受判决，未必就是对法院工作的否定，上诉率与司法质量也未必正相关。在这类案件中，法官不懈奋斗的动力源泉，是其心中的道德律。

二、简易纠纷中的国家权威

乡土司法常会遇到一些发生在熟人甚至亲属间的小案子，事实查证、案件定性、责任认定与分配都相对容易，但法官要在这司法工作外，为案件的真正解决付出努力。这对法官的专业素质、政治觉悟、道德品质、人格力量、社会沟通交往能力等都提出了相当高的要求。

> **案例一：** 村民李某兰育有女任某萍、任某琼、子任某康等人，其子任某康夫妇因宅基地纠纷，殴打李某兰母女三人致伤，后因医药费误工费等赔偿事宜无法达成一致，李某兰母女三人向法院提起民事诉讼。

对原告任某萍、李某兰、任某琼诉被告任某康、张某菊健康权纠纷一案，法院于 2014 年 7 月 21 日，依法适用简易程序公开开庭进行了审理。经审理查明：原告李某兰是原告任某萍、任某琼及被告任某康的母亲，任某琼系任某萍、任某康的大姐，二被告系夫妻，原告李某兰与原告任某萍共同生活。1996 年分家，原告任某萍分得坐北朝南的楼上楼下各两间；被告任某康分得任某萍北边的房地基一块。2010 年 1 月 14 日，原告任某萍与被告任某康就双方南北相邻的宅基地位置划分达成协议。被告任某康在分得的宅基地上建成房屋后，南面与原告任某萍的房屋之北面相互连接。2014 年原告任某萍打算拆旧建新，但因为双方的房屋相连，不便施工，双方就此进行过协商但未达成协议。2014 年 2 月 26 日 15 时许，原告任某萍请人用挖掘机对旧房进行拆除，原告任某琼及任某萍的二姐任某花也在现场帮忙。二被告看到后担心挖掘机操作会危害到自己的房屋，便去阻止拆房，为此双方发生争吵，后二被告回了家。原告李某兰知道此事后去敲被告家的门，被告张某菊出来便与原告李某兰发生厮打，任家三姐妹看见后就去拉架，进而与张某菊发生吵打。在吵打过程中，被告张某菊呼叫“救命”，被告任某康听到妻子的呼救声，便从家里出来与原告方打起来。在吵打的过程中，三原告、被告张某菊及二姐任某花均有不同程度的损伤。三原告及任某花被救护车送到县人民医院治疗。经诊断，原告任某萍的伤情为多处软组织挫伤，住院 3 天后好转出院，支出医疗费人民币 1984.9 元。出院后，原告任某萍又在宏旺医院门诊治疗支出医疗费人民币 452.6 元。原告李某兰的伤情为腰背部软组织损伤，住院 3 天后好转出院，支出医疗费人民币 1319.12 元。原告任某琼的伤情为多处软组织挫伤，住院 3 天后好转出院，支出医疗费人民币 1035.90 元。被告张某菊也到县人民医院门诊治疗，其伤情为多处软组织损伤。另查明：在此次吵打的过程中，被告任某康将二姐任某花打伤，经诊断伤情为轻伤一级。县人民检察院以任某康犯故意伤害罪向人民法院提起公诉，任某康自愿认罪，并与任某花就民事赔偿达成协议，县人民法院判决被告人任某康犯故意伤害罪，判处有期徒刑一年零六个月，缓刑二年。

发生在一母同胞间的伤害让人痛心，对年近八旬的老母亲居然可以下手，不孝至此，令人齿冷。事后毫无悔意，还要因医药费与亲人对簿公堂，实为可怜可恨。但事物的发展总是一个过程，当事人之间的矛盾是如何累积恶化的呢？或许可以看看被告的辩解，尽管琐碎但有助于理解当事人之间矛盾的由来及发展。任某康称，1996 年分家后，大哥任某贵的妻子周某莲有一次因家庭琐事打了母亲李某兰，其时任某康出面阻止，为此与大嫂周某莲结下仇恨。在之后的生活中周某莲总是寻机挑起事端唆使母亲李某兰、姐姐任某萍找任某康的茬，致使其与母亲、姐姐产生矛盾并越积越深。2010 年任某康准备在分得宅基地建房时，大嫂周某莲又唆使母亲李某兰、姐姐任某萍阻止其建房，建房作业为此不得不停工四个月。房屋建成后，南面与姐姐任某萍房屋的北面紧紧相连。2014 年任某萍打算拆旧建新，因担心拆除房屋时会侵害到自己的房屋，就要求姐姐任某萍注意拆房施工安全，在两家房屋交接处人工手动拆除。2014 年 2 月 18 日任某琼、任某花突然来到任某康家，先进到二楼客厅将茶具、电视遥控器等摔碎，然后任某花穿着鞋跳到沙发上，叫嚷着让任某康把天沟、水管、简易房屋拆掉，威胁不要干扰任某萍建房，若不顺从，建房时“整着”就不负责了。2014 年 2 月 26 日，在双方还没达成协议的时候，任某萍便请来挖掘机对旧房进行拆除，任某康看到后担心挖掘机操作难以精确控制而可能危害到自己的房屋安全，便上前告知师傅两家人还没有商量好，请师傅停工，说完后，任某康便回家了。后任某康妻张某菊听见房屋东面一层铺面的铁大门被敲得“嘭嘭”作响，张从北面小门出去查看。走到房屋东北拐角处时，母亲李某兰就揪住张某菊的头发，此时在任某萍房屋对面等候的任某萍、任某琼、任某花也提着棍棒冲上来朝张某菊的身上、背上、头上、脚上一阵乱打。惊恐之下的张某菊赶紧喊“救命”，答辩人任某康听到妻子的呼救声后赶紧下楼，看见众姐姐围打妻子张某菊后便上前去拉，但是阻止未果。情急之下任某康只得抢过其中一个人的棍棒，朝着任某萍、任某琼腿部、臀部肉多的部位打了四五下，以阻止众姐姐围打妻子。在吵打过程中任某康为浇花准备肥料的一只桶被碰倒，粪肥水淌了一地。城西社区联防队员赶到后，收缴了任某康几个姐姐的棍棒，随后 110 赶到现场。此时，母亲与姐姐任某萍假装倒地打滚，粪肥水沾了一身，并污称为张某菊所为。任某康据此认为，在双方未达成一致的情况下姐姐任某萍便请挖掘机拆除旧房，为保全自家房屋而予以阻止，并无不当。母亲及众姐姐不顾亲情合伙对任某康妻子张某菊围殴施暴，为保护妻子对施暴人进行阻止，其手段和方式并未超出必要的限度，所以不应承担赔偿责任。

任某康因家庭纠纷殴打老母和三个姐姐，至其中一人轻伤、三人轻微伤害的严重后果。出于对刑事处罚的畏惧，任某康与轻伤的任某花达成了民事赔偿协议，对母亲和另外两位姐姐的医药费赔偿要求却置之不理，其行为和态度大大超越了家庭伦理底限。人民法院是国家权力机关，守护弘扬健康和谐的家庭伦理是其职责之一，对李某兰母女三人的请求理应支持。法院的介入是，让任某康明白挑战家庭伦理的后果会非常严重。但法院也必须考虑当事人是一家人，他们之间有割不断的亲情，未来生活中还有互动，应留给当事人一定的修复亲情空间。法院留给当事人的空间就是指出原告方的责任，让一家人共同为这一伦理失败买单。

法院在判决中指出，公民由于过错侵害他人身体健康的，应当承担民事赔偿责任。本案原、被告双方因原告任某萍拆除旧房而发生吵打，三原告均有不同程度的损伤，依照相关法律规定，二被告应当承担民事赔偿责任，赔偿三原告由此而造成的经济损失。但原告任某萍、任某琼、李某兰在与被告方未达成协议就请挖掘机来拆除与被告方相连的旧房，后发生吵打，并致伤被告张某菊，三原告在此次吵打的过程中存在一定的过错，故可减轻二被告的民事赔偿责任。法院根据双方的过错程度划分相应比例，二被告承担 70% 的责任，三原告自行承担 30% 的责任。法院判决被告任某康、张某菊于判决生效后五日内连带赔偿原告任某萍医疗费、护理费、误工费、住院伙食补助费、交通费合计人民币 2089 元；连带赔偿原告李某兰医疗费、护理费、住院伙食补助费、交通费合计人民币 1146 元；连带赔偿原告任某琼医疗费、护理费、误工费、住院伙食补助费、交通费合计人民币 1108 元。

三、有诉必理

乡土司法中也常见一类案件，混合着法律问题和行政问题，当事人之间对立深刻，需要外部的介入。按法律规定和权力机关分工，此类事项法院只能决定部分事项，有些内容需寻找其他救济渠道，但当事人并无相关知识，或者出于对司法权的信任，执着坚持让司法机关予以解决。对此种由于不完全属司法受理范围因而法院无法提供整体解决的案件，人民法院的政治属性决定了法官们必须稳妥处置，充分说理，为当事人指明寻找救济之路。

案例一：村民董某文与董某强系邻居。董某文诉称董某强在建房时，侵占董某文家地基，并致排水系统不畅损伤其房屋，向法院诉请判处董某强归还所侵占地基并赔偿房屋损失人民币5万元。

本案混合着应由法院管辖的相邻权纠纷和不属法院处理的土地使用权争议，前者法院应作实质审理裁判，后者只能进行形式审查和程序性裁定。2013年5月30日，法院依法由代理审判员适用简易程序公开开庭审理本案。

原告董某文陈述了所诉事由。2012年7月初，被告董某强在原告家旁边购买了一块空地建房，其在开挖基槽时不仅没有留出自家的50公分滴水位，还将原告家的滴水位挖去20公分，而且其还将原告家房屋南面8米外的原告菜地地埂挖掉。董某强并擅自强占排水沟，致使水流无法排除，原告家后墙因长期积水浸泡，房屋出现裂痕，原告多次与被告协商未果，现诉至人民法院请求判令被告归还属于原告的地埂及留出50公分的滴水面积，恢复原告房屋南面8米外的排水沟并赔偿因积水造成原告房屋开裂的损失人民币5万元。

被告董某强不认同原告说法，称自己通过与本村村民互相置换的方式，取得了原告家南面及西面的土地使用权，其中南面用以建房，西面用以通行。原告家的建房用地也是通过置换而得，在建房时并未留出滴水位置。被告在施工时严格在自己置换而得的土地面积内施工，并未侵占原告的土地面积。被告也并未侵占排水沟，而是已经预留了排水口。原告的房屋开裂与被告的施工行为毫无关系，造成损失也无任何依据。

本案争议有两个内容，一是排水系统不畅致房屋损失，二是土地侵占纠纷。

法院确认了案件法律事实：原告房屋位于该市凤仪镇乐和村委会本长6社41号，被告于原告房屋南面及西面取得修建房地基，南面用于建房，西面用于通行。2012年7月，原告认为被告施工侵占其承包田、滴水位、被告未留出滴水位、占用排水沟造成原告房屋开裂等原因而与被告产生纠纷，故现诉至院。位于被告南面房地基的北石脚下有一条东西向的排水沟，现该排水沟尚还存在，被告亦于其所建之石脚处预留排水口。审理中，经法院告知并询问原告，原告明确表示不申请对其房屋开裂是否与被告的施工行为之间有因果关系以及因房屋开裂造成的具体损失进行鉴定。

法院认为，本案的解决首先应确定原、被告之间争议所涉及的相邻法律关系和土地侵占纠纷。相邻关系是指两个以上相邻不动产权利人在行使权利时，因相邻各方给予便利或者接受限制而发生的权利义务关系。本案中，原告诉称被告房屋北石脚下东西走向的排水沟系共用排水，现被被告侵占，请求予以恢复。该排水沟既用于共用排水，则原、被告应共负维护之责，并不得有为阻碍排水的行为，被告于其施工中也应时刻予以注意，本着有利生产、方便生活的原则予以处理相邻关系。不过，该排水沟现仍存在，且被告于其房屋石脚预留排水口，故被告并无侵占排水沟的事实。原告请求被告赔偿因施工损伤排水沟致原告房屋开裂造成的损失人民币5万元，但是原告并未举证证明其房屋开裂与被告行为之间有因果关系以及因房屋开裂造成的具体损失，也明确表示不申请鉴定，其应承担举证不能的不利后果，本院对原告的该诉讼请求亦不予支持。

而原告诉称被告侵占其房屋西北角菜地地埂承包地，属土地使用权侵权的法律关系。一方面，原告并未举证证明其对房屋西北角的土地具有合法的使用权，被告亦不认可其侵占了原告的土地使用权，原告应承担举证不能的不利后果，故法院对其请求被告归还土地的诉讼请求不予支持。原告诉称其在建房时已在西边及南边自家的宅基地上留出 50 公分的滴水位，现被告修建石脚时不但未在其自己的用地上留出 50 公分的滴水位，还挖掉了原告的部分滴水位。法院认为，原、被告均未举证证明其各自的宅基地坐落及四至界限，故不能证明原告在其宅基地上留出了 50 公分滴水位，也不能证明被告在修建石脚时挖掉了原告的部分滴水位。何况本案中，被告房屋现在并未建盖，其排水是否会对原告不动产权利有影响，现在并不可测，法院对原告请求判令被告在其宅基地之上留出 50 公分的滴水位的诉请不予支持。另一方面，因原、被告均未举证证明各自的宅基地使用权，依据《中华人民共和国土地管理法》第十六条第一款的规定，土地所有权和使用权争议，由当事人协商解决；协商不成的，由人民政府处理。则原、被告之间因宅基地使用权发生的争议不属于人民法院民事案件受案范围。据此，判决驳回原告董某文的诉讼请求。

原告完全不能接受这一裁判。房屋受损是事实，却因举证不能无法获得赔偿，原告认为这事实应由法院调查。至于地基争议，法院认为应由人民政府处理，原告很是疑惑：法院政府不是一家吗？干嘛推诿？原告提起了上诉。审查相关证据依法驳回上诉很容易，但这类案件只是法官工作量较小的部分。面对乡土社会民众涉及切身利益的纷争，法院无法一判了之。法院要耐心接待当事人陈述事由，酌情组织双方调解，协调各种体制内外资源特别是寻求相关行政机关支持，为处理案件创造机会和条件，这些工作不会在判决中体现，却是处理乡土社会许多案件法院必作的努力。在基层社会的法律生活中，法院多数场合并不担心行政机关对司法权的干涉，而是行政机关对司法机关的工作努力支持不够。事实上，由于行政机关拥有大量社会资源，没有行政机关的支持，司法机关的工作会很难开展。乡土社会民众对国家权力机关的分工不了解也不愿了解，对一些需要行政机关介入才能处理的案件，法院必须主动协调，为当事人问题的解决牵线搭桥，如此才能案结事了，体现人民司法的社会担当和政治优势。本案二审法官为案件处理做了大量工作，并依法驳回了上诉。争议尽管未必因此平息，但裁判者已可问心无愧。

四、为行政权保驾护航

行政机关依法定职权管理社会经济的活动，必须根据实际情况不断调整相关经济政策，经济活动参与主体在经济生活中若未对这类政策改变预留足够应对空间，势必陷入被动，甚至因此产生经济纠纷，不得不寻求司法介入。司法机关在这类案件中，既要支持行政机关依法行政，同时也要审慎处置由此产生的善后事项，恢复社会经济生活运行的平稳态势。

案例一：鑫源工贸有限公司拥有在某县咪西哩煤矿详查项目探矿权，杨某菠于2013年8月与该公司达成协议，支付联保金、风险金等约人民币40万元代价取得该矿部分矿洞承包经营权，并投资建设了相关设施，在工程尚未完工时该矿被政府部门关闭。杨某菠要求鑫源公司退还所交联保金等并赔偿相关损失未果，于是提起诉讼。

原告诉称，原告与被告的法定代表人毕某贤彼此熟悉，毕某贤称其公司名下有煤矿，享有合法的探矿权，探矿权有效期至2015年5月30日，欲将煤矿的部分矿洞承包给原告经营。2013年8月，经原告与被告多次商量，约定由原告在被告享有的矿区范围内自行开采，开采费用由原告自行承担，原告先期向被告支付联保金、风险金、保险费等费用，待原告开采到煤，有了收益后，再按每吨100元向被告支付管理费。双方达成协议后，原告分别于2013年8月19日至12月4日前后共计向被告支付人民币40万元。原告于2013年8月进入矿区，投入巨资进行矿洞的施工作业，钻探310余米，并按被告要求修建公司自用房屋和当地农民的安置房，共计投资近达人民币90万元。2013年12月31日，原告矿洞尚未施工结束就被政府部门关闭。原告到该矿所在县国土资源局询问得知，被告的探矿权早在2013年5月就已失效，在双方商谈达成协议时，被告已经不享有探矿权，但被告隐瞒了该事实，与不知情的原告达成协议，原告投入巨资进行施工钻探却不能正常经营，导致原告造成巨大的经济损失。原告多次与被告协商，要求被告返还原告已支付的各项费用，赔偿原告的损失，被告以种种理由拖延。诉至法院请求判令被告立即返还原告联保金、保险费、风险金等共计人民币40万元，赔偿原告经济损失人民币89万元。

被告辩称，第一，其合法享有咪西哩煤矿详查项目探矿权，在勘查作业区内进行矿产资源的勘查，尽管此探矿权已到期，但已在到期前申请延期并获备案，并未有意隐瞒；第二，原告承诺涉及探矿的一切费用由其自行承担，被告就该探点已支出征地费、人员伤害赔偿、保险费合计人民币38万元理应由其承担；第三，原告就该探点的投资损失系其自愿投入，损失也应由原告自行承担；第四，该矿关闭系政府行为，相关损失应由原告自行承担。

根据当事人陈述和确认的证据，法院确认了本案事实。被告系工商部门登记经营煤炭开采、销售、矿产品销售等业务的企业法人，其名下有一某县咪西哩煤矿详查项目探矿权，有效期限自 2011 年 12 月 11 日至 2013 年 5 月 3 日。2013 年 5 月，原、被告经协商达成口头协议，约定将被告勘查项目区域内的罗溪村矿洞承包给原告经营，由原告在被告享有的矿区范围内自行开采，开采费用由原告自行承担。原告先期向被告支付联保金、风险金、保险费等费用，待原告开采到煤矿，有了收益后再按每吨 100 元向被告支付管理费。协议达成后，原告自 2013 年 8 月 19 日至 2013 年 12 月 4 日期间，分四次合计支付给被告联保金、风险金、保险费等费用人民币 40 万元。原告于 2013 年 8 月进入矿区，开展采煤工作。2013 年 8 月至 9 月间，原告建盖了相关办公及职工住宿等彩钢瓦房，原告支出材料及工时费人民币 13.6 万元。在此期间原告方进入被告矿洞施工作业并投入了部分资金，除此以外，原告还完成了一农户住宅搬迁重建任务，开支了人民币 4.76 万元。2013 年 12 月 31 日，该矿所在县国土资源局发出了《关于取缔关闭煤矿勘查项目坑探工程的通知》，取缔关闭了上述矿洞。原告就投资损失问题与被告协商未果，现诉至法院请求解决。

法院认为，《中华人民共和国合同法》第五十二条规定“违反法律、行政法规的强制性规定”，《中华人民共和国矿产资源法》第三条第三款规定“勘查、开采矿产资源，必须依法分别申请、经批准取得探矿权、采矿权，并办理登记”，本案所涉的鹿鸣乡罗溪村梅子箐探矿点虽然在鑫源公司的探矿权勘查范围内，但矿点所属的矿区探矿权资质有效期限为 2011 年 12 月 11 日至 2013 年 5 月 3 日，双方订立合同时探矿权资质已经失效，根据上述法律规定，法院认定双方订立的口头协议无效。《中华人民共和国合同法》第五十八条规定："合同无效或者被撤销后，因该合同取得的财产，应当予以返还。不能返还或者没有必要返还的，应当折价补偿。有过错的一方应当赔偿对方因此所受到的损失，双方都有过错的，应当各自承担相应的责任。"据此，原、被告因上述协议取得的财产应予以返还。被告以收条的形式确认收到原告保险费、联保金等费用合计人民币 40 万元，该部分费用，依法应予返还。

原告同时诉请被告承担其在梅子箐探矿点的投入损失共计人民币 89.66 万元，但其中有证据证实的费用为原告建盖办公活动房支出人民币 13.6 万元和农户住宅搬迁重建房屋支出人民币 4.76 万元。被告在明知相关资质已经失效的情况下仍然口头协议同意原告开展采煤作业，而原告没有尽到合理的审查义务，故本案双方在缔约过程中均有过错，根据双方的过错程度，即本院酌情由被告赔偿原告损失费人民币 15 万元。原告的其余损失问题，虽然原告掘进矿洞有一定支出损失，但原告未提交有效证据证实，又因政府已将所涉矿洞关闭，无从启动相应的鉴定程序，无法确定客观损失额，故该部分损失应由原告自行承担。据此，判决被告返还原告杨某菠联保金、保险费、风险金等人民币 40 万元，并赔偿原告杨某菠损失人民币 15 万元。

本案法院正确判定了"双方在缔约过程中均有过错"，这符合案件实际。我国矿产相关制度在不断完善中，探矿权过期后仍在作业的情形比较常见，本案被告将申请续期备案理解为许可并与原告签署契约虽有过错但不算有意隐瞒。本案原告对探矿权过期未作审查并错将探矿权混同采矿权导致损失，也应承担相应责任。法院的判决总体上有利于原告，将政府关闭煤矿行政行为的后果判由被告承担，不尽合理，但也符合法律规定，算是被告转移政策风险努力未能成功。

五、弱势群体保护

关注弱势群体权益保护是现代法制的基本职能和必须具备的伦理品格。人民司法的性质，要求中国司法机关的司法活动更要体现出对基层群众的真挚情感，落实法律对弱势群体保护的价值取向与制度安排。

> **案例一：**2009 年，村民高某荣被祥云飞龙再生科技股份有限公司聘用为烟化炉工人，聘期至 2015 年 6 月止。2012 年 10 月左右，高某荣被发现身体异常送医，所在公司支付了医疗费用。在高某荣继续治疗期间，向该公司支取了人民币 21 万元，但未履行报账手续并拒绝公司和解。祥云飞龙再生科技股份有限公司于是提起诉讼要求返还此不当得利。

这个案子有些异常，疑似职业病受害人尚未起诉所服务公司，反而是公司对患病职工率先提起诉讼。

原告祥云飞龙股份有限公司诉称，被告高某荣于 2009 年 10 月 26 日被其录用，在烟化炉车间从事磨煤工作，劳动合同期限至 2015 年 6 月 30 日止，原告为其办理了社会保险。2012 年 10 月 18 日，由于在工作过程中发现被告高某荣有自言自语、目光呆滞现象，为避免安全生产事故发生，原告派人将其送至多家医院治疗。在上述检查治疗过程中，原告为被告报销了所有医疗费、生活费、护理费及差旅费合计人民币 4.5149 万元。2013 年 12 月 23 日，原告书面通知被告高某荣，要求其在 2013 年 12 月 30 日前和原告一起到具有职业病诊断及鉴定资质的医疗机构进行诊断治疗和鉴定，但被告置之不理。在此之前及此后直至2015年7月上旬，被告及家人多次到原告办公场所闹访，到相关部门上访。自2013年11月5日起至2015年7月7日止，被告共向原告借支、暂支款人民币21万元，原告先后多次要求其履行治疗费用报销手续，被告置之不理。由于被告高某荣的劳动合同于2015年6月30日期满终止，经原告安排，原告下属电铅厂于同年6月19日向被告送达了“终止劳动合同通知”，要求其于2015年6月30日到电铅厂办理离职相关手续，被告未来办理。2015年8月28日原告派人到被告住所向其送达了告知函，要求其在2015年9月7日前来原告处办理终止劳动关系证明、预借支款报销、经济补偿金、离职后职业健康检查手续，被告接收了告知函但拒绝签收。经原告查证，被告高某荣曾因精神分裂症于2006年7月9日到州精神卫生中心进行诊治，显然，被告隐瞒了精神病史。被告高某荣在原告烟化炉车间工作期间，虽曾有血铅超标的事实，但经治疗已达正常范围值，无任何证据证明其患有职业病，且即便患有职业病，亦属享受工伤保险待遇范围。被告不配合按相关程序办理，至原告前期为被告报销的各项费用人民币4.5万余元，无法从工伤保险待遇中报销，已蒙受了较大损失。被告又以治疗为由先后向原告预借支款人民币21万元，却又拒绝办理确因实际治疗而花费费用的报销手续，被告占有上述借预支款项无任何合法根据，属不当得利，依法应予返还。现诉至法院请求判令二被告连带返还原告暂借支款21万元。

被告辩称：一，原告是否应垫付医疗费并依法进行相关赔偿，与被告高某荣是否构成职业病并无任何关联。只要构成工伤，原告就应当对被告进行赔偿。原告称在2006年被告高某荣就已经患有精神分裂症缺乏事实依据且与本案没有关联。2009年10月20日被告录至烟化炉人员名单中，对高某荣的体检结果是合格的。医院诊断证明及出院证明，载明高某荣的病情为“铅中毒所致的精神障碍”或“铅中毒”“中毒性多神经病”，这些表述与精神分裂症不同，完全是由于中毒引起。高某荣在工作期间因工作缘故形成工伤已是不争的事实。现在工伤认定、劳动能力鉴定、工伤保险待遇申报等程序均未启动，原告要以不当得利为由要回之前垫付的医药费，完全没有道理。二，原告称被告拒绝配合做职业病鉴定及相关工伤认定及报销程序，与事实不符。在2013年12月31日，高某荣就已经提交了职业病鉴定申请书，村委会及镇政府加盖公章确认。但自2013年年底至2015年7月，双方进行了多次协商，但未达成协议。2015年6月30日，原告以期满为由终止了与高某荣的劳动合同，原告不仅不进行任何赔偿，反而还要要回垫付的医疗费于情于法不符。

法院经审理查明：2009年11月起至2012年6月原告聘用被告高某荣到其电铅厂烟化炉车间上班。2012年7月1日，双方签订“劳动合同书”，劳动合同期限自2012年7月1日起至2015年6月30日，工种为烟化炉工，工作地点为县财富工业园区电铅厂。原告为被告高某荣办理了自2010年1月起至2015年7月1日的职工工伤生育保险、2013年12月起至2015年7月1日的职工养老保险、2013年12月起至2015年7月1日的职工医疗保险。2012年10月原告发现被告表现异常，遂派人将高某荣送多家医院治疗。在治疗期间，2013年11月5日至2015年7月7日原告因高某荣治疗垫支人民币21万元。自2014年4月以来，高某荣及家属到多个部门上访，要求所在公司赔偿损失。2015年6月18日原告通知被告领取了终止劳动合同通知。2015年8月28日原告通知被告高某荣到公司办理终止劳动关系手续、预借支款报销手续、经济补偿金问题及离职后职业健康检查，高某荣拒绝签收。2015年10月14日原告与被告到省第三人民医院就高某荣的病情进行诊断，诊断结论为“无职业性铅中毒”。后双方就赔偿问题协商未果。另查明，2012

年 12 月 4 日至 2012 年 12 月 24 日，高某荣到省第三人民医院住院治疗，出院诊断为“铅接触观察对象、胆囊息肉”；2013 年 3 月 28 日至 2013 年 4 月 30 日被告高某荣到州精神病医院住院治疗，出院诊断为铅中毒所致精神障碍；2013 年 11 月 15 日至 2013 年 12 月 2 日，高某荣到省第二人民医院神经内科住院治疗，出院诊断为“中毒性精神障碍、中毒性周围神经病、铅中毒、胆囊息肉、右肾结石”；2014 年 3 月 14 日，高某荣经首都医科大学附属北京安定医院诊断为“器质性精神障碍、中毒性多神经病、转氨酶升高、极重度智商及记忆障碍”；2014 年 6 月 19 日至 2014 年 7 月 3 日，高某荣到医科大学第一附属医院住院治疗，出院诊断为“器质性精神病、中毒性多神经元病、极重度智商及记忆障碍”；2014 年 8 月 5 日至同年 8 月 21 日高某荣再次到医科大学第一附属医院住院治疗；2015 年 10 月 15 日至 2015 年 10 月 19 日，高某荣到第二人民医院住院治疗，诊断为“器质性精神障碍、中毒性多神经病”。

法院认为，被告对收到原告垫付的费用人民币 21 万元无异议，本院予以确认。根据《中华人民共和国民法通则》第九十二条规定，没有合法根据，取得不当利益，造成他人损失的，应当将取得的不当利益返还受损失的人。本案中，高某荣在劳动合同期限内被诊断患有中毒性多神经元病，并到多家医院住院治疗，原告为高某荣垫付费用并无不当。现高某荣对其受损害的后果未主张赔偿，其病情是否符合职业病的规定，以及原告是否应当承担工伤保险责任，应按《中华人民共和国职业病防治法》《工伤保险条例》等规定的程序作出相应认定。由于此结果尚处不确定状态，如果认定高某荣病情为职业病，则其并不存在取得不当利益的事实，而原告应承担相关责任。现原告未提交有效证据证实该争议已经工伤认定程序进行过认定处理，以及其不应当承担相关责任的事实，故原告诉请要求二被告返还垫付的人民币 21 万元的诉请，不符合法律规定，法院不予支持。判决驳回原告祥云飞龙再生科技股份有限公司的诉讼请求。

法院的判决远远不可能使本案尘埃落定，当事双方的博弈还会持续。祥云飞龙科技股份有限公司意在通过诉讼锁定自身损失的上限，或者促使启动双方就相关事项正式协商，至少要让对方意识到事情的解决有法律底限而不至过于随意。法院的介入即便没有解决双方的争议难题，也有助于为双方后续博弈建立理性预期，让当事人注意并重视问题解决的诉讼选项。

六、爱莫能助

乡土社会群众由于法律常识欠缺，在权利受损寻求救济时，固执地以错误对象为诉讼目标。法院一方面要耐心阐释法律规定，为其指出寻求救济的正常通道，另一方面尽管十分同情当事人遭遇，却爱莫能助，只能依法驳回其诉讼请求。

> **案例一：** 村民张某国使用烟草公司免费提供的烤箱，因相关设施故障导致烟叶成废品致损，于是状告受厂家委派负责相关设备安装维护的郑某喜，要求其赔偿损失。

原告诉称：2013年原告村烤烟用密集化烤箱，每个烤箱烟草公司补偿并提供包括风机、散热器、炉塘、控制器等在内的价值3万元的设备，由被告来安装风机等设备。两原告家的是2号烤箱。开始烤烟后，所烤的第1至5箱均属坏烟，经被告来看后，共更换了四次风机烤出来的烟才可以出售给烟站。2013年10月，此事曾经宝华烟站站长安排原被告双方、风机厂家代表进行协商，因第1至4箱的烟叶为脚叶烟，损失不大，不再由被告赔偿，双方口头达成由被告赔偿第5箱烟的损失人民币2.2万元。后经原告多次催要，被告未赔偿。故诉请判令被告赔偿原告烤烟损失人民币2.2万元，并按信用社利息支付从2013年10月起至起诉时止的利息，共计人民币2.5万元。

被告辩称：2013年间，原告村烤烟用密集化烤箱，包括风机、散热器、炉塘、控制器等设备由烟草公司提供补助给农户，被告受厂家委托负责设备的安装和维护。被告安装烤箱设备后，原告曾打电话告知烤出来的烟要不成，被告曾更换了四次风机，后烤出来的烟正常。双方以及厂家代表曾在宝华烟站协商赔偿事宜未果。本案中涉及的风机的生产者、销售者均不是被告，其不应该承担赔偿责任。

根据当事人陈述和以上确认的证据，法院确认如下法律事实：2013年原告村烤烟使用密集化烤箱，每个烤箱包括风机、散热器、炉塘、控制器等设备由州烟草公司统一招投标提供。被告受厂家雇请负责设备的安装和维护。在烤烟过程中，原告的第1至5箱烟均烤坏，双方认为是风机问题，被告曾为原告更换过四次风机，后烤箱正常运作。双方及厂家代表于2013年年底曾在宝华烟站商量赔偿事宜未果，2015年5月原告申请在宝华司法所调解，因被告未到调解未果。

法院认为：双方认可原告烟烤坏是因风机问题，而被告仅仅受厂家委托负责设备的安装和维护，其既非风机等设备的销售者，也非供货者，更非生产者。根据《中华人民共和国产品质量法》第四十三条“因产品存在缺陷造成人身、他人财产损害的，受害人可以向产品的生产者要求赔偿，也可以向产品的销售者要求赔偿。属于产品的生产者的责任，产品的销售者赔偿的，产品的销售者有权向产品的生产者追偿。属于产品的销售者的责任，产品的生产者赔偿的，产品的生产者有权向产品的销售者追偿”的规定，以及《中华人民共和国侵权责任法》第四十三条“因产品存在缺陷造成损害的，被侵权人可以向产品的生产者请求赔偿，也可以向产品的销售者请求赔偿。产品缺陷由生产者造成的，销售者赔偿后，有权向生产者追偿。因销售者的过错使产品存在缺陷的，生产者赔偿后，有权向销售者追偿”的规定，被告无需承担赔偿责任。故原告要求被告赔偿损失，无事实和法律依据，法院不予支持。据此，判决如下驳回原告张某国的诉讼请求。

烟草公司的免费设备导致农户损失，设备生产者销售者应当赔偿，这有法可依，法院驳回农户对设施安装维护者的赔偿请求并无不当。然而，本案农户获得救济之路可能不会顺利。设备生产者及设备提供者烟草公司理应承担责任，但要证明设备缺陷和种烟农户损失的因果关系却并不容易。

在另一案件中，法官们也经受了对当事人感情与法律公正平衡的考验。

她，命运多舛，六岁时母亲离家，一直下落不明，她与父亲相依为命，在贫穷、孤独中成长。2010年，为了供其上学，身体多病的父亲进城打工，却不幸身亡，成了孤儿的她由大伯收留。寄人篱下的生活让她过早地成熟，学会了隐忍。消失了十几年的母亲又于2011年突然返回C县，让她不知该如何重拾已中断十几年的母爱。原本应像其他同龄人一样在父母关爱下健康快乐成长的她，却已经历了很多痛楚和悲伤，过早地体会世态炎凉，每当想起自己的经历，她都忍不住流下酸楚的泪水。这一天，孩子跟母亲走进了法院大门。原来，在孩子父亲去世后，伯父代管了孩子的一切费用，包括父亲的死亡赔偿金、孩子的孤儿补助款等等。去年，伯父还把孩子家的两间厢房拆除，并在孩子父亲留下的一块地基上新建房屋。在无依无靠的时候，伯父作为监护人，也尽过一些抚养责任，对此，孩子一直心存感激。可如今，母亲回来了，她们母女居无定所，生活困难。经商量，伯父担心孩子的母亲携款而逃，不愿将代管的钱物交还给她们。母女俩无奈将伯父诉上法庭，要求其返还代为保管的属于自己的钱物以及父亲的房子和地基一块。C县法院巡回法庭受理此案后，考虑到该案案情复杂，涉及法律和情理的交融区，庭审前，先后法官多次到当地了解情况。为了方便当事人，到原、被告双方居住的云南驿左所村委会开展巡回审理。庭审中，法官一边辨析说法，一边情理交融，希望通过调解化解双方的矛盾。庭审后，又请村领导参与调解，从普通民众的角度分析解决之道。经调解，此案原、被告双方就不当得利部分当庭达成了调解协议，由被告返还代为保管的原告的钱物，但是对返还两间平房和地基一块，双方各持已见。调解工作陷入僵局。法官没有就此放弃，而是抓住原被告双方的心理，努力寻找更好的调解方案，多次做双方当事人的调解工作。最终，双方达成调解协议。由被告支付两间旧房的折价款给原告方。至此，案件得到了圆满处理。如今，孩子跟母亲已经生活在一起，困难也得到了缓解。案件虽已终结，但法官心里却多了一份牵挂，希望孩子能尽快掀去人生路上这悲伤的一页，不要让曾经的破碎在心中留下伤痕，在经历家庭一次又一次的变故后能学会在逆境中坚强成长，将来的人生路不再艰难。

七、司法永远都要讲政治

政务型司法意味着政治格局、政治活动、政治思维或立法权行政权等对司法权运行和司法活动的全面影响。从人类政治文明历史实践看，司法活动从来都有明显的政治性，其差异只是司法受政治影响的程度。但这种局面若任其泛滥，既无助于政治竞争的文明化，也会败坏司法的声誉。为此，现代社会设立权力分立防火墙，避免立法行政等政治活动对司法的过分干预。然而，这不会切断司法与其他政治活动的联系，实际上司法活动是在特定政治情境中运行的，无法完全脱离总体政治环境的影响。而且，决定特定社会司法品质位阶的，主要不是司法的政治性，而是司法所服务的法制的价值系统类型。当代中国的人民司法活动，是中国共产党领导人民建设法治国家伟大事业的一部分，具有显然的政治性。实践中，人民司法一直追求法律效果、政治效果和社会效果的统一，体现了对法治核心价值的坚守，代表着法治的新高度。

法律制度的价值体系一般包括这样两个最基本的层次：一是作为制度整体的终极追求的正义，这是法的最高价值；二是构成制度基本内容的权利、秩序和效率，这是法的基本价值。法的基本价值还可细分，比如权利就可分为自由权、平等权、财产权，秩序可分政治秩序、经济秩序，效率可分为局部效率和整体效率等，并且这种划分可以无限地延伸下去。粗略地看，法的价值系统就是由权利、秩序和效率为基础，以正义为顶点的塔形结构。人类法制史上，因价值核心不同而呈现出不同的法制价值系统类型，大体有传统型法制价值系统、威权型法制价值系统及法治型价值系统。而特定社会司法品质的位阶，很大程度上是由法制价值系统类型这一区别决定的。

传统型法制一般以秩序为核心型构价值系统。其价值系统中公民基本权利配置被忽略，社会权利的分配一般缺乏公平，人的自由权也被压缩至最低程度。而表达和维持此种权利配置格局的秩序，又不恰当地从维护权利的手段，变成了制度的重心。基本权利的缺乏及权利分配的不公平，又因为维持秩序的需要而经常被不断挤压、扭曲，权利的贫穷和分配的不公平被放大。作为权利总体增长的效率在此背景中，必然受到压制，社会整体丧失了功能上的活力。

法治通过对一种具有开放性的确定性的制度追逐，将善的正义的各种价值整合，使对公民个人权利的保障与秩序维持，以及权利总量增长的效率实现了结构性统一。以公民权利的分配、保持、救济为核心型构的法治价值系统，克服了传统型法制和威权型法制的道义困境和功能困境，它有三个基本特征：一是它扩大了公民基本权利的范围，并赋予其不可侵犯的地位。拥有它的人不必为此付出成本，它是与生俱来的，因人的身份而来的，这一部分权利在每一社会个体之间是平等的、等值的，可算是平均主义。二是其他社会权利在公民之间、社会各阶层之间的分配尽可能地公平，这是所谓分配正义的体现，它在公民个体之间的分布是不等量的，但这种差异有一定的伦理理由或在可接受的范围内。三是权利救济制度的补充，这或可称为一种矫正正义，它要体现社会对不公平的调节控制能力、权利侵犯的恢复和救济机制具有活力等。

传统型法制的价值系统以秩序为核心建构，由于对公民基本权利保障的忽视以及必然的权利分配不平等，权利救济的意识和制度技术的缺失，导致其秩序诉求的伦理和技术支撑不足，难以实现秩序、权利和效率的正义。

法治型价值系统对公民基本权利配置与权利公平性分配以及权利救济制度的强调，为秩序追逐提供了伦理基础。主张个人权利是当代社会普遍的现象，制度设计方面也不可能回避这一事实。将个人权利诉求法律化，就是对其正当性和有效性的承认。博弈论告诉我们，个人自发的维权行为并不一定能够在看不见的手的指引下产生最佳的社会共同成果，个人理性并不能保证集体理性。看不见的手是不够的，不是形成集体理性的充分条件。现代社会整体上是陌生人社会，保证形成合作的手段只能是制度。制度是长期博弈所选择的均衡结果，它可保证合作的可重复性和稳定性，而成功的、有强大力量的制度必须是一个公正的制度，它既保证每一个人具有最基本的权利，又使社会成员的权利分配总体上保持公正。为了使这些被分配的权利免受侵害，一方面要使这种制度规范化，赋予其法律形式，另一方面则须健全权利救济制度，恢复权利被损害的平衡。法治的制度设计中，其价值系统以公民权利的分配、保持、救济为核心，是顺应个人权利保护潮流和趋势的制度。首先，法治将自由、平等一类基本权利的维持、保护推到了传统法制和当代威权政体法律难以企及的高度。一方面，公民基本权利的范围被大大扩展，并给予相应的保障；另一方面，权利的分配也体现了人人平等的原则，明显的和剧烈的等级差异被消解了，这是天赋人权理论的必然引申，即所谓“每一个人在上帝面前都是平等的”。其次，由于人一定意义上是具有自私和合作本性的理性人，为了自己权利的实现他需要服从于保障这种权利的社会制度。法治在提供权利保障制度同时，也具有了要求被服从的资格；人们在实现自己的权利的同时，也会自觉地服从法治的要求，遵守法律秩序。法的秩序功能在此时就是权利保障制度的一部分。第三，作为权利整体增长指标的效率，会随着权利保障制度的升级和完善而逐渐提高，从而满足社会发展的制度需求。法治对全体人民功利和效率的追逐，可最大程度地实现权利、秩序和效率均衡的社会正义。

政务型司法实践是中国社会主义法治为人类法治发展贡献的中国方案和中国智慧。司法是特殊的政治，它体现政治整体品质与色彩，服务政治是司法的基本职能。中国当代司法的现代化改造不应只聚焦于形式层面司法与其他政治活动的区隔与防范，而应坚守法治价值系统，以人民根本利益这一政治标准统率司法工作。在西部民族地区乡土司法活动中，乡土法律人通过个案的处理，体现了以公民权利的分配、保持、救济为核心的法治核心价值，保护了群众利益，维护了党和政府的形象，向社会展现了当代中国政治和中国司法的气派与精彩。

第八章　乡土中国的法律人

中国社会的现代化是一项长期持续的伟大工程，空间上是由沿海到内地、从都市到乡村梯度推进的，形成了现代化社会与乡土社会并存的独特画面。在很长时期内，乡土社会在西部民族地区的经济上和政治上都是客观的存在。乡土中国法律生活为乡土法律人提供了展示才能的舞台，塑造了他们在乡土法律生活和社会治理中的角色，凸显了他们的奉献与功绩，也规定了西部民族地区基层乡土法律人的素质要件及培养理念。本章将分析乡土中国法律生活法律规范的习俗性、法律权威人格化和司法政务性特性对乡土法律人的角色塑造；以“全国优秀法官”龙进品[①]和C县巡回法庭法官们的司法故事以及西部民族地区乡土法律人的司法实践为例证，展示他们在这一事业中的担当与贡献；同时，以C县巡回法庭“双语”审判实践及西部藏区S县人民法院“关于藏汉双语审判工作的调研报告”为据，对乡土法官的知识构成、个人品格与专业技

① 龙进品是云南南涧彝族自治县人民法院公郎法庭庭长，一级法官。2011年2月22日，最高人民法院表彰龙进品为“全国优秀法官”。本章部分内容来自陈卯轩、王允武：《乡土中国法律生活视野中的卓越法律人才教育培养——以全国优秀法官龙进品成长为视角》，载《西南民族大学学报（人文社科版）》2013年第1期。

艺予以解析，丰富对龙进品们素质要件的认识；在此基础上，通过西部某民族院校近年来法科人才培养实践，梳理西部民族地区乡土社会“下得去、用得上、留得住”法律人才培养思路，以为制度性推广服务乡土法律生活的龙进品提供启迪。

一、乡土法律生活的基本特性与乡土法律人的角色

本章中乡土中国这一范畴不仅标志特定地理空间的经济发展水平，也是政治意义上社会治理特性的描述。中国四十余年的改革，最初就是由乡土中国农村改革开始的。没有乡土中国广大农村地区的发展，就不可能实现中国社会全面的现代化。乡土中国的社会治理正处于转型时期，它定义了乡土中国的法律生活。对乡土中国法律生活的全面透视，将有助于了解乡土中国社会治理的理念、逻辑与进程。在中国法域内，由于现代化的中国和乡土中国的客观分层存在，乡土中国的法律生活呈现出法律规范的习俗性、法律权威人格化和司法政务性的明显特性，而这些特性塑造了乡土法律人在乡土法律生活中之法律规则解释者、人格化法律权威、法律秩序守护人角色。

规范是法律生活最基本的要素。在现代性文化中，国家法规范是构成一个社会秩序与稳定的基石，法治事实上就是以国家法的制定和国家司法为中心所形成的治理模式。这与传统中国以礼义、礼教、礼法为中心的治理模式大不相同。中国古代与西方“法”对应的有礼、理、法、制之义，① 但礼、理、制等，规范性发育度不够，在社会治理中，并不特别倚重规范性发育度较高的国家制定法。随着现代性法治文化特别是

① 马小红：《礼与义：法的历史连接》，北京大学出版社 2004 年版，第 4 页。

大陆法系立法中心主义法文化进入，中国传统社会的治理体系因功能上的失败而丧失合法性，国家法规范不仅在政治上而且在整个社会都获得了排他性的垄断地位，这对推动中国的现代化事业效应极为明显。但不能不看到，国家法的成功是有成本的，尤其一个有数千年传统的治理体系产生剧变，会带来一些传统的断裂，比如民间习俗或民间法。

民间法是一种古老的权力，但它并未老去，仍然是一种活着的秩序。[①] 中国法学界至少在 20 世纪 90 年代便注意到了法治主义话语中民间法规则的性质和意义问题，并对此作了颇有成效的探究。苏力在《送法下乡》一书中，对乡土社会的民间规范作了深入讨论。他在一通奸案处理的分析中，对通奸当事人丈夫在民间规则中的“受害人”身份进行了法理辨析。在现代性的国家法框架内，通奸通常属于道德范畴，一般不承认当事人配偶法律上的受害者地位，但乡土法官根据这种地方性知识作出的处置却得到了苏力的肯定。[②] 在一个国家法规范处于绝对支配地位的法域中，在乡土社会的法律生活中，习俗或者民间法规范的活力依据在哪里呢？许章润认为：“法律是一种人世规则，旨在营建合理的人间秩序，造福惬意的人世生活。生存环境的差异决定了不同时代的不同族群不可避免地遭遇不同之人生困境，从而宿命地决定了特定时空的个别族群积累，发展出各自的求生方式，人间秩序和人世生活，并根本性地引申出对于它们的感受、判断与评价。”[③] 乡土社会的生活形式支撑了乡土社会秩序规则的根本理念和内在逻辑，只要这种生活的独特性存

① 20 世纪 90 年代以来，以梁治平、苏力的本土资源论为开端，一大批法制史、法理学、民族法学者如谢晖、田成有、高其才、徐晓光等对民间习惯法作了大量研究，形成了一批成果，培养了一批研究者。

② 苏力：《送法下乡——中国基层司法制度研究》，中国政法大学出版社 2000 年版，第 245 页。

③ 许章润：《说法活法立法》，中国法制出版社 2000 年版，第 5 页。

在，它就会塑造和延续与之对应的民间法规范的活力与影响。

乡土民间法规范有明显的习俗性，其内涵并不具有法律规范的明确性，这既是其活力的缘由所在，也加大了它的阐释和适用难度。昂格尔说，"在最广泛的意义上讲，法律仅仅是反复出现的、个人和群体间相互作用的模式，同时，这些个人和群体或多或少地、明确承认这种模式产生了应当得到满足的相互的行为期待"，这些习惯法律由一些公认的惯例所组成，而交往和交换即在这些惯例的基础上得以进行，尽管这些习惯规范可能只是一些"含蓄的行为标准而不是公式化的行为规则"。[①] 根源于生活的乡土习惯规范尽管并不构成对国家法支配地位的挑战，但它对乡村生活的影响是真实的，并且这种影响定是长期的，这是乡土中国的社会治理和乡村司法必须正视的现实。

中国广阔的地域，众多民族悠久的历史，决定了民间法的普遍存在，尤其在西部民族地区，民俗习惯乡土社会的影响是明显的。由于这些习惯法规范并没有正式和系统的表述，它只是客观地存在于法律共同生活体内，识别和表述回应这些规则就显得极重要和关键。由于民间法与国家法往往并不一致，这对乡土司法构成了挑战，也考验着乡土法官们阅读规则和现实的能力。而这种压力的适格承接者，便是乡土法律生活中连接国家法与民间法、法律与习俗、司法与行政、传统与现代的以乡土法官为代表的乡土法律人，他们可能成功回应这种挑战。因此，具有政治、道义和专业权威的乡土法律人也自然成为乡土中国法律生活中法律规则的解释者。

现代性法治强调法律面前人人平等，规则的效力与执行规则的人的

---

① 昂格尔：《现代社会中的法律》，吴玉章，周汉华译，译林出版社 2001 年版，第 45 页。

道德品格并无直接联系。而在乡土中国的法律生活中，情形有所不同，乡土社会法律共同体成员往往是通过对乡土法官个人的道德认同从而实现对法官所服务的法制的认同和服从的，这也就是乡土中国法律生活的另一特点：法律权威的人格化。

在人类法律生活史上，法官的角色可大体分为仆人、工匠和青天三种类型。法官对法律规则的从属性在罗马法时代就已被重视，西塞罗说，因为执政官服从法律，所以我们服从执政官。大陆法系历史上一直强调法官对立法机构制定规则的遵守，要求法官作“法律的仆人”。这是一种立法中心主义的法制类型。而在英美法系的历史上，法官从普通法的实践中确立了司法的专业工作性质，司法被认为是一种需要特殊技能的职业，是帮助国王治理社会的“工匠”，由此形成了法律职业共同体的特殊理念、思考逻辑、价值标准、行为规范与独特技艺。在中国传统的法律生活中，有关权力与权利的设置、分配、保护与调整等，是由建立在宗法观念之上的礼法制定规范的，并无大陆法系与英美法系中的法官职业，大多数情况下，社会案件纷争是由地方行政官作出裁断的，只在中央一级才有的专门和系统的司法机构和制度设置。因此，在传统的中国社会法律生活中，英明的法官被称作“青天”。这并不是一个容易达到的职业标准。大陆法系的法官如果作出了一件公众不认可的裁决，可以心安理得地认为他只是服从了法律。英美体系的法官对此可能更无需理会，因为制度给了他权力。但在有“青天”情结的中国传统法文化中，作出裁决的法官一直被客观性、公正性、现实性所困扰，既要担心真相的还原问题，又要考虑裁决的公道问题，同时还要顾及裁决的可执行性。此外，专业上更大的压力还来源于政治导向以及个人品格的关注。

在乡土中国的法律生活中，法官个人的道德品行远不是私事，法官们个人的道德品格在乡土熟人社会中会被放大，法官个人的道德形象影响着公众对法律、对“公家人”的认知，是乡土社会治理质量的关键要素之一。乡土中国法律生活中法律权威的人格化特点，使乡土法律人成了人格化的法律权威。

除了法律规范的习俗性、法律权威的人格化，乡土中国法律生活还有另一大特性：司法的政务性。政务型司法文化深刻影响和规范着乡土司法的理念与活动，广泛存在于当代中国乡土司法实践。同时，政务型司法文化还定义了当下乡土法律人的角色和职责，考验着乡土法律人的政治和职业等全面素质，尤其以政治视角确定司法管辖及处理争议的标志性制度风格在乡土法律人的观念和司法行为中存在也是明显的。这形成了乡土法律人在乡土中国法律生活中的另一角色：法律秩序守护人。

立法中心主义的大陆法系法制中，法官无权自行决定司法权对社会事务的介入，案件受理必以严格的制定法为据，中国现代性法制总体上也是持这一原则，所谓司法的基本原则是：以事实为依据，依法律为准绳。实在法的规范决定司法权对社会事务介入的方式和程度。但在乡土中国的法律生活中，很难想象法官只处理法律问题。乡村生活中，司法权和行政权的分工不具可行性，分工的理论并不被乡民认可。因此，在乡土中国的司法中，乡土法官们尽管必须具备权力分工的知识，却不能以严格的司法行政分工减轻自己作为“公家人”对乡亲的责任。

乡土中国的法律生活中，法官们需要小心地在实在法规范与公众的期待间寻找平衡。法律人对案件的认识是由国家法对案件性质的确定开始的，然后再根据法律规则决定案件的裁断。而乡土社会的公民虽并不具备系统的国家法知识，但对身边的事务有朴素的是非观念，也即对案件的性质和裁判结果有自认为公正的判断。这种差异和由此而产生的冲突在“许霆案”中最为明显。这涉及对“公众判意”[①]的立场。从法理上看，法律公正有三个层面：一是价值法学所主张的实质公正，强调事实的准确和结果与客观事实的正相关。另一个是规范法学意义上的公正，注重对正式和有效规则和程序的尊重，强调案件处理的依据、过程和决定本身的法律依据。第三个是社会法学意义上的，主要从司法效果评判司法和程序的合理性。格尔兹在《文化的解释》中说道：“在任何新兴的国家社会里，一方面是对一贯性和持续性的要求，另一方面是对活力和现实法的要求，它们的影响极不平衡，而是非常微妙。”[②]乡土法官要坚持国家法的权威和指导，又要调和平衡各种民间习俗规范，在当事人相反的诉求和法律规范、风俗习惯、道德共识、人情世故中摆平案件。乡土法官应有能力对此类事项作出判断，以平衡国家法规则与实际社会生活的差异，因为他们不仅是案件的是非裁判者，而且是保一方平安的法律秩序的守护人。

二、乡土法律人的担当与贡献

乡土中国的法律生活塑造了优秀的乡土法律人，他们的工作顺应了乡土法律生活法律规范的习俗性、法律权威人格化和司法的政务性对其法律规则解释者、人格化法律权威、法律秩序守护人角色塑造的需要。龙进品和C县巡回法庭法官们司法故事以及西部民族地区乡土法律人的司法实践为此作出了正面示范。在被最高人民法院表彰为“全国优秀法

---

① 顾培东：《公众判意的法理解析——对许霆案的延伸思考》，《中国法学》2008年第4期。

② 克利福德·格尔兹：《文化的解释》，纳日碧力戈等译，上海人民出版社1999年版，第277页。

官”后，龙进品的事迹得到广泛宣传。[①] 作为道德模范和劳动英雄，在乡村司法岗位上为乡亲们热情服务十七年的“小龙”[②] 已为社会公众熟知。应该看到，他的背后，是一群和他一样坚守在乡土中国最基层的法律人，他们的事业和贡献，一起衬托起一个英雄的龙进品，而支撑起乡土中国法治事业的是众多的龙进品们。乡土中国的法律生活特性赋予了龙进品们在乡土中国的治理转型中承担重要职责，也决定了他们的知识构成、个人品格和专业技艺，深刻影响着乡土中国法治现代化和乡土社会治理的效率与质量。

司法当然应以法律为准绳，乡土法律生活工作中，规范的习俗性决定了作为法律规则解释者的乡土法律人有时不会一味强调国家法规则，而可能以民俗事理为基础寻求问题解决。国家法若与民俗习惯精神一致，没有冲突，法官既能遵循国家法，也能回应民俗习惯，这固然很好，乡土中国法律生活中这也并不少见。而乡土司法的困难在于，有的案件中，民俗习惯可能与国家法的规则不一致，这种情况下，法官一方面肯定要捍卫国家法的效力，但另一方面，从工作技巧层面，有时可能有意回避对民俗习惯合法性审查讨论，尤其不宜将法律规则与习俗的冲突焦点化，这可能激化当事人之间的对立情绪，甚至造成当事人之间的对立变成当事人与法官的对立。C 县巡回法庭的法官们就成功处理了看起来比较简单，但工作难度一点不小的案件，既坚持了法律原则，又避免了以法律义务向义务当事人施压可能带来的社会恢复风险，即以常规事理人情启发当事人，通过反复耐心的工作实现案件的解决。

---

① 国内几十家媒体，包括电视、网络、报刊等报道了龙进品的事迹，讲述了许多龙进品的司法故事。本书的分析引用了许多新闻媒体对龙进品事迹的讲述。

② 新闻讲述中，龙进品的乡亲对他的称呼。

“我们白白把他养大、喂大，没想到这么没良心。”“当初他们把我扫地出门，让我流落村头，现在日子过不去，又要来找我，没有道理嘛！”因为赡养问题，家住沙龙镇谢官营村的老张夫妇俩与养子春旺之间剪不断、理还乱的争吵又开始了。事情得从1982年说起，老张夫妇因多年不育，无奈收养了一个五岁的小男孩，取名春旺。有了孩子后，虽然日子依然过得紧巴巴的，但家里多了欢声笑语。时隔三年，张大娘有了身孕，不久生育一个女孩，取名美丽。一个是养子、一个是亲生女，老张夫妇俩手里这碗水没法端平了，养父母与养子之间的关系开始微妙起来。老张与春旺经常因为家庭琐事产生争吵。2001年11月的一天，双方的矛盾如火山喷发，一发不可收拾。老张与春旺大吵一架后，请来中间人到场，订立了分家文约。分家文约的大体意思为：老张的房产及一切财产全部归女儿美丽所有，此后由女儿负责二老的生养死葬；家庭债务由老张、春旺各承担一部分。此时，春旺刚刚托人说了一个媳妇，还没有登记，也没举行婚礼，就这样一无所有地走出这个生活了19年的家门。好在春旺说到的这个媳妇没有嫌弃他，义无反顾地嫁了过来，小两口借了邻居的房子做新房，又借了些钱把家给置办起来，起早贪黑，到处务工，把所欠的债务一一偿还，还添了一双女儿，2014年建起了一栋新房子，一家四口终于有了自己的新家。美丽成年后没能招婿回家，反而出嫁到天马村。女儿出嫁，养子已经自立门户，老张夫妇就外出替他人看守果园维持生计。随着年龄的增长，老张夫妇的身体每况愈下，尤其老张更是病痛缠身，果园主人不敢让他们继续看守果树，就把他们辞掉。无奈之下，老张夫妇返回谢官村，不料他们的老宅已在数月前被一场大火无情烧毁，夫妇俩只有暂借邻居一间烤房居住。居无定所、老无所依，夫妇俩想来想去把女儿美丽以及互不往来十多年的养子春旺告上法庭。平时碰到赡养案件，法官批评的矛头总是指向不孝子以及不孝子身后的悍妇。但这真是一件很特殊的案件，想想二十刚出头的春旺背着一身债务被养父母扫地出门；想想他这十多年为了有一个栖身之所，如何含辛茹苦……我们还真不忍心对春旺进行过多的指责，面对春旺妻子的愤怒，我们也表示理解。2014 年 6 月的一天，巡回法庭法官通知老张夫妇跟女儿美丽、养子春旺到村委会进行调解。这是分开十多年来，一家人第一次团聚在一起，尽管这种团聚是双方都不愿意的。调解的时候，法官特意让他们一家坐在一起，春旺面对法官的安排迟疑了一会儿，经过一番思想斗争，终于与养父母坐在一排，但中间刻意留了两个座位。这两个座位的距离在我看来就像一条鸿沟。在村委会这间不算太大的房间里，春旺每次走动都宁愿绕道而行，而不愿从养父母身旁走过。整个过程，张春旺夫妇与老张夫妇连个基本的眼神交流都从未有过。春旺妻子的语言里甚至还夹杂着一些对小姑子美丽的奚落与讥讽。这些细节，让人心酸不已。十三年前的一个冲动，将亲情无情击碎，让曾经的亲人形同陌路，如今要在这条暗流涌动的鸿沟上架一座桥梁，真是谈何容易。调解不易，但调解仍在法官的执着中执着地进行着。时间在一分一秒地流逝，法官的努力在一点点地进行，当事人间的亲情也在一点点地回暖。终于，一家子对老张夫妇此后的生养死葬问题达成协议。一纸分单，当事人亲手剪断了十余年的亲情；一番苦心，法官把斩断十余年的亲情又延续起来。

分家文约在乡土社会并不罕见，当事人均默认此习俗的效力，尽管在法律规范层面这种习俗并无依据，不能免除养子女的赡养义务。对法官而言，义务当事人的赡养责任法律上是明确的，但处理该案却不能刻意强调分家协议无效、突出义务赡养人法律义务，那不利于当事人达成协议及执行，也无助于当事人之间亲情的恢复重建。法官有意回避了对分家文约习俗的合法性审查讨论，而是强调抚育之恩及老人困境，唤醒双方的亲情和道德觉悟，从案件根本上建立和解基础，实现了案件解决。本案法官对案件性质的判断、处理的分寸把握准确，体现了乡土法律人对世理人情、民风习俗的认知及娴熟的工作技艺与很强的司法能力。

乡土法律生活的另一特性是法律权威人格化，法官们成了人格化的法律权威。龙进品在乡土社会的法律生活中能成为乡民认同的好法官，是因为他具备和实践了一个成功的乡土法官重要的道德品格：平等沟通、相互尊重、热情帮助与深刻的热爱。乡土中国工作的法官必须认清自己的角色：既是代表公权力的执法者，又是乡土熟人社会的一员。龙进品工作地区的乡亲习惯称呼龙进品为“小龙”，视他为乡土社会的知识人、智慧的调停者、热情帮助乡亲的好人。这一形象的构建并无捷径，除了主观上要认清自己的角色和工作目标，还必须努力融入乡土社会的环境。龙进品工作的法庭辖区有彝、回、白、苗、布朗等 14 个少数民族，5 万多人口。龙进品为了工作方便，主动了解当地风俗人情，学习少数民族日常用语。他说：“学点少数民族语言，才能真正为群众解开心里的疙瘩。”① “龙进品是全县最善于用民族语言办案的法官。身着制服，脚穿胶鞋，长年行走在山路上；背着国徽，拿着条幅，用民族语言互相问候，为山区百姓执事法律公平。”② 龙进品深知，公道在乡土生活中的意义，他说：“老百姓会原谅你水平不高，但绝不会原谅你贪

① 《乡土法官龙进品》，中国网络电视台 2011 年 3 月 6 日。

② 《法官背着国徽在山头为村民设庭断案》，中国新闻网 2011 年 5 月 26 日。

赃枉法，胡乱裁判。”①

尊重是人际交往顺畅的前提。在办案过程中，龙进品总是将当事人的理解和信任当作案件有效处理的重要条件，为此，他常常不辞辛苦地上门了解案情，以有效建立与当事人的相互信任。他说：“山区的老百姓非常淳朴，如果你亲自去村里跑一趟，一些案子的效果完全不同，就算是输的一方，也会变得心存感激接受判决，如果不去，本来可以案结事了的都不行了。”②

龙进品受到乡亲们的尊重与他对乡亲们的真挚情感与帮助分不开，媒体讲述了这样一个故事：

> 2001 年 1 月 2 日是龙进品结婚的大喜日子，凌晨 1 时许，为准备第二天的婚礼忙得异常疲惫的他正准备休息，忽然公郎法庭的电话响起，是派出所打来请求支援，说是一位老汉在附近公路上被撞断了脚踝，肇事司机跑了，而派出所其他的同志又都下了乡，只有一位女干警在。龙进品放下电话，心中踌躇片刻，便往事故现场跑去。赶到事发地，见老人满身是血，倒在路边，他和那名干警借着手电筒的光，对现场进行初步勘测之后，就连忙和几位先后赶到的司法所同志一起把昏迷中的老人送往公郎镇卫生院。龙进品还一直守在医院里，耐心等待老人醒来。两三个小时之后老人终于醒了，并说出了自己的村庄，龙进品又忙不迭地跟当地村委会取得联系，直到老人的家属赶到医院，他才安心离去。等他回到法庭时，已经是凌晨 4 点，天已微亮，婚礼很快就要开始，新娘一直都不知道新郎结婚当天精神不佳是因为结婚前整晚在医院里陪护一位素不

① 《云南南涧法官龙进品：扎根深山的好法官》，人民网 2011 年 3 月 4 日。
② 《乡土的规则》,《三联生活周刊》2011 年 4 月 8 日。

相识的老人。婚礼过后，当龙进品忙着为无力承担医疗费的老人争取政府补助时新娘才知道此事。①

这种故事在熟人社会中会产生巨大的能量，龙进品正是用这类人的具体行为，一点一点积累起乡亲们对他的尊重。彝族汉子李国旺称赞："龙庭长'彝得通，苗得通'，因为他总是设身处地为我们着想。"②

乡土法官人格化法律权威形象的确立，需要他们长期的付出，也需要他们对土地和人民的深情。龙进品说："我是一名法官，我的职责和使命就是让我的父老乡亲打官司时，不花冤枉钱、不跑冤枉路、不受冤枉气、不输冤枉理。我个人能力有限，或许不能为他们撑起一片天，但可以给他们撑起一把伞。"③

乡土法律生活中，司法呈现出政务性特点。乡土司法的成功不仅需要法官们朴素的人格情怀，有时也需要法官们运用法院这一权力机关的影响和社会资源，为困境中当事人寻找适宜救济，在公正裁判前提下维护当事人正常生活状态，C县巡回法庭就处理了这样一个案件。

这是一次特殊的庭审。在C县禾甸镇新泽村的老年活动中心里，简单布置的法庭上坐着一对特殊的当事人。双目失明、身患残疾的两个老人将长年遭受癫痫病折磨丧失劳动能力并且身怀六甲的女儿告上法庭，要求其承担赡养义务。面对极端弱势，让人不禁产生恻隐之心的两方当事人，C县法院巡回庭的法官们该如何把持好法与情的天平呢？法官们首先从梳理双方有些复杂的家庭关系入

---

① 《人民法官龙进品》，《大理故事》2010年第8期。

② 《龙进品——一个法官的山村坚守》，新华网2011年3月4日。

③ 《官与乡土：龙进品的17年》，《三联生活周刊》2011年4月8日。

手。经过对村委会、周边群众的走访大家了解到，2005年原告卢某带着小女儿（本案被告）嫁给了同样双目失明的原告段某。不幸的是，被告从小就患有癫痫，时常发病，据村里人说智力也不如正常人，但身患一级残疾的两原告还是相互扶持着将当时刚满十二岁的被告抚养成人。2012年11月，被告嫁给了另一个村子的杨某，然而大喜之日后不久双方就因办喜宴的支出、婚后被告夫妻俩随谁居住以及被告治病等问题产生了矛盾。随着走访的深入，法官们更加犯难起来。双方虽为亲人，却因常年累积的矛盾反目。两原告都是失明的残疾人，现在年事已高，需要人来照顾饮食起居。而被告已经怀有五个月的身孕，因为癫痫缠身基本已经丧失劳动能力。法律无法解决的问题，只能从旁入手了。法官们毅然去了当地的民政办，向他们反馈了这两个家庭的燃眉之急。当从民政办处了解到，按照国家政策两个老人可以享受低保，他们将尽快办理手续，争取让老人早点领到国家补助时，法官们喜出望外，案件的妥善处理迎来了时机。开庭当天，法官们还请来了村组长和一些熟悉的亲邻，传唤了原告卢某的大女儿和被告的丈夫。由于案件事实比较清晰，经过法庭调查、法庭辩论，庭审顺利进入了法庭调解阶段。化解原被告双方在琐碎家事中的心结，解决双方在生活上的实际困难，法官拉着最熟悉情况的村组长做双方的思想工作，同时也把原告的大女儿，被告的丈夫、婆婆召集到一起商量，最终促成双方达成调解协议。令在场所有人更欣慰的是，因为法院的积极协调，当地民政办为两原告申请办理了2000元“阳光家庭帮扶补助金”。补助金虽然不多，却代表了法院、当地民政办共同努力为群众解决实际困难的决心。基层的纠纷都是家长里短的矛盾，却也因为掺杂着亲情、人情，成了清官难断的家务事。C县法院巡回庭在尽可能为当事人减轻诉讼负担的同时，积极协调当地相关部门与基层组织，逐步建立起多部门参与的诉讼联动机制，从而切实解决特殊当事人的实际困难，及时有效地化解了纠纷。

乡土中国的现实，决定了乡土法官却很难维持“手握法槌、身穿法袍，满口法言法语，端坐在审判座椅上”审理案件的中立者法官形象，而可能是在简陋的场地上，与当事人席地而坐，讲述他们家长里短的争执。龙进品说：“我们审理的案件，主要就是那么几类，婚姻家庭纠纷、土地山林承包纠纷、相邻权纠纷和民间借贷纠纷，案情并不复杂，法律关系非常简单，复杂的是背后的人情世故。”① 不少场合，他们处理的可能并不是严格的案件，有的也未必是应属法院管辖的争执。但乡土生活的封闭性决定了其纠纷容量较少，小的矛盾可能在熟人社会的环境里酝酿发展成大的案件，及时介入与化解对社会有正功能，而代表公权力的乡土法官在这方面有责任也有能力作出贡献。龙进品在十多年的工作中，调处了无数“小案子”，从而累积起一个优秀法官的卓越贡献。他感叹道：“在中国，越是贫穷落后的地方，越需要法律，越需要公平正义。”②

司法最困难的不是裁断，而是执行，乡土中国的司法尤其如此。龙进品的工作不能在裁决阶段停留，绝大多数案件他都要持续负责，法院裁断执行分立的工作制度很难让乡土法官们受益。在乡土中国的司法中，无论是从司法资源配置的角度，还是司法效率的角度，法官接手案件后从立案到执行一条龙都是常态和普遍的。意外的是，在乡土中国的法律生活中，这种制度安排恰恰对保证裁判质量和执行效果及当地社会关系的修复有好处，只是这不可避免地加重了龙进品们的工作和道义负

① 《官与乡土：龙进品的 17 年》，《三联生活周刊》2011 年 4 月 8 日。

② 《一个法官的山村坚守》，新华网 2011 年 3 月 4 日。

担。新闻报道了龙进品工作的一个故事：

> 2005年初，重庆人李显孟只身来到公郎镇做饲料生意，为了打开销路，李显孟采取了赊账经营的方式。然而到了年底，一些买主仍迟迟不交货款。无奈之中，李显孟来到了法庭。身为外乡人，他忐忑不安地提了两条烟作为见面礼。龙进品谢绝了他的“好意”，并诚恳地说：“你放心，法庭认的是证据，不是生人熟面。”那一年，李显孟共有17笔债务。法庭立案后，龙进品带着书记员一户户地上门做工作，其中不乏龙进品的亲戚朋友。看到龙进品全心全意去“帮衬”一个外乡人，许多人不理解，有人甚至对他投来怀疑的目光。面对压力，龙进品置之不理，一边耐心细致做当事人工作，一边严肃认真地告知法律后果。看到从不与人红脸的龙庭长动真格了，村民们不好意思再拖赖。就这样，外乡人李显孟不仅打赢官司还收回了货款。原本打算回老家过年的李显孟立即决定把父母妻儿接过来在公郎“安营扎寨”。①

要做通17户村民的工作，单看数字就让人产生一种畏惧。要知道，这些债务额不大，证据也不扎实，这个工作量及复杂程度却十分惊人。引人注目的是，龙进品在这一案例中包揽了审理、裁决和执行的全部司法环节，而通常人们认为这些环节应该分工负责才更有效率。乡土法律生活的实际决定并不具备分工的条件，也很难预期司法内部分工会更好效果，只是，它不可避免地会考验龙进品们的政治素质、道德品格和专业技艺。

① 《人民法官龙进品》，《大理故事》2010年第8期。

三、乡土法律人的品质与技能

乡土中国法律生活的特性塑造了乡土法律人的法律规则解释者、人格化法律权威、法律秩序守护人角色。在乡土中国的治理转型背景中，龙进品们是实现乡土社会有效治理的重要力量。作为国家的司法工作者与乡土社会的法律人，他们代表国家权力、现代性文明，拥有专业技能，可以他们的专业工作，有效地连接国家与社会、西方与东方、传统与现代、专业与民间，在国家对乡土社会的治理中承担重要的职责，作出不可替代的贡献。乡土中国的法律生活特性决定了乡土法律人除了必备的政治和专业素质外，还因乡土中国尤其西部民族地区法律生活的特殊性，特别强调乡土法律人的草根情怀①品质及双语②工作技能，才能胜任职责，以有效主导和服务乡土社会的法律生活。

乡土法律人当然需要全局视野，这是实现乡土司法服务的基础，它要求乡土法律人具备扎实的法学专业基础知识，了解现代社会治理的理论知识，熟悉法治主义的历史、价值偏好、内在逻辑与一般原理与制度，对中国社会发展阶段、中国现代化推进的性质有系统认知，能协调乡土法律生活中国家法规范与民间习俗的分立和冲突，有在乡土司法环节展示技艺的知识准备。但主导和服务乡土社会的法律生活，最突出的品质是草根情怀，这是乡土法律人服务基层和坚守这种服务的前提。在乡土社会的法律生活中，法律人对民众的真实感情会促进他们正直品格

① 当然，其他素质也是必需的，除下文所述的实践能力、地方性知识与技能外，学生的正确的国家观、民族观也是十分必要的。

② 这里的“双语”含义是汉语和当地少数民族语言。中国西部有的民族地区可能不止一个少数民族，乡土司法机关对法律人的语言要求可能不止双语。

的养成，而法律人的个人品格在熟人社会中会被放大从而影响公共生活，所以，某种意义上，乡土法律人的道德素养是国家有效治理乡土社会的国家财产。

近年来，随着对少数民族群众以民族语言参与诉讼权利的重视，西部民族地区的法律生活中，少数民族语言使用已较普遍。为落实宪法第一百三十四条规定“法院审理案件要保证当事人使用本民族语言文字进行诉讼”的原则，许多基层人民法院为尊重和保证当事人使用本民族语言文字进行诉讼的权利，把抓好双语审判作为工作的重点，发挥民族地区法院特点，推出了一系列措施方便少数民族当事人参与诉讼，“双语”审判工作有序开展。C县巡回法庭就为更贴近群众，根据当地实际情况，不时会组织用少数民族语言“双语开庭”。

“法院怎么会在这里开庭?”“法官居然在‘耍白’!”……清晨的禾甸镇鲁家村，一条普通的巷子里，一些群众好奇地交头接耳。法官没有坐在庄严的审判法庭上，而是在路边的巡回审判车上开庭；法官开庭不用法言法语，不用汉语，而是跟当事人一起“耍白”。这确实是让人难以置信的事情，难怪群众满是疑惑。经过现场法官的解释，群众或放下手中的农活驻足旁听，或奔走相告。家住禾甸镇鲁家村的王芳（化名）与丈夫鲁洪（化名）起了矛盾，王芳到法院起诉要求离婚。因为被告鲁洪腿上有风湿病，行动不便，巡回法庭把法庭搬到他们家门口。同时，法官在送达应诉材料过程中，得知双方长期使用本民族语言，汉语交流十分困难，巡回法庭就安排了会说、会听白族话的法官、书记员来办理这个案件。庭审调查、辩论、调解……整个过程，法官与当事人都是使用白族话，庭审进行得很顺利。休庭时，不少群众还在主动参与调解，有的群众则借用这个机会向法官咨询法律问题，大家对法院这种“得民心、顺民意”的做法交口称赞。C县禾甸镇是一个白族聚居地，群众在日常生活中都用白族话相互交流。一些年纪偏大的群众还不能熟练用汉语交流。面对这样的当事人，法院一般会请翻译人员来与当事人交流。实践中发现，由于翻译人员缺乏法律知识，有时会翻译出错，导致案件事实认定不准，从而影响案件的裁判结果；另外，由于中间加了一个翻译的环节，庭审的速度变慢。巡回法庭让通晓少数民族语言的法官办理此类案件，打破法官与当事人之间的语言壁垒，增强当事人对法官的信任，提高办案效率，最终达到“案结事了”目的。

为因应此形势，西部民族地区司法机关普遍重视司法干警使用当地少数民族语言工作能力，要求乡土法律人具有“双语”工作技能。从西部藏区S县人民法院的实践看，“双语”人才需求迫切。从该院“关于藏汉双语审判工作的调研报告”中反映的情况看，S县幅员面积10436平方公里，有藏、汉、回、羌、彝等12个民族，总人口7.8万人，其中藏族7.1万人，占91.2%。S县人民法院全院共有干警39人，少数民族干警28人，藏汉兼通的一线审判员和书记员约占总数的40%左右，该院年均受理各类一审及执行案件中，使用藏汉翻译的占受理案件总数的40%以上。针对地域文化特点，S县人民法院从方便藏族当事人进行诉讼着手，积极探索双语审判的模式。在立案庭，选配了法律知识较为丰富、通晓藏汉双语的书记员开展双语接待和立案工作，对于不通晓汉语的藏族当事人进行法律咨询、诉前调解、登记立案等相关工作，并相应配套印制了藏汉双语诉讼指南。在审判过程中，为不懂汉语的农牧民提供藏汉翻译人员，在刑事、民事两大审判中不断加大藏汉翻译庭审的比重。一是运用藏汉翻译进行庭前指导。包括庭前用藏语送达举证须知及传票等相关法律文书，在当事人及时了解案由、开庭时间及地点的基础上进行举证指导。二是针对当事人是藏族的情况下，充分告知当事人有使用本民族语言文字进行诉讼的权利，尊重当事人的选择，为当事人聘请翻译等，并保证做到整个庭审过程的透明。三是在庭审中尊重藏族的风俗习惯，并以此为法官和当事人的亲和点，做好调解工作。S 县人民法院在实践中也认识到，“双语”人才仍不能适应司法工作需要。一方面是人才短缺，该院双语法官只有 3 人，其中 1 人担任领导职务，2 人担任审判员才几个月时间，审判工作经验较少。庭审过程中因双语法官紧缺，只能使用汉语审理案件，没有专职翻译人员，只能由懂得藏汉双语的书记员兼职翻译。翻译过程中由于翻译员不是很精通藏语中农牧区的口语，导致藏文的法律专业术语、习惯用语、农牧区语言用词翻译不准确。这既让案件审理非常困难，又延长了审判时间，降低了审判效率，故从审判工作需要上看，急需双语法官和专职的翻译人员。另一方面，人才素质与实际工作需要有较大差距，S 县人民法院受理的藏语案件较多，大多都需要藏汉双语翻译，尤其在刑事案件中，公诉机关提供的都是汉文法律文书，如果当事人是藏族看不懂不接收，须由法院提供翻译员翻译法律文书。这就需要双语人员有较高的藏文水平，然而从法院双语干警自身藏语水平现状来看，难以适应工作需要。

西部民族地区司法机关也深知，要根本上缓解民族地区司法机关“双语”人才短缺并不容易。S 县人民法院提出，为推进“双语”审判工作，须坚持“分类指导、双语并进、优势发展”的原则，拓展少数民族“双语”人才充实基层司法机关渠道：

双语审判工作不仅涉及案件审判程序、实体等一系列的审判问题，还包括法官队伍编制、法院经费配备、科学管理考核等一系列政务问题，是一个政策性强，涉及面广，比较敏感的原则问题。我们认为确立本地区双语审判体制既要考虑到确保藏族当事人使用民族语言文字权利和依法公正审判这两层基本因素，也要考虑民族地区语言环境的现实应用情况。既要着眼于双语审判的特点和地区实际，又要着眼于民族的未来发展。建议采取如下措施加强双语审判队伍建设：在民族地区政法各类选拔和考录中，设法增加少数民族双语法律人才。在司法考试中，定向给予少数民族地区更大幅度的降低分数线的招考政策；对长期在法院、检察院工作，并且有一定经验的人员，在司法考试中进一步放宽条件；应着力培养双语法律翻译人员。在部分法院、检察院等司法机构设立翻译处，聘请专业人员，最大限度地满足当事人的需要，维护好当事人的合法权益，同时做好普法宣传工作；吸引汉族法律人才到这些地区工作并为其提供民族语言的培训机会。

当然，全局视野和草根情怀以及“双语”工作能力仍只是优秀乡土法律人的基本条件的组成部分。但是这些品质与能力，对他们成功履行职责，十分重要。

四、优秀乡土法律人的培育

“人才饥荒”是牵绊西部民族地区乡土司法机关司法事业发展的“短板”，优秀乡土法律人是中国法治建设宝贵资源。幸运的是，西部民族地区乡土司法机关像龙进品一样的优秀乡土法律人并非例外或奇迹，其政治素质、道德品格和专业技艺不是一天形成的，并在不断改进中，是可以在一个有计划的制度系统中通过教育不断培育的。龙进品的成长离不开组织培养、个人努力及法科教育共同作用。他为西部基层乡土法律人建立起品质尺度，也为合格乡土法律人技能培育提供了宝贵的范例，而他的成功不单单只是一个励志故事，因为可以被复制，他的乡土坚守有了更多的意义。

西部民族地区法治建设需要大量优秀乡土法律人，承担为民族地区培养人才使命的民族法学教育理应与此相适应，且必须重视相关素质的养成。

乡土法律人是法科教育培养的人才类型而非层次，它对教育资源配置和教学安排提出了新的要求，可能加剧法学教育师资资源约束压力，也会刺激相应教育手段和方法的变革和信息时代技术的运用，促成法学教育资源的全域共享。乡土社会法律人道德品格的公共性，需要法学教育一开始就将学生品格塑造放在重要位置。

实践能力是成功的乡土司法的保障。[①] 乡土司法中，司法权的范围，规范的阐释、选择与适用，案件审理方式，裁决的形成与执行，都与一般的司法活动有所区别，要求合格的乡土法律人头脑清晰、处置得当，能将理论、规范与社会环境和治理目标协调平衡，保障乡土司法的质量。

由于法科学生的法律实践活动要在离开校园的职业生涯中展开，人们容易忽略法学教育对学生实践能力训练的责任。实际上，人类实践活动的原理、逻辑与程序有相同之处，理论是无数实践活动的概括，割裂理论与实践的一致性是不恰当的。因此，大学教育本身就是重要的为学

① 实践能力是法科学生最基本的素质，从事任何法律工作、在任何地方从事法律工作，实践能力都是十分重要的。然而，由于基层法律工作的特殊性，基层法律工作者（尤其西部民族地区的法律工作者）的实践能力具有更为丰富的内涵。

生职业生涯的实践作知识准备的环节。而且，法科学生实践能力的培养要以相应意识为基础，在此方面帮助学生。至于仿真性、实践课程，在有效的教学组织下，对学生实践能力提升的推动更是立竿见影，基层乡土法律人才的教育培养在这一环节仍需进一步强化，以适应法律人才培养的要求。

龙进品的例子表明，法律院校对制度性复制这样的优秀人才，为西部基层培养“下得去、用得上、留得住”的法律人，可以有所作为而且责无旁贷。

乡土中国需要大量“下得去、用得上、留得住”的龙进品式的基层法律人才，他们受过系统法学教育，忠诚于中国的法治事业，又具备实现乡土社会法律服务必备的热情、地方性知识、道德人格与乡土司法技能。他们在实现国家权力在乡土中国的延伸和推动法治现代化事业，实现乡土中国治理转型和保障相应治理的有效性和质量方面，承担着重要使命。

乡土中国的法律生活法律规范的习俗性、法律权威人格化和司法政务性的明显特性，塑造了乡土法律人在乡土法律生活中的法律规则解释者、人格化法律权威、法律秩序守护人角色。乡土中国的治理转型背景中，优秀的乡土法律人是实现乡土社会有效治理的重要力量。乡土中国的法律生活特性决定了乡土法律人除了必备的政治和专业素质外，还因乡土中国尤其西部民族地区法律生活的特殊性，特别强调具备乡土法律人的草根情怀品质及少数民族语言工作技能，才能胜任职责，以有效主导和服务乡土社会的法律生活。

后 记

本书是国家社科基金项目“西部民族地区乡土司法研究”（项目批准号 15BFX015，项目负责人西南民族大学法学院陈卯轩）的研究成果。全书由陈卯轩负责整体设计，课题组成员西南民族大学法学院管艳萍参与了第四章“西部民族地区的乡土巡回司法”的撰写，第八章“乡土中国的法律人”的部分内容来自陈卯轩、王允武《乡土中国法律生活视野中的卓越法律人才教育培养——以全国优秀法官龙进品成长为视角》一文，其余内容为陈卯轩撰写。本课题组成员还包括西南民族大学法学院侯斌、西南民族大学法学院扬华双、四川农业大学李晓辉。课题组成员均参加了本课题研究调研以及内容讨论，为完成课题作出了相应贡献。本课题的调研得到了云南大理州法院系统、四川谅山州检察院系统、阿坝州法院系统、甘肃甘南州法院系统、青海西宁司治机关等各地政法机关领导和干警热情和宝贵的帮助。西南民族大学法学院杜文忠院长以及学校内外许多部门、领导、同仁以及同志对本课题的完成予以了大力支持。在此一并致谢！

西南民族大学法学院

陈卯轩

2019 年 7 月

图书在版编目(CIP)数据

中国西部的乡土司法/陈卯轩,管艳萍著. —上海:
上海人民出版社,2020
ISBN 978-7-208-16577-9

Ⅰ.①中… Ⅱ.①陈… ②管… Ⅲ.①农村-司法-研究-西北地区 ②农村-司法-研究-西南地区 Ⅳ.①D926

中国版本图书馆 CIP 数据核字(2020)第 118020 号

责任编辑 刘华鱼
封面设计 一本好书

中国西部的乡土司法
陈卯轩 管艳萍 著

出　　版 上海人民出版社
(200001 上海福建中路 193 号)
发　　行 上海人民出版社发行中心
印　　刷 常熟市新骅印刷有限公司
开　　本 720×1000 1/16
印　　张 18.75
插　　页 2
字　　数 227,000
版　　次 2020 年 7 月第 1 版
印　　次 2020 年 7 月第 1 次印刷
ISBN 978-7-208-16577-9/D·3621
定　　价 88.00 元